国家出版基金项目
NATIONAL PUBLICATION FOUNDATION

中国电影人口述历史
The Oral History About Chinese Cinema
丛书主编 陈墨 张锦 边静

我的真白

本卷主编 陈墨

高汉访谈录

采访人 | 陈墨 受访人 | 高汉

CFP 中国电影出版社

图书在版编目（CIP）数据

求真自白：高汉访谈录 / 陈墨主编. -- 北京：中国电影出版社，2023.4
（中国电影人口述历史）
ISBN 978-7-106-05517-2

Ⅰ.①求… Ⅱ.①陈… Ⅲ.①高汉—访问记 Ⅳ.①K825.78

中国国家版本馆CIP数据核字（2023）第008564号

责任编辑：程　楠　张莉莉
封面设计：杨平平
责任校对：林　娜
责任印刷：赵匡京

出版发行　中国电影出版社（北京北三环东路22号）　邮编：100013
电话：64296664（总编室）　64216278（发行部）
64296742（读者服务部）Email：cfpygb@126.com
经　　销　新华书店
印　　刷　中国电影出版社印刷厂
版　　次　2023年4月第1版　2023年4月北京第1次印刷
开　　本　710mm × 1000mm　1/16
印　　张　17.25
字　　数　300千字
定　　价　68.00元

《中国电影人口述历史》

编纂指导组成员

边　静　陈　墨　皇甫宜川　黎　煜

李　镇　吴　迪（启之）　张　锦　周　夏

特别鸣谢

傅红星　阎晓明　饶曙光　陆弘石　张建勇

序

■ 陈 墨

一

“中国电影人口述历史”，是由中国电影资料馆暨中国电影艺术研究中心和电影频道合作的，以采访和记录老一代中国电影人生平经历并作档案收藏为目的的大型采访工程。该项目于2007年正式启动，2008年全面展开，至2010年为采访工程的第一阶段；2011年起为采访工程的第二阶段。做口述历史，我们是后来者，其便利条件是可以站在前人的肩膀上，充分汲取先驱者的经验和教训；可以利用后发优势，使我们的工作做得比较顺利、有效，且有一点特色。

我们的项目名称是“中国电影人口述历史”，而不是“电影口述史”。作为电影资料馆人，我们做口述历史采访的目标，是要作为档案收集，让受访人做生平讲述，包括其电影从业经历、社会人生经历、个人生活与心灵成长经历三个向度，建立电影专业史、中国社会史、个人心灵史三者合一信息档案。

“中国电影人口述历史”采集电影人记忆档案，固然是留赠后人，也应尽可能服务于当下。为此，我们和中国电影出版社合作，申请到国家出版基金资助，将陆续出版“中国电影人口述历史”30卷。我们采取了四种分卷形式，即单人卷、单位卷（多人）、专业卷（多人）、专题卷（多人），目的是在深度与广度、丰富性与多样性之间获得平衡。

二

口述历史采访及其录音抄本的编纂，依据不同的目标，自有不同的重点、方法与形式。“中国电影人口述历史”的编纂，在篇幅允许的前提下，希望我们能够做到，录音编纂抄本展现五个方面的内容：一是受访人电影从业史及与电影相关内容。二是政治运动经历及社会环境变迁的情况，由此展现电影人在怎样的环境中工作，以便理解他们为何及如何工作。三是个人生活史，是社会史的资料。四是个人心灵史或个性成长史，看社会环境如何塑造个人及个人如何与社会环境和社会关系互动。五是在确保对话信息清晰可感的前提下，不仅展现受访人“说什么”，也尽可能保留其“怎么说”，尽量保持口述历史采访的现场感及对话者的个性言语特征。在实际编选过程中，会因为采访方式、资料丰歉、编选方法、篇幅容量的不同而产生不同的变体形式。

这套书有须共同遵守的编辑体例。具体如，1. 每个访谈都必须有一些常规项目，例如采访人、受访人、摄像师姓名，采访时间、采访地点等。2. 保留采访人和受访人对话问答形式。3. 编纂抄本必须以原始抄本为依据，如有修订必须用括号标示。4. 编者可以做必要删减，但须保持对话语意的完整性。5. 尽可能保持受访人说话的言语特点。6. 编者应针对访谈录中须加解释说明的地方做出注释。7. 每个访谈录后面都必须有《采访人手记》，提供必要的工作说明。8. 每册书后，须有分册主编的《编后记》，说明其编选方法及理由。

除上述必须遵守的基本体例之外，在编选理念、编辑方法、技术技巧等方面，我们鼓励分册主编按照自己的思考和认知进行探索和创新。

三

这套书采取分册主编负责制度。分册主编人选，大多是“中国电影人口述历史”工作团队成员，包括张锦研究员、李镇研究员、黎煜博士、边静博士、周夏研究员、黄德泉研究员、蒙丽静博士、李相先生、王霞女士、彭琨女士、苗禾女士、赵正阳博士和我本人。我们还聘请了张震钦研究员、刘桂清编审等资深专家，孙劲松副研究馆员及《当代电影》檀秋文编审等担任分册主编。

“中国电影人口述历史”的采访和出版，首先应该感谢授权我们出版其访谈录的所有前辈电影人！

我们曾得到过程季华、罗艺军、李少白、马德波、孟犁野、戴光晰等学界前辈，北京电影学院郑洞天教授、陈山教授、钟大丰教授，复旦大学周斌教授，中国传媒大学胡克教授，中国艺术研究院影视所所长丁亚平研究员，北京大学李道新教授，上海交通大学李亦中教授，西南大学虞吉教授，电影史家翟建农先生，山西社科院丁东研究员，中国青年政治学院邢小群教授等人的帮助和指导，在此向诸位专家表示衷心感谢！

“中国电影人口述历史”计划得以顺利实施，要感谢电影频道慷慨资助；要感谢阎晓明先生、陆弘石先生！

感谢中国电影资料馆前任馆长傅红星、前副馆长饶曙光、前代理馆长张建勇及现任馆长孙向辉！感谢倡议者和领导者皇甫宜川研究员！感谢最先探索者启之研究员！感谢李迅研究员、李一鸣研究员、单万里研究员！感谢中国电影资料馆办公室、离退休干部处、财务处等所有支持和帮助过口述历史工作的同事们！

感谢所有担任过“中国电影人口述历史”摄像、录音工作的在读或已毕业的、本中心及外校研究生同学们！

最后，要感谢中国电影出版社！感谢所有为之付出的人！

目录

高汉访谈录 001
从自己的家庭谈起 003
在天台县立小学 010
抗日战争中的经历和见闻 012
中学的学习生活和业余爱好 021
天台简易师范教书的一段插曲 026
报考北京大学 029
在北大接受新知识和新思想 033
加入中共北平地下党组织 038
《北大半月刊》和《清华北大联合报》 042
革命和爱情 047
改名换姓入冀中 054
到中共北京市委工作，接管北平 058
到北平电影制片厂 069
1949年10月1日 073
《中国人民的胜利》摄制组 080
西出玉门关：《戈壁滩上的石油》 089
亲历“三反”运动 095
再见吴青：从订婚到结婚 098
担任“北影”会计科长 102
哥俩著文批评梁思成 108
谈新影厂的日常工作 116
1958年下放劳动 125
开“新闻电影之窗” 139

60年代初期：往事点滴……146
坐牢最宜学“马列”……152
出狱回家的日子……159
红梅朵朵上高枝……168
少小离家老大回……172
先搞专案后平反……175
写电影剧本的经历……179
担任“北影”副厂长……182
担任“北影”副厂长（续）……194
谈“新影”的老同事……200
谈“北影”的老同事……211
诗人是怎样炼成的？……216
谈《三话》：诗话、联话、书话……220
谈《天台山文化丛谈》……224
谈《帝王陵》……229
回首平生：我是谁……232
1999年美国见闻……234
晚年生活的时间表……241
谈情感、婚姻、家庭……249
谈当下中国电影……256
对人生的简短总结……258
采访手记……260

编后记……261

高汉访谈录

采访人	陈　墨
摄　像	王家祥
录　音	王家祥
采访时间	2009年6月8日至24日
采访时长	共32小时
采访地点	北京，高汉老师家

【受访人简介】

高 汉

高汉

（1926— ），电影事业家，浙江天台人，1946年考入北京大学经济系，在上学期间就积极从事党的地下工作，1948年赴解放区，1949年回北平参加接管工作。1949年6月进入北平电影制片厂新闻处，参加过中苏合拍的《中国人民的胜利》制片工作，后独立编导纪录片《戈壁滩上的石油》。1952年担任北京电影制片厂会计科科长。1953年中央新闻纪录电影制片厂成立，1954年任厂办公室副主任、计划科科长、宣传发行科科长。1979年调至北京电影制片厂，创作了《闯王进京》(与人合作)、《大刀王五》和《珍珠大王》等电影文学剧本。1983年8月担任北京电影制片厂副厂长，1986年离休。出版过《高汉诗选》《帝王陵》《三话》《人生处处青山：半步桥边月·蓟门城畔歌》《天台山诗话》《天台山文化丛谈》《逝水波光——童年、少年、青年时代的回忆》等著作，主编陈干文集:《京华待思录》。

从自己的家庭谈起

陈墨（下简称陈）：高老师，感谢您接受中国电影人口述历史的采访！咱们从头开始聊，请您做一个简单的自我介绍。

高汉（下简称高）：1926年1月18号，我生于浙江天台，那是一个山区小县，80%以上是丘陵山岳，耕地很少。我祖父拥有祖上留下来的田产，是个中等地主，他兼做白油生意：从农民手里收购乌桕树籽，制成白色的做蜡烛用的油和可以点灯的燃油。他英年早逝，我没有见过。祖母是乡下一个大地主的长女，身材高大，脚裹得很小，农家一切粗重家务全内行，但目不识丁，生性粗暴，有节俭美德。她生育四个儿子，两个夭折，只剩下我父亲和叔父两人。父亲旧制中学毕业后，在家帮祖母经营家业，叔父在北京上大学。

我外祖父是个秀才，他家是书香门第，拥护康梁维新变法，所以让我母亲从小就进私塾读书，受的都是儒家经典教育，也读诗词歌赋，所以她会作诗、对对子，也爱画画。可是外婆出身豪门，坚守封建传统，一定要为我母亲裹脚。那时母亲还很小，裹脚很痛苦，她就不停地啼哭。外祖父一闻哭声就来剪裹脚布，为此外祖父母之间斗争很激烈。一边是封建传统，一边是维新思想，在对女子缠足问题上，很难达成一致。外婆等外公外出，又给母亲裹上脚，这一回用针线把裹脚布缝得严严实实。可怜的母亲年幼无力反抗，只有趴在床上痛哭。外公从外面回家，又听到哭声，又拿剪子去剪。就在这样包了剪、剪了包的反复斗争中，母亲落下了一双不大不小的“解放脚”。后来外公去杭州从事维新活动，北京发生“戊戌政变”，康梁亡命海外，“六君子”菜市口遭难。外公因此抑郁愁闷，客死杭州。回家时，只见棺材不见人。我母亲无限伤心，从此失去了支持她的人，只剩下外公为她出嫁准备的一柜子书籍。

母亲来到父亲家，因为两人家庭背景不同，文化差异很大，很难适应。尤其表现在母亲和祖母之间。母亲是大家闺秀，性情温和，擅长书画诗文针黹。祖母是乡下文盲，只知道操持农家事务，节俭发家，性似暴雷，一点就着。母亲只能处处忍让，很难做人。好在不久就分家了，一个中等地主家庭，分成三个小地主家庭。

因为考虑到我们家兄弟姐妹比较多，母亲又坚持子女都要上学，父亲就开了一家百货店，希望从此解决子女学费问题。可是父亲不善此道，来赊账买货的人比欠账还钱的人多。几年下来，资不抵债，难以为继。于是债主盈门，发货人上门要钱的络绎不绝。我母亲受不了这样的日子，要父亲关店停业，破产偿债。父亲也无良策，就把好田好地拿出来抵债，只给自己留下五亩口粮田和一个小菜园，还有几块无人愿意要的溪滩地——下雨易淹，收成无保证。

母亲袁仲和

我兄弟姐妹六人，我上面有大姐、两个哥哥，下面有弟、妹各一人。我小时候，上学的连我是四个人。学费由母亲典当她的陪嫁物资来解决，有时也当她的首饰。我上初小时，学费没多少。等我上高小五年级那年，出了问题。母亲付了姐姐、哥哥的学费，所余不够一元。我的学费正好要一元。她不得不去找学校的事务主任，要求先让我上学，学费过几天再交。事务主任是我家邻居，说不能开这个头。

她无法可想，看着我发愁。正好这时来了一个住在我家农具仓库里的老雇农，他原是我祖母雇的长工，后来得了疯癫病，不能种田，妻子也跑了，整天东游西逛，到处流浪。那时我家还未破产，父母看他可怜，就让他住在我家农具仓库里，有时也在我家吃饭。后来病好了，他一个人仍住在那里，平时给四邻打零工，有时也帮我们家挑水。他发现我母亲愁眉打结，就问什么事犯难。母亲说差一块钱付我的学费。他一声不吭，从腰包里摸出一块银元，放在桌子上，走了。这样，我才上了高小五年级。

这件事对我刺激极大，从此努力考高分。当时制度，每班成绩前三名可免学杂费。我年年是第二名，免费读完高小。

我高小毕业那年，大姐已到杭州省立医专护士学校学习，大哥考进省立杭州高级中学，他们需要的学习费用比过去在本县读初中时增多了，我母亲能典当的东西也已经用尽。二哥响应全民抗日总动员，和同学一起考进中央军校，抗战去了。我该进初中，但是家里确实已到了山穷水尽的地步。父母商量后决定，让我去海游——即今三门县——先当两年学徒再说。父亲说，那里有两家店与我祖上有来往，一家是当铺，一家是咸货行——买卖腌制海产品的，让我选一家。我无可奈何，选了当铺。我只能眼看着同学们备课考初中，自己已无缘继续升学。

这时突然来了一个救星，是我的二舅公，我母亲的二舅舅。他是当地一个大绅士，曾在日本留学，加入过同盟会，当过省议员。他经常来我们家，看我的作文，觉得我的作文很好。他问我，考中学你准备得怎么样了？父母就跟他说了不升学的打算。二舅公拍着桌子大怒，说你们真是糊涂，这个孩子怎能不升学？！当什么学徒？！当时他说，今年县政府在初中班设立公费生，差不多每班有一个，五十个人中有一个，原来是没有这个制度的。他说你们让他去考，如果考取公费，就可以公费上学，一个学期还有四块大洋的生活补贴。听到这个消息，当然非常高兴，我就躲在楼上温习功课，结果考了个全县第一名，一百多名新生里，我是第一个公费生，总共只取两名。我就靠公费读完了初中。

该上高中了，当时杭高变成了联高[①]，那里有许多从敌占区流亡出来的学生。那是 1941 年了。联高招生要求的分数比较高，不够分数线，公费名额是拿不到手的。联高公费生待遇要比初中的待遇强多了，不仅学杂费全免，食宿也由学校全包，我就这样把高中读完。此后，我也靠公费进了北大。

陈：咱们慢一点，谈谈您父母对孩子的家庭教育方式吧？

高：我父亲开商店破产了，什么都没有了，就去种留下的那点田地。我们有空就跟着他，学会干农活。另外，我母亲嫁妆里有一柜子外祖父给她的书，里面包括四书五经，《三国演义》《说岳全传》《红楼梦》——是老早的石印版——《幼学琼林》《千字文》《古文观止》《唐诗合解》《左传精华》《东周列国志》，还有什么《东莱博议》《麻衣相法》《本草纲目》，等等。总之，整整一柜子。[②]

陈：您父亲家没有藏书吗？

高：因为他是农耕家庭，我祖母又是一个文盲。

陈：他也应该读过书吧？

高：他是旧制中学毕业，四年，相当于高中。毕业以后他就可以上大

---

① 联高，即浙江省立临时联合高级中学，是抗日战争时期，由杭州高中、杭州初中、杭州师范、杭州女子中学、杭州民众教育实验学校、嘉兴中学、湖州中学等7个学校联合而成。设高中、初中、师范三部，校址在浙江省丽水县碧湖镇。

② 这段话的语序有所调整。

学预科，但是他没有去。因为祖母寡居，家里田地很多，没人经管，只能由他承担。他藏书很少，有几本教科书，都是什么《平面几何》之类的数学课本，还都是竖行印刷的，我看着也没有兴趣。我喜欢看我妈带过来的书。我还没有上学，她就给我讲《大学》《中庸》，让我背诵“大学之道，在明明德”，现在我还会背。她对《大学》理解也不深入，无非是让我先认这些字，大体上知道是什么意思，但是她会作诗、会对对子，过去私塾里边都教这些。从小她就教我作诗、对对子。当然她总忙于家务，我就自己看那些书。

陈：您上学之前就能看书？

高：我已识字，挑能看懂的看，有些书有图画，如《本草纲目》《麻衣相法》《绣像红楼梦》，还有《芥子园画谱》，里面全是画。这些书和画是我的童年伴侣。到了初中以后，文化增加了，情况也不同了。我父亲有一个朋友，是天台县图书馆馆长，他上班一开门，我就进了藏书室，随便看。因为他知道我很守规矩，只是爱看书，不会捣乱。当时我很喜欢商务印书馆出版的《万有文库》，等于一部百科全书。我的假期大体上都是这么过的，除非有农活要干。

陈：您父母教育孩子的方式，是老式的吗？

高：方式有两种，一种是我跟我父亲去种田、种菜，一般的农活我都会，无论是种白薯、翻白薯藤、刨白薯，还是种老玉米、摘棉花，这一套我都行。忙时我母亲也去，全家人都去。凡是瓜果熟了，要到菜市场去卖，这都是我的事。

陈：您家种菜，不仅自己吃，还拿出去卖？

高：因为农时关系，有时很多，一家人哪里吃得及？比如说黄瓜、豆角、茄子，拿到批发市场上卖给零售商，这也是一笔收入，可以补贴家用。

陈：另外一种方式是什么？

高：另外一种是让我自己看书。他们认为看书总是好事。

陈：小孩儿调皮或者不听话、犯了错，挨打吗？

高：我们家里，兄弟四个，弟弟小，妹妹更小。我上头三个，我姐姐最大，相当于“外交部长”，亲戚来往都由她负责。大哥最听话，好读书，从不挨打。挨得最多的，是我二哥，他个性倔强，什么都不怕。我跟大哥都很听话，或者说比较乖巧。比如说学游泳，我二哥去大溪里游泳，我爹不让，怕他被水淹死。那时候家乡没有游泳池，溪流深浅难测，他游回来就挨打，挨打他还去游，冲破了父亲的禁令。最后练出好身手，父亲也就不管了。我就跟着他学会了游泳。[①]

陈：您小时候没挨过揍？

高：很少。我挨揍是因为背“九九表”。有一天我父亲忽然想起来要我背“九九表”，就在旁边站着，我背错了，他就让我吃“爆栗”[②]，他越打我就越背不好，越背不好就越挨揍，这简直搞得我头疼得要命，我认为我父亲这严厉的教育，是想让我把数学学好。

陈：您是说，感谢父亲的“爆栗”吗？

高：我感谢他。他的方法简单、粗暴，这个当然不好。但是在他那个条件下，只能这么干，他没有更高明的办法，我能谅解他。当时当然很反感，现在想起来，他是为我好——我的数学一直很好，尤其是平面几何。文学当然很好，我会背《古文观止》中许多好文章。我在“文化大革命”时蹲单监时，一个人没事干，就在脑子里背古文、唐诗，还把过去的几何难题一遍一遍地重做。我童年的学习环境不差，母亲教我中国传统文化，父亲抓数学，让我背“九九表”，其他的他从不过问。为什么不管了？因为那时候他请了两个家教，一位老先生教古文，还有教算学的，给我大哥上课，我大姐和我就在那儿旁听，这也是学习。我父母都很重视对子女的教育。有时母亲还与我们一道，出题、限韵作诗比赛，大概受《红楼梦》的影响。

陈：家教是什么时候的事？

高：暑假，是两个老师。父亲对老师特别尊重，凡是有老师在我们家时，都有好饭菜款待，对他们毕恭毕敬，而且他还陪着，他是非常重视家教的。

陈：您提到母亲的地方多，提到父亲少，原因是什么？

高：原因是这样，母亲教我认字、背古文、背唐诗，和风细雨。父亲只教我背“九九表”，就这一次，还给我吃了许多“爆栗”，不过我对他没有什么意见。在我求学过程中，父亲对我帮助很大，例如我在外边念高中时，日本鬼子入侵丽水，我只身逃难回家，把行李铺盖寄存老乡家，被鬼子掠夺了。后来学校逃进深山区开学，我没有行李铺盖，他从老家，请农民帮他挑担，走很多路，爬很多山，才把行李送到我这里。我看到他跟那个农民来到我那儿，眼泪都掉下来了。这个印象太深了。我觉得我父亲很值得同情，他缺乏经商才能，人太好，谁来赊账买东西，他就给，要账要

---

① 口述人审稿时，对这段话做了全面改写。

② 爆栗，方言，以弯曲的手指关节击打他人头部，重者会起包，俗称“爆栗”。

不回来就算了。所以他的人缘关系特别好，什么人有事都找他帮忙，他特能讲话，能帮助他人调解纠纷，别人推举他办义学，解决穷孩子上学难的问题，他就欣然担当。义学是不收费的，请老师完全靠募捐，有时就由他贴钱。他这辈子办过两次义学，自己毫无利益可图，除了贴钱，还要贴时间到处张罗，这些都很好。主要缺点就是家里的生活弄得不好，苦了我母亲。

我的叔父在北京上民国大学，是一个私立大学。他学会了拉京胡、唱京戏，回家就教我姐姐唱。我父亲每年必须给他做一只火腿，还供给他五百个银元，保证他上大学。家里所有杂事就由我父亲照管，所以他不能升学，上到中学就算了。

早年间我们老家有个野蛮的旧风俗，欠人钱如果不还，债权人可以把债务人投到大粪坑里。我们老家旧时代的大粪坑非常深，用于积攒肥料。有一天傍晚，父亲从乡下回家，看见三个人在那儿打架，他就去问，你们为什么打架？原来是两个人抬着一个人的双腿，要把他塞进粪坑里。他知道一定为了欠债的事情，就问欠多少钱？说是一块钱，他老不还，所以要把他塞进粪坑里。我父亲说，你们算了，这块钱我替他还。他乐善好施，所以自己很穷，他的性格就这样。

陈：那不是挺好？

高：是好，可是他自己的家里管得不好。家族有事都找他，谁家娶了一个小老婆，在外头过好日子，留在家里的大老婆也来找他，要他为她讨公道。两族人械斗——旧时我们老家经常发生械斗——有的被打得满头是血，也找到我们家来，我母亲就赶紧给他清洗，他就好给人调解纠纷。所以，在急公好义这一点上，我很尊重他的热心。我母亲常常说他只会付出，一天到晚贴茶贴水，贴这贴那，也没见有什么收入。这种事哪儿有什么收入？人家被打得头破血流了，还谈什么收入！他拿我祖母存的钱，盖了一座新房子，是我们县城里第一座“洋房”，街坊都把它叫“新屋”。最近我们县里公布要把这座房子卖给私人，拆了盖住宅，我为了纪念他，把屋买了回来，我家老大高山帮我把这座房子整修一新，基本上保存了我父亲盖时的风格。

陈：您家的房子，县里要卖了或拆了，怎么讲？

高：因为“土改”时定我们家是地主，其实只有 5 亩口粮田，家有 8 口人，一人平均只有 0.625 亩土地。我母亲回家参加“土改”时，我们跟她讲，把所有东西都给地方政府就完了，房子就给了检察院。后来检察院盖了新房，这房子就不要了，政府要卖，我就把它买了回来，花了 50 多万元，就因为是父亲亲手盖的，买下来是为了纪念他。房子楼上楼下十大间，单独有一个大院子。父亲是“土改”以前死的，死后棺材被人偷了，他的尸骨就撒在一片玉米地上。这是新中国成立初期，种玉米的农民见到散落的白骨，就地给埋入土中。当贼在溪里洗棺材出卖时，被我家亲友看见，亲友写信到北京向我们家报告。我们家人当时都在北京，就转告亲戚，替我们去收尸。经过来回这么折腾，当我们亲戚去收尸时，老玉米已经长得很高，当时就地埋了尸骨的农民再也找不着准确的地点了，所以我父亲就没有坟墓。作为他的子女，对此情何以堪？因此，我跟县长讲，一定要把这所房子给留着，要卖的话我要买它。因为我父亲没有坟墓。县长很通情达理，很快让已经购得房子的人把房子转卖给我。现在我们总算保留了先人庐舍，以此代墓，以慰先人。我们父子俩花这些钱去买它、修它，主要是为了纪念我父亲，他对我有养育之恩，限于他的条件，不应要求他给我他能力范围之外的恩宠。先人庐墓就是人生故里的标志，爱国其实应始于爱乡。我要把故居留着，将来如有可能，想把它改成社区图书馆，永远服务于乡里。

在天台县立小学

陈：您当年上天台县立小学，县城里就那一所小学吗？

高：当时，县城里只有一所县立小学。其他都属于乡、镇，还有公立的义学。

陈：您上县立小学，是因为它离家近，还是它名气大？

高：只因为它好，名气大，我要念最好的学校。我父母亲对我们的培养，就要进好学校。初中也是县立中学，是最好的。杭高也是全省最好的高级中学，是省立的。

陈：小学四年级，有一个老师有语言暴力？

高：这是在初小四年级，我初小毕业那一年，发了一本叫《社会》的新书，说从今年起要开这门课。新书到我们手里，那位袁老师让学生自己看第一课课文，看后提问题。大伙儿鸦雀无声地默读，然后他就让我们提问，结果谁也提不出来。

陈：他没讲课，一分钟都没讲？

高：什么都没讲，发下书来，就叫大家默读。这大概是他的教学方法。你想都是 10 岁、11 岁这种小孩子，社会怎么能懂？以前从没学过，能提什么问题？大眼瞪小眼，都坐在那儿发呆。结果这个老师特别不高兴，就在黑板上用粉笔大大地写了“社会”两字，说：“现在我来问你们，谁来解释解释这个‘社会’？ 你们刚才不是不提问题吗？现在你们来解释。”把大伙儿都吓傻了，他手里拿着一根三尺多长的竹教鞭，在课堂里甩得呼呼作响，来回走着，大伙儿简直像小鬼见到阎王似的，吓得恨不能把脑袋缩到衣服领子里头去，怕他的教鞭打在头上。他责问大伙儿为什么不提问题。他暴跳如雷，大伙儿连大气都不敢出。最后，下课铃响了。“社会”是什么，他一个字没说，就走了。以后他无非就是照本宣科。给我的印象最深刻的，就是这个老师这么折腾我们。所以我以后每到一个地方，就找书看，总想从里面找这“社会”到底是什么？从高小开始，我就开始追寻这个问题。高中时，看过《大英百科全书》，是英语的，以我那时英语水平，还看不大懂。后来进了北京大学，一年级时有许德珩教授开的社会学，我马上选了这门课。他上第一课，以法国孔德实证主义开头，后面讲的是马克思、恩格斯关于社会结构的学说，经济基础和上层建筑的关系，这样，我才开始明白社会到底是怎么一回事。

陈：小学四年级时，老师始终没有解释“社会”的意思？

高：他根本就不可能知道这些道理。无非是念书上说的“社会”是什么。课文的意思我早都忘了。从初小四年级，受那次语言暴虐之后，我一直在追寻这个问题的解答，直到北大一年级才知道门径。从此我就参加了马克思主义读书会：南北社，对马克思这个学科产生了强烈的兴趣。就这一点而言，我也应该感谢那位对孩子们滥施语言暴力的袁老师。没有他上那一课，“社会”不会在我心里留下如此深刻的印象，如果没有他，说不定我也不会选许德珩教授的社会学。

陈：您在班上前三名，是从高小开始的？

高：高小五年级下学期才开始。之前，还不想着争名次，后来三个学期，年年都是第二，我始终超不过那个女同学，她年岁比我大，总压在我头上。

抗日战争中的经历和见闻

陈： 1937 年卢沟桥事变的消息，您当时知道吗？

高： 1937 年，我还在初小四年级，社会课就是那一年。那个时候我已经知道卢沟桥发生事变了，因为那时学校老开大会，全县开大会，学生都参加，要听的全是关于卢沟桥事变和全民抗日的事。还有我大哥在杭高念书，假期回家，组织救亡宣传，油印简报、写标语，宣传抗日救国。我印象最深的，是在城墙拐角上写了四个大字——救亡图存，整面城墙，从上到下，就是那四个大字，写得粗壮有力，老远就看得见。

陈： 小学里有什么活动吗？

高： 学校里经常开会，由老师讲抗日战争形势。印象最深的是音乐老师教大家唱抗日歌曲，这些歌曲至今难忘。也有歌颂延安的歌，如《延安颂》。我们在高小上学的时候，日本鬼子已经占领了杭州及浙西一部分地区，他们经常派飞机到我老家来骚扰。空袭警报一响，我们马上就停课，逃到离学校很近的一座小山上，爬到山顶，钻在树林里，上面看不见我们。我们却看得见敌机，几乎就在我们面前飞。县城很小，山比较高，敌机飞得很低，有时我们能看见日本鬼子的头影。他们俯冲下来，发出的声音非常难听，撕心裂肺，炸弹丢完了就是扫射。我们在山上当然不怕，可是看到城里在冒烟、冒火，我们非常气愤、非常难受。等敌机飞走了，就跑到那里去看，挨炸的老百姓，墙倒屋坍，死人伤人，抱着哭着，呼天抢地地咒骂。挂在树枝上的断肢还在滴血。这个时候，抗日战争给我们印象有多深，对日本鬼子的仇恨就有多深。初中三年级下学期，一个炸弹正丢在我们新盖的教学楼上，把楼炸坍了，学校被迫提前放假。当时自愿参军、考军校，是普遍现象。

陈： 您见过自愿去参军，也见过抓壮丁吗？

高： 都见过。抓壮丁，抓来以后都被圈在齐家祠堂里。我有一个邻居，家里有四个儿子，他家老二夏法波就是自愿参军的。最近我还给我老家写了一个证明材料，说明他是自愿参军的。这在当时比较常见。我的二哥，初中毕业后，与许多同学一道去投考中央军校，也是为了响应总动员令，去参加抗日战争。

陈： 抓壮丁的原因，是大家不积极报名？

高：抓壮丁的原因很复杂，像我们家里有四个男孩子，那就必定要去一个。

陈：是两丁抽一个，还是三丁抽一个？

高：这个不一定的，后头的黑幕很多，也与农民不愿意当兵有关。

陈：您家里就出了一个？

高：我们兄弟四个出了一个。后来听说还要抽，我说去就去吧，父亲说不行。那时我高中毕业，很不容易。当时正好有一个青年干部训练班在招生，他让我去报名。如果考取，成了训练班的学员，那就可免抽壮丁了。

有的人为了不被抓壮丁事先就用镰刀把右手食指中间切了一刀，使它长成一个弯钩状，这样就不能持枪，也不能打枪。我有一个山里的熟人就是这样，用什么办法呢？用刀一剁，把手指头剁成这样，不能打枪。

陈：天台县，自愿参军有多少？抓壮丁占多少比例？

高：这个我不知道。我只知道抗日战争刚开始时，政府动员全民抗战，宣布"三丁抽一"政策，也号召大家自愿报名。家里兄弟多的，很多人就自愿应征。这一拨走后，就开始抓壮丁了。国民政府说是"三丁抽一"，到乡下就不一定了。有的不愿当兵，就开始抓壮丁。抓来后，怕他们逃跑，就集体关押到一个地方，往往是祠堂，那里房子大，平时无人居住。我看到过关在齐家祠堂里的壮丁，没有自由，像犯人。有的多次逃跑，抓回来用绳穿过他胸口的锁骨牵着走，很惨，如同对待牲口。然后装上卡车运走。

陈：您二哥去当兵，是什么时候？

高：他正好初中毕业，加上家里经济也困难，他个儿又高，他就跟许多同学一道去报考中央军校，学无线电通讯，毕业后是通讯兵。他当时想去，是为了抗日战争。

陈：他后来去了解放区？

高：我带他去的。

陈：您中学毕业考高中，考试是什么情况？

高：那时考试的情况是这样的，哪个学校招生，你就上哪儿考，各个学校招生考试时间都是岔开的。我考了三个高中，一个是我们本地的天台中学和台州中学，又考了省立联高。时间岔开，很自由，不像现在是统一的。最后你可以自由选择去哪一个，高中我选的是联高。考大学也这样，我考了上海交通大学，又考了北京大学，我就选了北京大学。

陈：您上高中，要到丽水去上学，家人放心吗？

高：没有什么不放心，因为我姐姐、哥哥都在外边上学，家里已习以为常。既然要上最好的学校，就必须远走。本地的高中当时水平不如联高。

陈： 您在联高，有哪些难忘的经历？

高： 有几件事情，值得讲一下。一个就是你要到那里去，只能徒步，而且大都是山路。当时没有汽车，公路都主动破坏了，为了抗日，挖了很多深沟，叫日本鬼子的汽车开不过来。其实都是刚造好不久的公路，没用几年就自行破坏了。因此从我老家天台到浙南丽水碧湖，只能走路。而且走的大都是深山里的樵径，因为大城市鬼子飞机经常来空袭，只有走深山里的樵径才最安全。樵径，就是樵夫的路，在深山密林里，要走七天，才能走到学校，中途要爬很多山。

陈： 您去考试，还是去上学？

高： 先去考试。

陈： 去考试就要走七天？

高： 因为很远，大都是山路，又从未走过，不认识，山里也没有指路碑，得一程一程地问，而且山里行人很少。

陈： 有几个同伴吗？

高： 我们有四个人。有的去考高中，有的去干别的。反正我们老家县城也不大，一打听，就一起走。走了五六天，走到缙云县，通汽车，我们没有余钱买车票，还是步行，走到丽水。高中在碧湖，一个大镇，还要再走三十里。碧湖是当时浙江省政府机关所在地，很多要人都待在那儿。那个地方有水有山，是鱼米之乡，非常好，可是很偏僻，日本鬼子还没到那儿。联高校本部设在碧湖龙子庙，当地所有的寺庙都被占用了，不是当宿舍，就是用作实验室。教室都用土墙、稻草盖在一片铲平的坟场上，操场很大，也是建在坟场上。跑步时，有时一脚踩空，下面露出腐朽的棺木，白骨森森的骷髅。

还有一件事可以讲一下。那是 1942 年夏初，高中一年级下学期，珍珠港被炸后，美军派了大黄蜂号航空母舰，载着轰炸机，开到离日本比较近的地方，轰炸东京，实施报复。① 当时这些飞机的续航能力很差，炸完东京后，不能再回大黄蜂号，必须在离日本比较近的中国沿海地方找机场降落、修整、加油。他们选了衢州机场和丽水机场。丽水机场就在我们学校所在地。这使日本人非常恼火。他们后来发现是衢州机场跟丽水机场在配合，就改变了原来的进攻计划，大军入侵金华，由金华攻丽水、衢州，破坏这两个机场。当时那些地区都属于第三战区，司令顾祝同是个饭桶，

---

① 轰炸东京，美军轰炸东京，是从1942年4月18日开始的。在丽水修机场事，应该在稍后。

根本顶不住，所以日寇从金华，打到缙云、丽水，如入无人之境。我们学校就让有家可归的学生回家，然后领着无家可归的学生，带着老师及家眷和所有图书、仪器，往深山里逃难。进入青田南田深山区。那时，台州一帮人在碧湖上学，有联师的，有联高的，[①]一共30多人。因为兵荒马乱，台州人一道回老家比较安全。大家商量既定下午就走。因为形势非常危急，各人都把行李寄存在当地老乡家里，只带几件随身衣服。中饭后从碧湖动身，走到丽水县城，太阳已经西斜了，沿着公路再往缙云走。看见国军部队三三两两地不断往丽水方向撤，我们却往前走。当兵的问我们，你们往前干什么去？鬼子都攻到缙云了！你们快回去！我看那些当兵的，个个都走得疲惫不堪，满面风尘，横扛着枪，完全是溃不成军的样子。我们要回台州，当然不能回丽水，学校也在逃难中。那些当兵的陆陆续续地不断往后方走，我们硬着头皮向前方去。这时，我们已经听到大炮的声音不断隔山传来，太阳也快要下山了，鬼子飞机突然在我们头上出现，不停地发出机枪扫射声，也轰炸弹，大概要为进攻丽水造声势。我们只能躲进树林、草丛里。这时我们发现再也不能按原计划到缙云县城过夜了，必须改道过溪，它是瓯江的上游，水宽浪急，但没有桥。这30多人怎么办？大家站在溪滩上，望溪兴叹，看不见有什么船和排[②]。有个岁数比较大的老乡，站出来问：谁会游泳？到对岸去看看能不能找到船或排，但是谁也不吭声。太阳快下山了，敌人的炮声更近了，再不过溪不行了，我说我会游泳，可是得有个人跟我一起过去。这条溪我以前没有游过泳，情况不熟悉。找到排的话，两个人撑比一个人撑好掌控些，竹排往往很长，一个人很难摆弄。应声站出两个人来，说我俩行，可是游泳不怎么好，只要有人去，我们可以跟着去，要是一个人，就不敢。我挑了个头大的，我们俩脱了鞋袜，向对面游去。那时候所有的人都看着我们，游到对岸，岸边布满了山上掉下来的大岩石，很多都龇牙咧嘴的，暮色中看上去跟怪兽似的，好像正想来吞噬我们。天色逐渐暗下来了，远处根本就看不清楚。游得筋疲力尽，还要光脚走在布满石子的路上。根本就没船，农民早把船弄走了。找了好长时间，终于在杂草丛中找到了一个长竹排。我们俩费尽最后一点力气，把竹排撑过来时，大伙儿像欢呼救世主显身似的欢迎我们俩：救星终于降临！把竹排撑过来后，我就躺在地上一动也不能动了，没有力气了。水很急，撑竹排大家都很陌生。就这样分批渡水，因为竹排不能站很多人。我是最

① 联师、联初、联高，即临时联合中学师范部、初中部、高中部。
② 排，由一排树木或竹子捆绑起来的水上交通工具，可以载人，也可以载物。

后一批过去。这时，月亮已经出来了，我们就借着月光爬山，也没有什么大路，只有容脚的山坡田埂，从薄暮走到半夜，才看见树林里有一点灯光，那是一个地主的大庄院。通过窗户，我们跟他讲清是逃难的学生，他才打开紧闭严防的大门，欢迎我们进屋。他马上让家人烧汤、烧饭，热情接待我们。那个时候的人际关系，因抗日这个大前提而改变，他根本不跟我们计较什么，就让我们在那儿住下。30 多人全住在这个院子里，当然没有那么多房间，我们只要求在台阶上房檐下过夜。我就睡在一条宽矮凳上。那晚大院上空月明如镜，我就看着月亮睡着了。因为太疲倦，一翻身，从凳上摔到院子里，大脚趾先着地，一下给崴了。晨起红肿，痛得不能走路。我在小时候，爬在大门上玩，一下子跌在地上，右脚跌坏，红肿，不能落地。就是给我一块钱的那个农民，给我一只在人的尿液中泡透了的破草鞋，让我穿着它把脚跟踩在火炉中烧热的砖头上，踩几回，肿就消了。次日晨起，我们 30 多人告辞了主人，按他指的路，下山就是台州地面。大伙儿都感激我昨晚找排的事，看我受伤，两个天台老乡要来搀着我。山径窄，只能一人行走，我说：我自个儿能治，你们只管先走，前面等我。我就自个儿一人在后头走，不断往脚趾上撒尿，一路走一路撒，尿果然能治这个病。走了不到半天，脚趾就好了。这时我们已到仙居。过了仙居，30 多人就各回各县，开始分路。去天台的就只我们三人。

陈：这个时候，学校是从丽水迁到青田县？

高：是的，我们学校落脚点是南田镇，现归文成县，那时属青田县。它是明朝开国元勋刘伯温老家①。那个地方一般人很难到，因为上岭要爬 30 里。风景很好，中间是平畴一围，四周是小山丘，小溪浅而清澈，山上到处是柳杉，形如团扇、雨伞，十分优美。

陈：您说您的行李被日寇掠夺，父亲再送行李，是什么时候？

高：就在那时。不是从碧湖逃难逃回家去了吗？没法背着行李走，就把它寄存在碧湖老乡家里。后来学校通知我到南田上学，我就只身先到丽水碧湖取行李。到了老乡家里，给我打开仓库让我看，说你的和我家的被褥全都叫日本鬼子拿走了，就剩下我那只小木箱还在，里面只有几件旧衣服。我就变成了没有铺盖的人。这样，我父亲才找农民挑了一担行李，给我送到南田来。

陈：您从天台回学校，仍然是自己走？

① 刘基（1311—1375），字伯温，明朝开国元勋，浙江青田县南田乡人，故称刘青田。南田乡后划归文成县——“文成”是刘基的谥号。

高：还是原来那条路。先到碧湖，再坐船沿瓯江而下，到了青田县，再到岭根这个地方，再爬 30 里山岭。到学校只能先跟同学拼铺，没有办法，山上很冷。这时我写信回家，父亲就送行李来了。他要走很多路，我心里很感激他。

陈：关于抗日战争，您还有哪些记忆？

高：我是 1944 年（高中）毕业的，那一年没有好大学可考，因为鬼子攻占了湖南衡阳，阻断了内地通往东南沿海的公路，好大学无法出来招生。我就待在老家。日本鬼子之所以洗劫我们的被褥，是他们的给养不行了，太平洋战争已经支持不下去了，还到处搜罗鞋子。到了 1945 年，日本鬼子北撤时，更不行了，窜犯我们老家的鬼子，只要看到能穿的鞋，全部抢走。这说明，那时的日本鬼子，供应已到了山穷水尽的地步。1945 年上半年，占领温州一带的日寇北撤，路过我们老家，停留一两夜，继续向杭州逃窜。第一批流窜到我们老家之前，我就先把母亲、弟弟、妹妹送到深山里亲友家安置好，再回到城里，帮父亲看家。家里还有猪、鸡，还有很多东西没有收拾妥当。一天傍晚，父亲从街上跑回家，一进门先锁大门，跟我说，鬼子子弹已经打到观音堂前石板上了，快逃吧！观音堂就在我家旁边，日本鬼子已经离我们不远了。所以我跟他从后门逃出，到我母亲藏身的村庄去，上了桐柏山[①]，就被当地有名的一个宗亲留住了，要我们就住在他那儿。他家离县城稍近一点，天天可以到桐柏岭头观察日本鬼子的动向。从那个地方可以看到很远的地方。就在那里，有一天，父亲碰见一个人，叫陈甲林，也是我们宗亲。陈甲林是清朝拔贡[②]。这个人学问很好，后来到民国了，拔贡也不能当官，就在中学当教员。他是我初中二年级时的国文老师，这人长得又瘦又小，干巴老头，手无缚鸡之力，没有逃难。日本鬼子进城后，有一伙人住进他家里，占了他家的床和蚊帐，把他轰出来，喂了一夜的蚊子。鬼子一路走来，一路抢劫，抢来的东西太多，自己拿不走，就沿途抓民夫，居然抓陈甲林先生给他们抬箱子。你想陈甲林这么瘦小，当时五六十岁了，怎么抬得动？鬼子非要逼着他抬，他就指指自己喉头，又指指鬼子刺刀，意思是把我杀死得了。被俘的民夫看出他的决心，就找个人替他，鬼子就让他背一皮包。那时，他已把鸦片熬成胶状，

---

① 天台桐柏山，在县城西北 20 公里处，原有桐柏观，道书称“金庭洞天”，是道家 72 福地之一。

② 拔贡，科举制度中由地方贡入国子监的生员之一种，清朝初定6年选拔一次，乾隆时改为每逢酉年一选，也就是12年选一次。每府学2名，州、县各1名，经考试合格，可担任京官、知县、教谕。

弄成丸子，跟药丸子似的，准备不行就自杀。那一晚，日本兵歇在一个庵里，他自己知道受不了再这样负重行军，所以就全部吞下这些大烟泡，以求一死。但是量不够，不足以致死，结果迷迷糊糊，就是不死，也非常难受。他心里明白，天明鬼子队伍要开拔，他还得背皮包行军，非得累死在路上不可。他就趁天黑，从地上爬起来，拿脑袋撞石香炉，撞了十几下，昏倒在地上不能动弹。周围有人去报告鬼子，来了几个人，点着火把，看他前额一片血污，把他抬起来掂了掂分量，叽叽咕咕地说了几句，就把他扔在原地。可是有个鬼子看他穿的鞋还不错，又回来脱去他的鞋拿走。因为他意识是清醒的，特别恨这脱鞋的事，这时他不敢动，躺着装死，等天明。这时鸦片劲儿已经快要过去了，意识更加清醒了。偷眼看旁边还有一个人，临海人，也在装死躺着。天明，鬼子押着众民夫都走了，他就和旁边的人起来，躲在厕所里，看鬼子已经走远了，他们俩总算留下了。这时，和尚来找他们喝粥，告诉他俩赶快逃命，因为后头还有一拨鬼子要来，不逃不行。可是他没有鞋，没鞋怎么走路？他就到处挑选日本鬼子扔下的破鞋，拿破布捆一下，就往桐柏山逃，叫我父亲看见了。因为他跟我父亲是本家兄弟，我又是他的学生。看他这副模样，父亲就说到我那儿去吧！就把他领到我们住的陈太公家。这时，他就讲这个过程给我们听，因为他的模样实在太可怜了，满头是血痂，撞香炉没有撞死，边上的民夫出于好心，给他创口上抹了很多香炉灰，更增加了一种恐怖感。这是日本鬼子给我留下的一个极残暴、极恐怖的印象。不管他是不是我伯父，是不是我老师，凭他劫后面容及所述经历，都能令人心生血海深仇的刻骨之恸。

后来日本鬼子都走了，我跟我爹先回家去，把母亲和弟弟、妹妹仍留在山里。我们到家一看，这哪里是家啊！前门、后门都被砸开，真叫门户洞开。那头可怜的猪，让日本鬼子杀了，把猪头扔在菜园地上，猪肠、猪心、猪肺都挂在旁边的矮墙上，带毛的猪皮摊在那里，把肉全挖着吃了。院子里，到处都是血污、鸡头、鸡毛、鸡脚，他们只吃肉，其他全扔了。那时天热，到处都在腐烂，到处苍蝇乱飞，蛆虫遍地。那个臭，掩鼻也无济于事。这情景就是人间地狱。这就是我们回家的第一印象。到了厨房，更不堪看，恶臭刺鼻，垃圾如山，锅台上布满了带血污和鸡毛的脚印，原来临走时鬼子在每一口锅里，都拉上一泡屎。南方的灶台都很大，一排有大小四个锅，周边有很宽的灶台。

陈：恶作剧？这么变态？

高：我看了这个情形，觉得日本这些法西斯侵略者，简直禽兽不如。日本鬼子能在灶台上往锅里拉屎，而且每个锅有一泡，水缸里也飘着屎。更有甚者，我们放白糖的小瓷缸里，他们也给你扒开白糖，往里放进一坨屎，又把白糖盖上去。连床上的被子，也给打开，拉一泡屎，然后又给叠回去。从这些细节可以看到，这个民族一旦着了法西斯的魔，其灵魂之堕落，令人惊骇到难以想象的地步。我对日寇的印象，恐怕这辈子到死都调整不过来了。

陈：只有您家这样，还是别人家也这样？

高：这情形不大相同，有的家更惨。邻居伯母被鬼子强奸了，丈夫是一个瞎子，两人没有逃难。他们就当着她丈夫的面，把一块破毛巾塞在她嘴里，光天化日之下，轮奸取乐。她的邻居，是我本家的爷爷陈克宁，大概是60多岁，患肾炎，浑身浮肿，被抓去给他们背包袱。他是个病人，岁数又那么大，他们的包袱又很沉，全是沿途抢的金银器皿一类值钱的东西，他哪里背得动？还要随他们队伍撤退，日本鬼子就不停地用枪托打，他跌倒在地，鬼子拿回包袱，一抬腿，把老人踢进路边稻田里，就这样被淹死了。这些情形都是被俘民夫回来说的，不然他死在哪个地方，家里人都不知道，连收尸也无处去收。

我家所有的门户、柜子、箱子都砸破了。箱子里的衣服他们没法穿，都不要，扔满一地。我父亲的朋友搁在我家一只大木箱，人到外地去了，我从不去碰它。鬼子把它砸开了，我才看见里面全是我国从元代至民初浙皖两派篆刻大师的印谱，开本很大，印刷精良，十分宝贵。鬼子有眼无珠，只知掠夺金银财宝，丝毫未动这套无价的文化珍品。

我听我母亲说，那个被轮奸的伯母告诉她，日本鬼子裤腰带串的全是金戒指、金手镯、金耳环，抢得太多没有地方放，就穿在裤腰带上。那伯母拿把刀剁案板，剁一刀、骂一声鬼子。这是我们老家风俗最痛恨不过的表达方式，天天剁着骂，表示千刀万剐、碎尸万段的意思，直到喉咙骂哑，出不来声音。

陈：日本人投降的消息，您是什么时候知道的？

高：1945年暑假，我到缙云壶镇考大学。厦门大学到那儿招生。因为这个镇子不在交通要道上，地方比较偏僻，考试时日本还没有投降，我考厦门大学经济系。为什么考经济系呢？因为我看到四周老百姓，包括我的亲戚、邻居，实在太穷了。有一个最感动我的事，就是我们旁边住着一个妇女，生完孩子就下地干活，到我家里帮我妈洗衣服。我妈跟我讲，她生完孩子没两天，身上还在流血，就要帮我们干活。老家风俗，坐月子至少一两个月不出房门，这给我印象太强烈了！我的一个本家爷爷孩子多，大的当学徒，小的在家，就到盐市场里打那个卖完盐的竹箩子，把留在篾箩子缝隙中的盐粒，拿一小棍打到他的簸箕里。你想在一个空箩里面，能剩下多少盐呢？把所有在场的盐篾箩都打一遍，也打不出多少盐。何况还不是他一个人在打，许多人都在打这点盐。盐市场再大，又能养活多少孩子？国民生计竟穷困到这种程度。我那个时候对天文很感兴趣，后来我说算了吧，不要去研究天文了，还是研究经济、办实业吧。这样我就下决心去考经济系。

就在考大学时，看见墙上贴出一张大字报："日本天皇已经宣告无条件投降！"当时我们还不怎么相信，后来看见，真是这样，老百姓特别高兴，有放炮的，有买酒庆祝的。我回家时，特高兴，准备上大学去了。因为有个高中同班同学在厦门大学已念了一年书，给我打来电报说，你已录取，经济系第一名，公费肯定有，望我快去。但是父亲说不能去，因为那时从天台到厦门，陆路不好走，须从宁波坐轮船，沿海走。那时候日本鬼子还封锁沿海，那一带地方还是战场，海路也不好走，不能为了上大学把命送了。后来我也不想去了，希望考一个更好的大学。

中学的学习生活和业余爱好

陈： 您的中学阶段，在战争期间，能够正常上课吗？

高： 那都很正规，老师都很好，上课也正规。

陈： 自然科学实验那些有吗？

高： 都有。当然做得比较少了，物理实验不要求什么原料，化学试验就比较难，但也有，因为那是全省最好的一个学校。有一个专门的实验室，设在一个庙里，上物理、化学课，都上那里去。实验室主任叫王新吾，抗日战争结束后，他到杭州当了“杭高”的副校长，战时，他和理化老师领着我们做试验。

陈： 抗战期间，增加的科目有哪些？

高： 有军训，除了上操，还有实弹射击，在南田的田边学打靶。

陈： 您打过靶吗？

高： 有，打灰靶。

陈： 灰靶是什么？

高： 就是一个小木箱里头装满石灰，只要打中这个箱子，里面的石灰就冒出白烟来，老远就能看见，这就是灰靶。当时在深山里生活，一切都很简单，也很艰苦。

陈： 苦到什么程度？

高： 我举一个例子，你就知道了。当地老百姓擦屁股，没有草纸，就把竹子的青皮用后剩下的竹黄晒干，折成片片，拿来刮。竹黄棱角很锋利，像刀似的。只说这一点你就可知当地百姓生活有多穷困，这还是地主家。至于我们学生，每月有糙米饭吃，菜永远是发黑的咸菜干煮的汤，有时有几颗煮黄豆点缀其中，不饿就是上好的事！

陈： 您在中小学阶段，业余阅读开始是在什么时期？喜欢哪些书？

高： 我在小学的时候，最喜欢看的就是《水浒传》《三国演义》。《三国演义》是我最喜欢看的。到了高小的时候，喜欢看《红楼梦》和各种《剑侠传》，这两个是很不同调的读物。《红楼梦》是我家里的藏书，薄本线装20多本，随便拿一本就看，我喜欢看里边的绣像和诗，故事也看。此外还有一部叫《唐祝文周》的书，对我影响很大，讲明代才子唐伯虎、文征明、祝枝山、周文宾四人的故事。周文宾是杭州人，那三个都是苏州人，四个人是好朋友，所以写在一起。

陈：《唐祝文周》是传记，还是什么？

高：是传记，有点像列传，但也写他们的友谊。里边有一些诗词，我到现在也会背，像祝枝山的一些题画诗。到了高中就喜欢自然科学了，不过也仍然喜欢古文、诗词，常在课余背《白香词谱》中的佳作。南田山上多雨，四周是山峦、稻田，课余如是雨天，只能以背诗词消遣。

陈：您说过初中去县图书馆，馆长给您开架，那时喜欢看什么？

高：那个时候什么都看，因为满是书，拿到什么就看什么，我甚至看过《石氏星经》，是我国较早有关星象的书。最爱看的是商务印书馆出版、王云五编的《万有文库》，包罗万象。初中国文老师洪守芳先生欣赏我的作文，专门指定我去阅读翻译过来的易卜生《娜拉》。总之，那个时候没准儿，抓住什么看什么。

陈：有特别喜欢的杂志吗？

高：那时我们那个小地方，没有什么杂志。

陈：喜欢新文学吗？五四以后的新文学？

高：这个我喜欢看。我们家有一本郁达夫《日记九种》，写他跟王映霞怎么谈恋爱的事。还有鲁迅的。小时候经常看的还有一本意大利人写的、夏丏尊翻译的《爱的教育》[①]，这本书对我的影响非常大。（作者）名字我现在记不住了。还有安徒生童话《夜莺》我也特别喜欢，这些书特别好。

陈：高中时想当天文学家，为什么？

高：理由很简单，我觉得尘世之间烦恼、痛苦太多！你看，从我上小学到高中，都是在打仗中过日子，老百姓太可怜了！所以我想跟宇宙天体对话，不愿看人间的事，有一种出世的思想。我不愿看见这些人类相残、血肉横飞的现象，这是抗日战争给我留下的印象。因为这种事我看到很多，听到更多，觉得这么打来打去，太没意思了。所以我想跟上天对话，考天文学系。可是后来这个理想破灭了，破灭的原因就是，我高中毕业回到老家，看到太多现实的痛苦，你不可能摆脱，不可能独善己身，因此还是得帮帮这些人，让大家都过得好一点。你跟上天对话，你这个人还是生活在红尘之中。最后，如果世界还是那么苦难，你跟上天还能对话吗？对得下去吗？这个变化，在高中毕业后最强烈，颇有戏剧性，是我人生观的转折点。这就是上大学我不想考天文系，改考经济系的主要原因。

陈：除了读书，您小时候有哪些业余爱好？

---

① 埃德蒙多·德·亚米契斯：《爱的教育》，是一部儿童文学名著，畅销全世界。

高：一种是斗蛐蛐，童年趣事先是抓，然后是养，为了去斗而后胜，以此为乐。还有就是体育锻炼，我们家里有一个后天井，大人很少去那里的，我跟二哥在那里摆了三个大、中、小的石锤，就是把石块打磨成圆柱形，上下是平的，但四周无棱角，浑圆，中心有圆形空洞，便于手抓，用来举重的。我们两个到那里练举重，小石锤单臂举，大、中两种必须双臂才能举起，那可不简单，从小到中，到大，练完一遍，浑身冒汗。这也是一种爱好。我们老家有一个说法，把身体好、四肢有力量的人叫老本，老本必须身体很强壮，才能练就武功，防身克敌制胜。我们心目中，有一种当老本的思想。这都是受《剑侠传》小说的影响。这种事情经常挨父亲骂，因为我们拿着《剑侠传》小说，走到哪儿看到哪儿，不选择地点，他就骂我们是“瘫路童生”。

1941年高中毕业

陈：这个是怎么讲？

高：童生，就是学生的意思。以前孩子考秀才之前，先去县学当童生，瘫在路上的童生表示的意思，比“好狗不挡道”文雅一些。

陈：除了这两个以外，文艺方面呢？

高：我主要的就是喜好刻图章，从9岁起就开始自学篆刻。我对家里的《四体千字文》和《康熙字典》书眉上的篆书有兴趣，对字画上的图章也有兴趣。

陈：这个兴趣是怎么形成的呢？是受什么影响？

高：我们家中堂挂着画幅、对联，都是父亲从北京厂甸买回去的，有刘墉、徐世昌等人的书法。我很喜欢一副对联，是宋程颢的诗句：“美酒饮教微醉后，好花看到半开时。”我觉得它这意境影响我一辈子。爱诗及书及印章，书者名王珊，虽没有什么名气，字和图章都很好。真是爱屋及乌，我就学着去刻图章。初中入学考试得了第一名，我二舅公陈乙阳先生奖励我一部书，是他好友经亨颐（他是廖承志的岳父，廖仲恺的好友）的作品集，其中有一部他的印谱，完全继承了浙派金石优秀传统，它对我就像习字的字帖一样，我每刻一个图章都以它为标准。高中毕业后，辍学在家，又得见浙皖两派金石篆刻大师如丁敬、邓石如、赵之谦等人的全部印谱。所以整个暑假，也不去看书，就去学刻他们的作品。我们家房子是砖墙，刻得不好，把石头磨了再刻。父亲说我把我们家的砖都磨白了，多难看！我想也是，就跑到楼上在积满灰尘的桌面上磨。桌面比墙砖平，灰尘又比墙面的粒子细，磨得的结果更好。楼上平日也没人去，就成了我一个人学习篆刻的天下。

陈：一方印石刻出来，磨掉然后再刻？

高：因为我没有那么多石头，只能磨了刻、刻了磨。

陈：您年轻时比较得意的作品，现在还有保留的吗？

高：没有了。上北大后，只为假造通行证（当时叫路条）刻过图章，没有功夫再弄那个东西了。到了解放区，更没有条件了。老同学有给我打电话的，说他那里还有我给他刻的图章，也就一听罢了，再也没去追寻。

陈：当时有同学向您求刻图章？

高：在高中时，我那个书桌下面，一大半空间全是同学拿来求我刻图章的石头，因为南田当时是属青田县，青田县以产图章石和石雕闻名世界，我每经县城，总会去买些质劣价低的石头，贵的买不起。同学们也如此，他们买来后，就都交给我。我几乎给每个同班同学都刻过图章。

陈：您有没有想过要用自己的手艺挣钱？

高：从来没有。因为我是公费生，也不存在生活问题，都替人白刻。在我这是兴趣、乐趣，也是同学友情，可作为一种纪念。

陈：您年轻的时候，有看电影的经历吗？

高：看电影的经历很少。上小学时，晚上到露天广场看过大银幕电影，放的是《海底世界》，没有配音、旁白，全凭一个人在边上口头解说，当然没有扩音器，他想说就说两句，不想说就不说。

陈：是儒勒·凡尔纳的《海底世界》，还是纪录片？

高：大概是科教片，满眼就是海里的鱼，也只看过一次。后来到了北京上大学，我二哥有同学在北平当连长，有时候请我们去看美国好莱坞的片子。

陈：从小学看《海底世界》到 1946 年上大学，中间没有看电影？

高：你想，怎么看？年年都在逃难，当时都是在深山里生活，连电灯都没有，哪有电影？

陈：当时在丽水，浙东行署以及那么多学校在那儿，也看不到电影？

高：没有电影院，根本就没有电影这回事。

陈：也没有巡回电影队？

高：没有！那时国家在抗日战争中。当学生的除了逃空袭警报就是逃难。第一大事就是吃饭，求活命而已，别的就是教科书，文娱活动就是自己演话剧。

陈：当年每一个战区不都有一个巡回放电影的小队吗？

高：至少在我从小学到高中的学习生活中，没有见过这样的电影放映队。话剧也是同学自己组织的，演出《日出》《雷雨》，都在高中时代。

陈：1946 年以后看好莱坞电影，印象最深的是什么？

高：我记得好像有一部片子叫《两个水兵》，是美国水兵跟姑娘谈恋爱的事，也没有多大意思。

陈：《魂断蓝桥》《出水芙蓉》《北非谍影》这些呢？

高：这我都没看过，好像都是 1949 年以后看的。我记得看过《左拉传》，那部片子给我印象很深，好像也是好莱坞的片子。后来主要是搞学生运动，搞地下工作，没有时间，也没有那闲心思，更没有那闲钱买电影票。

陈：1946 年北京电影院的票价是多少？

高：我们都不花钱，是我二哥当官的同学带着去看的。

天台简易师范教书的一段插曲

陈：1945 年您还考过中央政治大学？

高：那是 1944 年，高中刚毕业，就到丽水去考大学，别的内地大学都没有来招生，只是蒋经国当校长的那个中央政治大学招生，[①] 我就去考了。

陈：考取了，为什么没去呢？

高：我不知道已经考取。因为那个时候日本鬼子打到了衡阳，浙东到重庆去的路断了，所以我不知道是考取还是没考取。反正考完了就回家，那个时候我也不拿这个大学当回事。我大哥在重庆中央大学念书，他看见报纸登了中央政治大学招生榜上有我的名字，他非常生气，就写了一封信回家把我骂得狗血淋头，说你怎么去考那个学校？上那特务学校，还不如在家搔腿肚子。我根本就不知道什么是特务学校，反正我也不去。

陈：您大哥写信不写信，您都不会去上这个学校吗？

高：起先我不是这样想的。考前，招考的地方宣布，只要考上，上学的路费和学费一概由校方负责。我觉得这条件很好，由浙江到重庆，路费是大笔的钱。我想先借机到内地，再找别的好大学。经他来信这一顿痛骂，我就死了这条心了。不过也留下一个问题，特务是什么？特务学校又是什么？

陈：当时考这个大学的科目，也很正常吗？

高：很正常，就跟考一般的大学一样。当时也有人在考浙江省立的英士大学，也是这套题，只是我没填这志愿罢了。我只想去西南联大或中央大学。

陈：然后您在简易师范教书半年？

高：那时我考罢就回家了，考上那个大学又没有去，也去不了，在家又没有什么事干，因为我们这一家人重视念书在当地很有名，所有人都念书，都念好学校，县立简易师范学校——相当于初中——校长是我母亲的堂叔，他年纪小，可是辈分高。他知道我在家里，有一天跑到我家来，跟

---

① 此处表述有误，蒋经国主持的是中央干部学校，1946 年与中央政治学校合并，才有“国立政治大学”，校长为顾毓秀。

我爹妈说，要我上他那儿教书去。我妈跟我爹一合计，就同意了，只教一学期，教数理化。

陈：说好就教一学期？还是有什么情况？

高：因为我到暑假还要出去考大学，不能老在家教书，那一学期数理化教得很好。我非常负责，也非常严格。简易师范数理化功课比较简单，而我曾经的高中水平很高，所以讲这些课很容易。最后有了一点小名声，天台中学就想请我去。这件事我不知道，我爹代表我说不去了。

陈：为什么不去？

高：我还得去考大学。那时候抗日战争还未结束，我还要在家里备课，备半年课，就去考了厦门大学经济系，结果也没有去，因为抗战胜利了，我要考更好的大学。

陈：高中毕业后，您考过三次大学？

高：对。第一次挨骂，第二次没去，第三次是北京大学，去了。我那个时候考大学就跟玩儿似的，也没有什么太大负担，都是平常心，哪像现在这样。

陈：您教简易师范，有什么体会吗？

高：当时是这样想的，在那儿读书的学生将来都要当教员的，那么我自己首先要当好教师。我非常希望他们都能学好，但学生里有一些不好好学，调皮捣蛋，对这种学生我的要求很严格，决不含糊。这期间碰到一个教书的，是我初中同学，我是甲班，他是乙班，他叫朱方褒。我不能不说这个人。他爹早逝，家境穷困，还有妹妹，念书很困难。他高中毕业以后，就去简易师范教书，没有钱去上大学。在简易师范教书时跟我住在一个屋里，他非常会写小说，也写得非常好，当时《东南日报》经常发表他的作品。我们俩非常合拍。他后来到天台中学教语文，我去上北大。我把《北大半月刊》和一些“反饥饿、反内战”的宣传品寄给他看。这个人是个实心眼，他把我寄给他的东西就在课堂上当众宣读。

陈：当局不会追查吗？

高：故事就在这儿了。他当然是同情北平的学生运动，否则就不会这样做。他那个班上有“三青团”的学生，把这一情况密报到县党部，县党部就来抓这个姓朱的。当时天台中学校长叫许超，也当过我的老师，事先知道这件事，就跟朱方褒说，赶快走！以后就别回来了，有人要来抓你！当时天台国民党县党部的书记叫王定锐，是我们初中时教《公民》的老师。朱方褒就躲到乡下去了，后来一想，干脆上浙江大学上学读书去吧，教了这几年书，也有一点钱了。1948 年，我已加入中共北平地下党，决定到解放区去，趁暑假回家一趟，跟家里人再见一面，告个别。因为这一走，我会怎么样，难以预测。我一到家，我爹妈大吃一惊，他们说你怎么回来了？！起先我不理解他们为什么如此惊愕，我说怎么，不能回家吗？父亲说，你不知道王定锐正等着抓你！原来是许超校长已把朱方褒的案子告诉了我父亲，说他们已查出这个案子的后台就是我。所以许超先生要我父亲注意这件事，别让我回天台。我爹还来不及告诉我，我突然回家了。他在儿女安全问题上警惕性特别高，因此显得胆子特别小。他就把大门一关，插上十字杠，宣布："谁也不能出这大门，有事都走后门！"同时把我关在楼上，不许下来。我哪儿知道家乡发生了这样的事！他说你赶快走，回北京去！我不干，我说好不容易回来一趟，又坐船，又坐车，怎么也得让我待几天。他说那行，你就不能下楼，只有晚上可以。结果把我给软禁了。只有一些最要好的同学来看过我，都是晚上从后门进来。不久他到北山上找了两个相熟可靠的农民，绑了轿子，趁拂晓天未亮就把我抬出县城。那天我正在发烧，他也不管，说你必须走，待在家里太危险，病到上海你姐姐家去治。因为当时王定锐派人正四处找我。

陈：其实您是他的学生，不是吗？

高：我是他的学生不假，但他是六亲不认的。1948 年暑假，我在家里也没有待几天就走了。朱方褒在浙江大学做了很多地下工作，1949 年后，他当了《浙江青年》总编，听说那时跟乔石同志一道工作。他热爱鲁迅以及鲁迅的朋友，他曾经跟胡风写过信，讨论文学问题。1955 年，"反胡风运动"爆发，把他打成"胡风分子"，他被开除，到《浙江日报》去当记者。后来《浙江日报》也不要他，最后他到处流浪，流落到温岭一个师范学校当教员，和老婆离了婚。1983 年，我特地路过温岭，到他家看他，那是很惨的，四壁萧然。

报考北京大学

陈：1946 年，您和您二哥一起离开家考大学？您二哥不是上过中央军校吗？

高：上中央军校[①] 那是抗战时期，他通讯科毕业后分配到河南前线，还当了副班长。当时我大哥在重庆中央大学学建筑，他的政治判断比较好，知道我二哥在那儿最后不会有好结果，就给他写信，说我妈从浙江到重庆来，路上出了车祸，腿折了，在重庆养伤，让他赶快来。实际是骗他的，让他脱离国军。我二哥是一个孝子，他就从河南部队开小差到重庆。国军开小差要遭到通缉，通缉他的布告到处都贴，逮陈汉冕——我二哥。他却住在他同学的部队里，那里也贴着通缉陈汉冕的布告。那都是够哥们儿的同学，还帮他弄上去重庆的军车，没花什么钱，国军里一个小副班长有什么钱？他就这样从河南到了重庆，在重庆也不断到同学家玩。其中一个是监视郭沫若的，他到那儿去，问他：你们在这儿干什么？他说看住郭沫若。

陈：监视郭沫若？

高：郭沫若住的房子，四周都有监视他的人。我二哥这才知道，这帮家伙在干坏事。后来他进了国立十二中学[②]，和后来当广电部部长的艾知生[③] 同班。在那儿念了三年，毕业了。正好是 1946 年，回到老家，跟我一起到上海考大学。艾知生从湖北那边考，最后他俩都考进清华，继续同学。十二中考进清华的有三个人，三个人住一个屋，清华学生住宿舍可以自由组合。我星期天去玩，就住在他们屋里，所以我跟艾知生 1949 年就很熟悉。

---

① 即黄埔军校，初名中国国民党陆军军官学校，1924 年创办于广州，1927 年迁往南京，1938 年迁往四川，改名为中华民国陆军军官学校。不管迁往何处，一些人仍习惯地称之为“黄埔军校”。

② 国立十二中学，即抗战时的国立湖北中学，由武昌中学迁川而成，招收流亡学生，校址在四川长寿县（今重庆市长寿区），分布在松柏、官庄、荆庄、栀子湾、北庄等处，分高中部、初中部、女子部。

③ 艾知生（1928—1997），湖北汉阳人，1946 年考入清华大学土木工程系，1948 年加入中国共产党，新中国成立后曾任清华大学党委副书记、副校长，国务院副秘书长，后担任国家广播电影电视部部长。

陈：您第三次考大学，过程如何？

高：第三次考大学，从故乡徒步走，到嵊州才有车，经过杭州到了上海。上海那个地方干什么都要花钱，在我们看来都很贵，旅馆住不起。我二哥有一个军校同学，在上海老城隍庙那儿驻军，是个通讯连连长，单独有座小楼。我二哥就领着我去找他。他叫王道周，跟他一讲我们的情况，他就给我们一个大房间，里面什么都没有。我们俩，还有一个天台老乡，也是来考大学的。他说我只能给你们这样的条件。我们认为这已经很好了，不花钱有地方可以睡觉。我们买了三张草席，铺在地上，大夏天很凉快。二哥还有一个同学家在上海，从他家里拿来毛巾被，有铺有盖，一切都解决了。吃也简单，买一个面包，或者一碗阳春面，走到哪里吃到哪里。

1947年在北大三院西平房宿舍前

陈：考场设在什么地方呢？

高：考清华的考场设在徐家汇，上海交通大学。考北大好像在复旦大学，或震旦大学？我不记得了。考完了，我们哥儿俩又到南京去考中央大学，那时候我大哥还在重庆，学校还没迁回来。刚考完就贴出布告，说这次考题已泄露，作废，须重新考。我就不想再考了，就要走。二哥怕自己考不取，要再考。

陈：走哪儿去了？回家？

高：我不敢回家，如果大学没有考取，回家多丢人，当时就是这思想。我姐姐在宁波工作，我就去我姐姐那儿。

陈：您姐姐？是医专毕业的那个？

高：对，医专护士班毕业的，当时在宁波一家大医院当护士长。一个原在浙江医专当教授的汪时章先生当时在家乡开了一家大医院，叫她到那里当护士长。这位汪教授在医专逃难时，没有地方住，就住在我们家里，跟我关系非常好。他腿有残疾，生活不方便，总是由我帮他送茶提水，干这干那。抗战胜利后，他就回家开医院了。所以他很欢迎我到他那儿去住着，我就躲在我姐姐那儿等通知。可是等了许多日子，报上也没有发榜的消息。后来我二哥考完中央大学，又到上海考同济大学，反正能考的他都考了，考完后也到我姐那儿，约我一道回家去。

陈：您姐姐那个时候成家了？

高：她成家了，带着孩子，在那里工作，姐夫在另一个地方当医生。我已等得不耐烦了，心想取不取由它去吧，就和二哥回家去。回家要先乘轮船到奉化，从奉化再走路回家。轮船码头上有卖报的，我们买报一看，我们哥俩都被录取了：我考取北大、交大，二哥是清华、同济，姐弟三人在码头上又喊又跳，欢天喜地。我们俩就高高兴兴地回家了。

我们到家，我爹不在，我妈在，就问，爹哪儿去了？她说在乡下，表姑家有事。我爹的姑姑生了三个女儿就去世了，不久姑父也去世了，两个女儿出嫁后，只剩下小女儿一人在家，守着那份大家业。我爹是她最信赖的表哥，经常下乡帮她料理家事。她所在地方，离城有三十里。我们俩马上就到那儿向我爹报告喜讯，我爹一听特高兴，马上就说：我把刚赎回的田卖了给你们当路费，上学最要紧。这些田就是他过去抵债给了债主，因为田价涨了，他利用土地价差，卖了部分田，可以赎回部分田。刚赎回又卖了，其实卖得的钱，也只够我们到上海的盘费。

陈：上海交大和同济都是名校，为什么你俩不在上海读书？

高：我二哥一心要去清华。我先到交大去注册，原想就上交大，因为我想办实业，考的就是交大运输管理系。注册时校方说，宿舍紧张，新生要自找住处。这就麻烦了。所以我专程从上海到南京去问大哥，这时候他已经从重庆到南京参加建校工作。他是学建筑的，留校造房子。我问他，上哪个大学好？他又把我训了一顿："这还用问？当然去北大！"我说："为什么？""五四发源地！"我就回了上海。这时候上海有个清华同学会，替考取清华、北大的新生找了一艘荷兰的运煤船，到秦皇岛。那时铁路不通，所有考取北大、清华的，全上那只船。

陈：清华同学会联系的船，北大学生也能上？

高：因为抗战期间清华、北大、南开都迁往内地，组成西南联大。抗战胜利后，三校虽然分开，但旧情还在，视如一家人。只收饭费，坐船不花钱。运煤船舱空地方大，只不过到处都是煤灰。我们这些学生只能就舱打开铺盖，睡在舱板上。海上大风一来，我们人在里面，就像摇煤球似的，整个人和行李铺盖滚到这儿滚到那儿，滚得昏天黑地。结果个个都成了"包黑子"，你看着我，我看着你，脸、手、被褥都是黑的。那也没办法，不花钱乘船真不是白乘的，都变成了煤黑子。到秦皇岛登陆，日本侵略后的景象很惨，到处是黄泥土屋，根本没有一点生气，满目凄凉。我们去小面馆吃饭，炸酱面、青菜面，弄什么卤给你一浇就得。老百姓住的房子比地窝子稍好一点，跟洋人一栋一栋的小别墅一比，半封建半殖民地和帝国主义的区别极为鲜明地摆在眼前。

陈：从秦皇岛还得坐火车？

高：坐火车再到北京。

陈：当时北京——北平——是什么样的？

高：我们坐在车里，燕赵大地，了无生气。那已是 11 月初，庄稼都收了，光秃秃的原野上，村庄只是蝼蚁土屋，几乎看不到牛羊，人烟稀少，林树萧疏，一片凄凉。到了北京，城墙完好，前门、正阳门、天安门虽然显得雄伟，但总有一种蒙尘既久不免颓败之感。火车从南边绕过来，外城南部有很多荒地，没有房子，野草丛杂。靠前门一带有街市，远处大都是空地，看着前门和千步廊高墙，心里当然很高兴，终于到北京了，两侧都是垃圾如山，落脚的地方是宣武门西侧的国会街，北洋军阀统治时期的国会所在地，就是现在新华社总社那里。清华的人都回清华了，我们北大的新生就都住在国会旧址。

陈：您再说说北京印象。①

高：那时候北京城是非常荒凉的，国会街南面就是宣武门城墙，宣武门西面的城墙有许多大缺口，里面都掏了一个个洞，有大洞，有小洞。

陈：很多洞？为什么？

高：各地许多难民流落在这里，在城墙缺口里面挖个洞，就住在洞里，权当窑洞，前面挂一块破布当门帘，他们洗的衣服，破破烂烂，就晾在洞外。大缺口旁边有许多小口，都是老百姓做煤球时，煤灰要拌上黄土，就到城墙缺口那里去挖，这已非一日、一年，那个城墙，早已千疮百孔。城楼当然还在那里，可是疮痍满目，惨不忍睹。日本鬼子占领这么多年，国民党只顾接收，搞“五子登科”②，根本没有管理，它能不如此吗？

---

① 上面一段的语序有调整，这个提问是编纂时增加的。

② “五子”指：金子、银子、车子、女子、官帽子。

在北大接受新知识和新思想

陈： 下面说在北京大学的事。您在北大期间，听过哪些名教授的课？

高： 我刚才讲了，有许德珩讲的社会学，赵迺抟、周炳琳的西方经济学，钱端升和王铁崖的政治学，俞平伯的古典诗词，等等。

陈： 其他呢？北大新生选课方式是怎样的？

高： 当年是学分制，必修的有几门课，选修的也有几门课，凑够学分就可以了。一年级时，语文、微积分、英语、经济学都是必修的。到了二年级，语文、英语就成了选修课，会计学、统计学是必修课，因为是经济系，经济学从来都是必修的。微积分，经济系的也要继续学。经济学方面，先学普通经济学，再学经济史，大四还有《资本论》，这些都是必修的。必修的选后，还剩下多少学分，自己分配，想选什么校方不管，只要你修够规定的学分就行了。

陈： 您选了俞平伯教授的诗论还是什么？

高： 我早就知道俞平伯长于古典文学，我又喜欢诗，就选了他的诗学。此外学过石骏教授的哲学，后来他到人民大学讲课。还有我对英语比较喜欢，有个叫俞大缜的开英语课，我又学了一年英语。到了大三，因为地下工作太忙，我就只有上午去上课，下午都搞地下工作去了。当时我还留出时间到孑民图书馆看书，孑民图书馆的馆长叫戴秉衡，即现在的清史权威戴逸，跟我是同一个读书会的。这个图书馆是学生自己办的，里头有许多是苏联大使馆送的书籍，《列宁文选》《斯大林传略》，高尔基、普列汉诺夫等人的著作，还有许多著名的俄国文学作品都摆在那里，随便看。

陈： 那些可以摆出来吗？

高： 公开的，学校提供一间房子，公开摆着。我记得，那里还有香港出的刊物《群众》[①]，听说是乔冠华在香港办的。

陈： 您当时半天选课，有哪些教授的课程，至今还有印象？

高： 基本上就是上面讲的那些。大学四年级有《资本论》，我到三年

---

①《群众》，即《群众》周刊，在国统区公开发行的中共刊物，1937 年 12 月 11 日创办于武汉，辗转于重庆、上海、香港，乔冠华是《群众》周刊在香港时期的负责人。

级就去解放区了，所以就没有学，是我自己以后看的。有两个人可以补充一下。[①] 一个就是钱端升，他有名，是因为他与国民党一个部长叫王世杰的合著了一部《比较宪法》，这部著作当时很有名。还有一个人叫王铁崖，我也听过他的政治学。王铁崖后来到联合国去当大法官去了。我二儿子也是他的学生。

陈：您听过他的课，您儿子是他的学生？

高：我听他的课时，他还不怎么有名。等我儿子上北大时，他们都很有名了，所以后来他就被派往海牙当大法官了。

陈：当时听钱端升先生的课，收获是什么？

高：当时感觉政治本身是一门科学。现在我们讲政治文明，其实政治本身是一门科学，它有许多规律性的东西，是不能违反的，你硬要违反它，就不符合科学，客观规律就要惩罚你。

陈：我的问题是，您当时能接受他们的观点吗？

高：他们是讲资产阶级的那一套，当时并没有反感，因为我无非就是求知，无非就是知道世界上有政治这门科学。因为我自信自己能够独立思考，一边在学马克思主义，一边听他们的课。听课只不过是增长知识，我抱的就是这种态度，钱端升也好，王铁崖也好，对所有的教师，我都是这样看的。真正对我思想影响比较大的，就是这个许德珩教授，是他把我引进马克思主义最基本的知识之门。他是五四运动的一个领袖，我还到过他家，关系还可以。

陈：您跟许德珩关系不错？

高：他当时住的是普通平房，老师住得都不好。我去看他，因为觉得他讲得很好。当时他没有说“我讲的是马克思主义”，他只讲社会为什么生产力要跟生产关系相适应，经济基础为什么要有上层建筑，上层建筑是干什么的。这些当时对我们来说都是很新鲜的，觉得非常有收获。因为我追寻这个社会问题，已经有很长时间了。那时年轻、无知，怎么想也想不明白。通过他和北大的社团学习马克思主义，这才摸到门径。他讲的社会学确实是很好，能坐 200 人的理学院大讲堂坐满了人，窗口上还坐着外校来的旁听生，他从不拒绝。

陈：您学的是马克思主义经济学，还是古典经济学？

高：是古典经济学，这是课程规定的，大家都必须学。我在那个时候，学功课为了考分，考够分才能保住公费，主要是有饭吃，有宿舍住就行了。

---

① 以下讲钱端升、王铁崖、许德珩等教授，都是后一次采访时补充的，编纂时调整至此。

然后自己愿意看什么就看什么，愿意干什么就干什么，例如参加社团活动，搞地下工作，等等。有的人有钱，周末就去北京饭店跳舞。我那时候地下工作很忙，先是参加《北大半月刊》当记者，后是组成《清华北大联合报》，当编辑和主编，同时也编书，还与校外地下团员定时联系，辅导她们学习毛主席著作，后来就忙于仿刻公私图章，做假路条。当时，我把北平市各区的公章和区长、许多保长、甲长的私章都给刻了，一共刻了60多个。组织上叫我联系女中或大学的女生，先后有十来个人。

陈：为什么接触那么多人？

高：有的人在中学念书，要求进步，水平比较低，那就需要叫上大学的人去辅导她们。有的在大学，也只是一般联系，没有辅导问题，才有这种工作。地下党就指派给我，什么时间到什么地点去跟什么人谈话，必须准时赴约。跟她们谈形势，讲新民主主义革命论是什么意思，等等，有时也听她们谈活思想。

陈：与女中学生接触，是以谈恋爱为名吗？

高：并不是。谈话的地方，选在太庙，即今北京市劳动人民文化宫。原来那个地方白天没有什么游人。我们这种活动经常选在那儿，而且总是一男一女，令人觉得是幽会，以便掩护，也便于工作。来去没有车子，走到那儿，谈完话，天也快黑了，各自回家，没有心思谈什么恋爱。

陈：您从什么时候在思想上偏向共产党？希望您说得越细越好。

高：我第一次接触毛泽东思想，是我在重庆上大学的大哥给我寄来一张很小的剪报，是毛主席的《沁园春·雪》。那时候好像是他到那儿开政治协商会议。[①] 那张剪报就像香烟盒那么大，而且纸的质量很差，夹在信里寄给我。毛泽东的名字我当然早就听到过，我也知道他是中国共产党领袖，可是没看过他写的东西。读词后，我觉得这个人了不得，这学问太大了。因为我从小就喜欢诗词，还爱背诵。我觉得这首词非常好，口气很了不得，我见过的诗词里面没有这种气魄的。

陈：“秦皇汉武，略输文采，唐宗宋祖，稍逊风骚。一代天骄，成吉思汗，只识弯弓射大雕。”

高：对，谁也比不了。就算是豪放派代表苏辛词，也是比不了的。“欲与天公试比高”，传达出一种旷古未闻的气势。我一向以为岳飞的《满江

---

① 此处表述有误。毛泽东的《沁园春·雪》写于1936年2月，1945年秋天毛泽东去重庆谈判时赠给诗人柳亚子先生，1945年10月14日《雪》首次公开发表于重庆《新民晚报》，引起轰动。其时政治协商会议还没有召开。

1947年在北大三院宿舍

红》是真有气魄的，跟他那一比，格局就不同了。它像颗震慑弹，把我惊呆了。

这之后，我就开始找共产党的书来看。我有一个亲戚，他有很多书，说给我看本书，我拿了一本，寸把厚，16开，书名《唯物论与经验批判论》[①]，列宁著。搁我家里两年多，我看了多次也都没看懂。可能翻译不那么好，加上我也没那水平，不可能看得懂。直到多年以后我才把这本书看明白。后来我又找来两本书，一本是艾思奇的《大众哲学》，觉得这本书很好，写得通俗易懂，我看了多遍。还有一本是潘梓年[②]写的《逻辑与逻辑学》，我也看得懂，也很喜欢。我觉得，哲学是很有意思的东西。《逻辑与逻辑学》把形式逻辑讲完以后，又讲了辩证逻辑。这也是我一到北大，要选修哲学的前因。总之，我对学科的选择，不完全是出于兴趣，更重要的是由于社会的推动，百姓生活为什么那么穷困？日本鬼子就凭那么几个海岛，竟把我们打得丢盔卸甲，失地千里？连龟缩西南的一隅之地也是到处被轰炸，死伤遍地，惨不忍睹。后来北大发生沈崇事件使我明白，国民政府实在是不行，这样的事情怎么能容忍呢？主犯皮尔逊交给了美军，回美国就给无罪释放了！无罪释放这件事对我的影响太强烈了。所以从此我就下定决心，要参加革命。在冤狱[③]中，我写过一首词，就记录那一时期的思想感情及潜入解放区的经历："年少游燕市，夙夜觅真知。震天'抗暴'雷动，赤手斗熊罴。密室谈兵论世，低唱起来……奴隶，长夜盼春时。一把通天火，灰烬蒋介石！扮商贾，渡独水，望红旗。青青千里新麦，军号间啼鸡。载喜载奔长啸，脱网龙吟鹰唱，易帽换戎衣。蘸我青春血，谱写大同诗！"

陈：（指着书房墙上的镜框）是您自己写的，是吧？

---

① 是指列宁著作的《唯物主义与经验批判主义》。

② 潘梓年（1893—1972），哲学家、逻辑学家，曾任《新华日报》首任社长，是潘汉年的堂兄。

③ 1968年，高汉先生因写大字报，说新中国成立后17年，中央新闻纪录电影制片厂存在"红线"，被打成"反革命"，并被扭送公安局看守所关押。在关押期间，创作了上面引述的《水调歌头》。

高： 词是我在监狱里没事干时写的。这镜框里的行楷，是我小儿子给他妈妈过 80 大寿时，写的这首词。

陈： 这书法很像毛体。

加入中共北平地下党组织

高：我入党，是在读书会南北社。社长有一次找我谈话，问了我许多问题，包括当时的希望。我不知道他这是什么意思。最后他跟我说，他是共产党员，问我知道吗？我大吃一惊，我说原来你就是共产党！是真的还是假的？他说当然是真的。他说你也来吧。我马上问，我当共产党，合格吗？是不是先在“民青”待一段时间？他说那也好，看我好像还有一点犹豫。大概待了一个多月，我找他说，咱们就来真的吧！就这样我正式入党了。其实在此之前，他已经做了许多工作，如让我在《北大半月刊》当记者，到大街上散发“反饥饿、争温饱”“反内战、争民主”的传单，等等。

陈：南北社社长叫什么？

高：叫力平。本姓沈，叫沈忱，浙江嘉兴人，跟我同班，后转政治系。他去解放区后，改名力平。他吸收了我，与我同班同学丁祖永，组成一个党小组。北平解放后，我到“北影”时，组织上让我补了宣誓，在地下入党没法履行宣誓。

陈：丁祖永是跟您同时入党的吗？

高：不是，他大概比我先入党，不过我从来未去打听过。介绍人只有一个，就是沈忱，他让我和丁祖永一道搞路条仿制工作，想必丁祖永已入党，否则我们三个人不能一道研究工作。入党准确时间为什么不能定？因为我刚才已经讲了，我跟力平说我先在“民青”那儿待段时间，但没待几天，我就对力平说，算了吧，我就入党吧！这时间到底是哪天，记不清了，反正是 1948 年 9 月之内。

陈：那个时候没有申请、填表、批准，只是口头批示吗？

高：只是口头的。申请、填表一概没有。

陈：共产党员也没有登记吗？

高：不可能有。一切都在当事人心里记住，在实际工作中表现出来。在地下工作中，各种东西不留片纸，不留任何痕迹，几乎是常规，否则很容易被敌人抓到把柄。

陈：若沈忱万一被抓起来，那您的党员身份就没了？

高：就没了，这种事情非常普遍。很多地下党员因失联而重新入党。

陈：好在还有丁祖永可以证明您？

高：他就是我的证明人之一。我地下入党，新中国成立以后补填登记表格、档案上的介绍人，就写丁祖永跟力平两人。

陈：地下工作有一个规定，只许垂直联系，不准横向联系，是吗？

高：有这个规矩。我们这三个人为什么发生横向联系，成为小组呢？因为涉及具体的工作问题。比如说造“路条”。没有丁祖永的单身宿舍，无处去造，他有肺结核，必须单独住着，他那个房子没有人去，在西斋理学院旁边。可是他不会刻图章，而我的手艺可以乱真，所以我们这个小组就这样成立了。这是革命工作的需要。

陈：一般的情况下，不允许那样的？

高：不允许。有这个规矩，所以我始终不知道力平上线是谁，直到最后他要走了，才把上线告诉我，原来是同班同学陈一如。

陈：联系大、中学生的工作都是力平布置的？

1947年，高汉同南北社成员在一起
（前排左四为高汉）

高：凡是要我做的工作，都是力平布置给我的。当时我并不知道这些工作是由谁给他布置的。我也从不打听这一点。

陈：您一共联系多少人？

高：西四那儿有一个志成女中，其中有一个高中女生余凤年，是地下团员，后来一起去解放区，我给她改名，叫余致力。第一次联系，由力平告诉我时间、地点，她背蓝书包，戴白色口罩，星期六下午两点，在太庙大门旁边，这就行了。我准时到达，她就在那儿。

陈：是谁跟她约的？

高：这个都是力平的事。我从不问他背后的组织活动。所以我也不问那姓余的女生是谁通知她的，我们俩互不打听背后的事。到太庙就谈学习中的问题。此外还有四个慕贞女中学生，不过联系不像前一个那么深，她们四人是一道来的，这些人我现在记不住了，因为时间久了。此外还有辅仁大学来的女生，她们来时往往一群，人数有时多，有时少。地点有时在南北社，有时在动物园，有时她们邀请我们去她们那里。辅仁大学有开放女生宿舍的时间，平时不能去。

陈： 主要跟她们讲国内国际时政，是吧？

高： 凡是群体性的活动，大都问问彼此学校有什么情况，同学有什么情况，关于时局有什么看法。凡是个别性的活动，我可能讲到现在解放战争打到什么程度，主要问她学习《新民主主义论》有什么问题，有时也涉及其他一些社会科学问题。

陈：《论联合政府》和《新民主主义论》，都是毛主席著作？[①]

高： 小本子，很薄，都是毛主席著作。我给吴青[②] 看的也是这两本书。后来我找力平说，我发展了北京师范大学一个女生，他说好，那就行了。就成了由我联系的地下团员。

陈： 发展吴老师，是您自己做主的，是吧？不是任务？

高： 不是任务，我有这个想法。跟他[③] 商量，他说行，就行。他就通知他的上线陈一如，是北大同班同学。

陈： 南北社当时大部分都是地下党吗？有没有人对政治不感兴趣？

高： 不是的，对政治都有很高的兴趣，但是有的没有加入共产党，有的是“民青”。像历史学家戴逸当时可能就不是共产党员。

陈： 当时要加入南北社，条件是什么？

高： 这个都是个人选择。比如我看你，观察你，从各方面观察你很久，觉得你行，就约你到读书会来读点什么书。有的人就主动要求参加读书会，有的人就没有这种兴趣。

陈： 那个时候做地下党，害怕吗？

高： 要挖出来，那你肯定会被抓，进特刑庭，那就够呛了。所以必须非常机警，既不害怕，但又警惕性很高。比如说我发展吴青，也经过长期的观察，还到她家去观察。有一次我和她到英国领事馆——当时在天安门东南角——看话剧《莫斯科记者》，用英语演的。看完后，我送她回家，不是有路灯吗？每路过一盏路灯，我看一下她的脸，看她是什么表情。那时路灯不像现在那么亮，间隔也很远，步行到她家很远，我知道这个人可以，对戏的反应基本上跟我一样，所以我就告诉她，要她参加地下工作。

---

① 指毛泽东的《新民主主义论》（一名《新民主主义的政治和新民主主义的文化》）和《论联合政府》。

② 吴青，是高汉先生的妻子，北京电影学院教授。其事迹参见后文。

③ 他，是指力平。

陈： 说出自己的真实身份？

高： 你如果不观察好，绝对不能开这个口，当时的严峻形势，必须是这样。为了壮大革命力量，既不能不发展，又必须万分谨慎，绝不能有一点疏失。

《北大半月刊》和《清华北大联合报》

陈：请您说说您参与《北大半月刊》的经历？

高：有一个老乡在北师大读博士，了解了我过去的情况以后，曾专门到大学图书馆里找到《北大半月刊》，把它的复印件给我寄了两份，引起了我很多的回忆。那时我还未入党，实际上力平，就是我入党介绍人，分配我去做这个工作。当时《北大半月刊》是由佘世光办的，他请很有名的教授，如张奚若、冯志等北大、清华的教授写文章，当然也反映学生的动态。佘世光当时是大学四年级，他是由西南联大转过来的。我那时是二年级，到那里当记者的任务是采访同学的思想动态、生活状况，我是课余附带做《北大半月刊》记者的，我也曾经组织同学写文章，当然有很多人参与，其中有一个人比较突出，就是陈布雷的儿子。

陈：蒋介石的顾问陈布雷？

高：是。《中国的命运》就是他写的，人称第一幕僚。他跟蒋介石是老乡，是慈溪人，蒋介石是奉化的，都属于宁波地区。

陈：陈布雷的儿子是在北大上学？

高：陈布雷有一个女儿，叫陈琏，在贝满女中是地下党，后来自杀了①。他还有个儿子就是陈远②，后来他改名叫陈砾，曾任《中国日报》（*China Daily*）总编。在北大时他曾跟我住一屋，我很欣赏他，敢约他为《北大半月刊》写文章，就因为他睡在我们旁边，肯定是知道我半夜两点钟起来刻图章，他却从没有问过我，也从不说这件事。我组织他写文章，他从未推却。人家看他是陈布雷的儿子，都有一定距离。我根据自己的观察，觉得他没有什么异常。后来他父亲陈布雷死了（据说是自杀）③，他没

① 陈琏（1919—1967），陈布雷之女，1939 年 7 月加入中国共产党，1967 年 11 月 19 日自杀身亡。

② 陈砾（1929—2006），陈布雷之子，1948年毕业于北京大学哲学系，1952年加入中国共产党，1986年担任《中国日报》总编辑。高汉先生审稿时写，据他所知，陈远新中国成立之后改名陈砾。

③ 陈布雷确实是在南京住所自杀，日期是1948年11月13日。

回家，在清华的那个陈遂是他弟弟[①]，陈遂回家去料理后事，陈远根本就没回家。

陈：他为什么不回家奔丧？父子立场不同，还是别的原因？

高：我们当时就没有问，他就是不回去。后来我问他怎么不去？他说有陈遂回去就行了。后来因为《北大半月刊》有些文章比较激烈，被当局查封了，我也就不干了。

陈：您在《北大半月刊》工作过多长时间？

高：大概有一年左右——可能不到一年，后来就散了。因在“反扶日”——反对美国武装日本——的学生运动中，我们言论激烈，遭到查封。我们觉得没有宣传武器还是不行，所以又筹组了一个《清华北大联合报》，大主意肯定是地下党组织拿的，清华负责提供部分稿件，编辑部设在北大，都是北大同学在工作。

陈：这个报纸是两个学校的学生会联合组织的，还是地下党办的？

高：名义上是学生自治会，自治会由地下党控制，因为选谁进自治会，这件事本身是地下党在起作用，进去的肯定是左派。我们南北社都积极参加竞选活动，有一届自治会，十几个委员中，南北社社员就有 3 人。

陈：那时候大学左派势力比右派大得多？

高：至少在清华、北大是这样，支持国民党的那些人绝对比不了。首先一个问题是，能够考进北大的人，知识水平都比较高，对世界和国内形势的判断比较理性、科学。后来硬插到学生中来，当时被大家称作“职业学生”的，那是国民党三青团宣传部部长、北大训导长陈雪屏从转业青年军中挑选的，无须考试，而且都是公费生，每个班差不多都安插了几个。这些人也不一样，有的好，有的不好。好的那些非常刻苦，用功读书，跟我们一样，但不大参加学生运动。大家伙看他们，以当时那种眼光，总觉得与他们有点距离。只有极少数人成为“棍子”，从事破坏学生运动活动。就是在这少数人当中，也在分化，有变得积极从事学生运动的。这是当时的现实形势和绝大多数同学教育影响了他们。

陈：大家对这些军人学生有点歧视？

高：开始有点，因为人以群分、物以类聚的自然之理。何况他们中有少数人做了一些叫人没办法不产生这种思想的事。比如说跟我同屋的 10 人中，有三人来自青年军转业，一人用功读书，一人不问世事，一人是要

---

① 此处记忆有误，陈遂是陈砾的六哥，而非弟弟。陈砾是陈布雷最小的儿子。高汉先生审稿时写，陈遂在清华读书时名“陈燧”，是陈砾的弟弟。

破坏学生运动的。当时大家要为“反饥饿、争温饱，反内战、争民主”去罢课游行，有人要去饭厅那里打钟，召集同学去红楼集合。他就到那个钟楼底下站着，守着那根打钟绳，大声说：“谁打钟，我就跟他拼命！”大伙就围了一圈，看他在那里咆哮。当时同学们很理性，不会跟他去闹事，认为他这样搞毫无意思！反而比打钟更能动员大家去游行。情况说明，同是转业入学的青年军，不好的毕竟是极少数，大多数是不参与，我念我的书。像我们同屋和邻近宿舍的，绝大多数就是这种情况。

陈：他们是不是像后来调干生那样的？

高：类似。刚才说阻碍同学打钟的那一位，后来就消失了。这样的人，在北大那样的政治气氛中是很难立足的。因为北大素有自由民主、追求真理、不畏强暴的传统。结果他跑到北师大去了。他为什么能够自由地离开北大进北师大？这背景就耐人寻味了。后来他在学生运动中表现很积极，换了一个人似的。去年[①]他到北京来找过我，说当时是陈雪屏挑选的他，那就是说他是陈雪屏的人了。他到了北师大以后，整个人变了，北师大发生“四九”血案时，北大同学支援师大同学去包围中南海新华门，要求李宗仁释放被捕同学。他也在那里，黑上衣背上用白粉笔写着“反迫害，争自由”的口号。他变成这样，完全出乎我的意料。北京解放后，他南下了，参加工作，现在是离休干部。他积极要求入党，但是很难解决，我就劝他，都离休了，入不入党也没有什么关系。可是总有点耿耿于怀的样子。

陈：咱们接着说《清华北大联合报》。

高：我们办《清华北大联合报》时，编辑部就五六个人。

陈：两个学校一共五六个人？

高：不是的，清华组他们的稿，这五六个人都是北大的，负责编辑、校对、付印、发行，编辑部设在北大。我们上清华去拿稿，有时他们送来，就这么联合。当时北大方面的头叫徐承晏（后改名罗良），是西语系的，没有搞多久他就到解放区去了。后来（的负责人）就是周裕宽，后改名王立行，解放后是中共北京市委宣传部副部长，《北京日报》的总编[②]——没两天，他也走了。最后，我成了主编，我原来是编辑。

陈：您是《清华北大联合报》第三任主编？

高：是的。最后出刊（六）期，又被查封了。

---

① 去年，是指接受采访的前一年，即2008年。

② 王立行最后是北京市委常委、宣传部部长。

陈：它是半个刊，还是月刊？

高：这个我记不清了。

陈：您接手办了六期就封了？

高：我是坚持办了最后两期，还是三期，我已记不清了。我相信，国家图书馆会保留这份难得的革命刊物。

陈：您是说《清华北大联合报》总共就六期吗？

高：总共六期，六期就被查封了。也跟《北大半月刊》一样，为国民党反动派所不容。《清华北大联合报》一封，组织上马上决定，要我走，说不走的话，很可能受迫害，因为刊物封了。前两个主编都走了，就剩我还在，那就会找到我头上！那时国民党设立一个特刑庭，专门逮捕学生运动中的骨干分子。

陈：特刑庭？特别刑事法庭？

高：特别刑事法庭，我们北大有同学被逮起来了，不死也得受尽迫害，所以马上决定让我撤往冀中。这样我就匆匆忙忙地离开了北大。那是1948年11月底。

陈：您在《清华北大联合报》上，有什么言论吗？

高：我主要是写文章、审稿，之后就把它付印，反正几个人，合着把它干完，就可以了。当时我在1948年暑假，回了一趟家，我上次给你讲过了，后来我父亲拿轿子把我抬了出来。我写了一篇《南行杂记》，有我到

1948年，离开北京去解放区前与同宿舍同学合影（右二高汉），左侧二人与高汉同去

南京的经历。其中讲到我的一个表弟，也是初中同学，他在南京当警察。我曾到他警察宿舍里谈话。我说你不能在这里镇压学生运动。他说我绝不镇压，他们去镇压的时候，我就装撒尿溜了。后来他参加了四明山游击队，曾经解放老家县城。

陈：他也成了共产党？

高：这一点我不清楚。我在南京或故乡总是不断地动员他离开南京，跟他讲国民党是没有希望的。我在这篇《南行杂记》里，写了我在旅途上遇到的各种各样的事。大概连载了几期。

陈：《南行杂记》厉害在哪？

高：就是我到南京警察局宿舍里动员一个警官，不要跟国民党干，要反过来，就是造反。

陈：这个你也写吗？

高：当然话可能不会像现在说得那么直接。还写了许多社会上国民党的腐败问题。别的现在我记不起来了。当时，我们还编了好几本书，是给北大新生看的，讲北大的生活。

陈：是书还是刊物？

高：是书。我组织陈远写文章，也在《清华北大联合报》上发表。

革命和爱情

陈：请您详细说说“四九血案”[①]。

高：这是1948年4月9号发生的，这个过程大概她[②]跟你讲过了。

陈：她说她的，您就说您的经历和见闻。

高：在4月9日那天[③]，吃中饭时，听说北京师范大学发生了同学被抓的事，要我们去支援。吃完饭，大伙就徒步走到中南海，这时，师大学生都围住了新华门。我们北大学生也都加入了，清华的也从城外赶来了，来的都是进步同学，人多势众，不但围堵了新华门，把整个西长安街的马路都给堵了。当时北京街上本来就没有多少车，这一堵就堵得水泄不通。当中的就坐在门前地上，四周是师大学生纠察队。在西长安街南面的房顶上，东西两面都架起了轻机枪。新华门内两边还有两挺，枪口都对着学生。这四挺机枪对着我们这些学生形成了交叉火力网。这种情景，大伙儿非常愤慨，特务们半夜行凶抓人，不作交代，还把来讨公道的同学当作敌人。师大同学已经在那里坐了大半天，蒋介石行辕主任李宗仁却不作任何答复，大伙儿气得发起冲锋，都往新华门冲去，呐喊着要当面跟李宗仁讲理。新华门大门口有一帮同学，大概有十几个，拼命堵着大家，高喊：“不能冲，要冷静！”因为如果一冲，就太危险了。

陈：这十几个是什么人？

高：我估计是地下党。我都不认识，反正都是学生。这个场面很紧张，拦一次，平静一段时间，等到下午三四点钟，还没有结果，大家又发起冲门攻势，又被人拦住，如此反复多次。这种情景，对我们北大人来讲，也无所谓，因为北大学生一罢课，红楼东侧就出现铁丝网，连我们宿舍大门外的房顶上，也朝着大门口架起机枪，我们对这都习以为常了。那时的北

---

① 1948年4月9日深夜，国民党特务手持枪棒闯入北京师范大学校园，捣毁教室门窗和授课教具，抢走伙食费、衣物等，殴打学生，并强行抓走进步学生八名，制造了“四九血案”。

② 她，指吴青教授。对高汉、吴青夫妇的采访是同一段时间，交叉进行的。

③ 此处表述有误，“四九血案”发生于4月9日深夜，口述人听到“北师大那个事”的消息应该是在第二天，即4月10日——当日北师大学生到李宗仁的北京行辕所在地中南海新华门前静坐示威。

大学生可说是在枪口下和铁丝网中求学的。

陈：不怕，是料他不敢开枪？还是不怕死？

高：敢往里冲的学生，都不怕死。因为正义和非正义对比太鲜明了，有强烈正义感的人，就会舍身而取义。当时肯定有地下党的领导在掌控，使学生运动比较理性，不会发生不可控的事态。那些使劲拦着冲门的人，也是学生，平常你看不出来，一冲门他们马上就出来了。我估计，可能是专门来维持秩序的，要不然对学生的伤害就太大了，那四挺机枪要真开火，那可真是不堪设想。

陈：要死很多人，而且于事无补？

高：就在这种情况之下，她[①] 是师大的纠察队员，她就站在师大同学的外围，我一眼就发现了她，很冷静、很负责地执行纠察的任务。我说我是《北大半月刊》的记者，想采访一下你们这个血案是怎么一回事。因为这是我的责任，要写稿子，报道并评论这些事。当然也有私心，我看这女生挺好，而且就在我身边。

陈：第一次见面，就有私心？

高：这不叫私心，叫顺眼。我念了那么多年书，走了那么多路，有很多同学，有人很喜欢我，想跟我交往，我都没有多少反应。当时我只觉得她这个人很有意思。当时纠察队的人很多，也可以采访别人，我只想采访她。她大概给我讲了一下。因为她住在家里，不住在学校，有些细节她也不知道。采访完以后，大伙都累了。她站的位置，就在新华门东侧的石狮子旁边，后来我再找她，找不到了，人不见了。我有点着急，我还不知道她叫什么名字呢！茫茫人海，以后上哪里找她去？我在发愁。大概到半夜两点钟，被逮的学生释放了，大伙正在欢呼斗争胜利，准备整队各回自己学校。这个时候，我突然发现她又在那个地方站着，就赶紧找她签名，我们就这样结缘了。要是错过这最后一刻，我们就会失之交臂，成为永恒的遗憾！她当时对我的印象，觉得我好像是一个特务学生。

陈：对，吴老师昨天说了。

高：为什么是这样？因为当时我家境很不好，我穿的那件上衣，是日本鬼子投降以后，从接收日本鬼子的仓库里找出来的日本学生制服，黑面白里，五颗黄铜扣，很短，很难看。这是发给公费生的，愿意穿，就去领一件。4 月 9 日，天有点凉，我正好就穿着这件上衣。所以她感觉我不像个正经学生。她是在日伪统治北京时来到北京生活的，对日式学生服心存

① 她是指吴青教授，当时是北师大学生。原名刘爱珠，吴青之名是新中国成立之后改的。

反感。

陈：那她怎么还会给您留下名字呢？

高：后来她反复跟我说："我既然来了，就不怕你们！"她签名的三个字，占了我笔记本一页纸的篇幅。写完她就走了，队伍也都散了。我们走回宿舍，已经凌晨三点多了。第二天中午吃完饭，我就约了一个同学，同到师大去看看，其实我是为了去找她。

陈：找她去的目的是什么？一见钟情吗？

高：也不完全是。因为师大有个展览，挂着那些血衣。一进师大大门，摆了一排桌子，把那（八）个被捕同学的血衣展览出来，血迹斑斑、触目惊心，地上也是被特务用狼牙棒打人后留下的血迹。我看后，上女生宿舍去找她。管宿舍的讲，她原来住在这，现在不住了。

陈：那就没见到？

高：没见到。这事好像要完了。

陈：然后您就给她寄刊物？

高：我想要用别的办法跟她取得联系，就给她寄刊物。

陈：您当时没想到，那个刊物会引起麻烦吗？

高：没想，因为《北大半月刊》是公开发行的。我就给她卷了几本，就那么一小纸卷，寄给她。

陈：吴老师说，后来训导处找她，说这个人你认不认识？差点出麻烦。

高：因为训导处就是管学生政治思想的部门。所以要问她，这里头是什么东西，你怎么认识他，她当然不知道，因为她还没看，不知道里头是什么东西，外面也没有我的名字，因为没有密封，只是普通邮件。训导处也没有拆，只是问了一下。那个时候吴青还是个孩子，她比我小两岁，她长得又很小，我想人家也不拿她当回事。她打开一看，就知道这是咋回事了。

陈：从此就跟吴老师联系上了？

高：她就给我写回信。我就问她家住哪儿？说要上家里看看她去。她在信里告诉我住址。就在丁香花盛开的那个5月里，我第一次见她和她家人。我很想结识这个人。

陈：吴老师说，她当年一直有独身主义倾向？

高：对，不过，那时候我们还谈不上独身主义不独身主义。我无非就是想跟她认识而已，看看她家是什么样的。

陈：您去看她的目的，难道不是因为男女情感？

高：有这个因素在。但在那个阶段还谈不到恋爱问题，因为我对她并不了解，我要去调查，需要深入了解。了解以后，我确定她应该属于城市贫民。因为她妈把户口本都给我看了，家里是三个人，母亲是家庭妇女，她在半工半读，还有一个读初中的弟弟。

陈：吴老师说您去她家时，看见门口有双“喜”字，您还记得吗？

高：我找到她家时，见是一所豪宅，门口两边墙上，贴着大红纸的双喜。那个四合院很气派。我曾想过，人家要是结了婚的，我去找她，好像有点不合适。我当时心里的确一激灵，可是又一想，她那么年轻，还在念书，好像不会出嫁。所以，略一犹豫，我就进去了。

陈：您第一次去她家，怎么能要求吴老师妈妈去拿户口本？

高：不，进去以后，先碰到一个小女孩，我向她打听刘爱珠，她马上就大声喊“姐姐！”这时吴青就从垂花门外南房里走出来，因为是星期天，他们可能睡得晚，起得也晚，好像才刚起床。她妈妈还请我跟他们一道吃早饭。那天我起得很早，因为要找一个从没有去过的陌生地方，又没有交通工具，必须早起，所以没有吃早点。他们就让我坐在一张桌边吃早点，叫我一块儿吃是很自然的。这个时候，我问了一声，你们家就这样三个人吗？她母亲就把户口本从桌子抽屉里拿出来给我看。

陈：这很奇怪，为什么会要拿户口本给您看呢？

高：可能她妈妈对我的提问很在乎，也可能要让我知道她家是有户主的，只是人不在家。这样我就知道吴青没有结婚，贴双喜的事与她无关。当然她没有说出户主当时为什么不在家，因为我不是查户口的警察。

陈：什么时候想到要发展她作为外围组织成员？

高：因为有了这么几次交往，有一次她曾找到我在北大的宿舍来，问我有没有办法把一个人送到解放区去。当然这样的谈话是在宿舍内外无人的时候悄悄进行的。我知道她已十分信任我，把她吸收进“民青”是可以的，因此我就向力平谈了这件事，并取得了他的同意。我有时还让她来帮我搞地下工作，因为有她作掩护，我的工作比较方便，这是在1948年秋末冬初。

陈：她来做对您有帮助，怎么讲？

高：因为我刻那些图章是为了做送人去解放区的假路条。路条须由地下党通过别的地下组织在印刷厂里印制，印好的空白路条卷成卷，要我们去取。然后由我们在丁祖永房间里填名盖章。取这个东西很困难，因为国民党警察常在交通要道设卡，搜查行人。如果这成卷的空白通行证一旦被他们搜到，后果就不堪设想。我们不知道他们会在什么地方设卡哨给行人搜身，我去取空白通行证纸卷时，就让她来帮忙，要她打扮得像个千金小姐，我也向同学借来呢子大衣，装作浪荡公子的样子，以掩人耳目。因为当时的环境状况和敌情是很难估计的。

陈：吴老师对您有帮助，就因为她是女孩子？

高：是，年纪也很合适，穿上她妈妈的翻皮大衣，涂脂抹粉，她又当过话剧演员，帮我办这种事是最合适不过的。

陈：一般不会查女孩子？

高：女孩子没人查，都查男的。看似千金小姐模样的，更不敢去碰，我拿来的纸卷就藏在她怀里。当然她不可能代我去取，因为她不知道对方是谁，联系暗号是什么。有一次，我叫她跟我一道，到文津街国立图书馆，让她在那草地上等我。与我约好的印刷厂工人，在图书馆东面靠北海湖边石栏杆那里等我去取空白路条。吴青远远地站着。我一个人到东面靠栏杆站着的一位女士身旁，她手里拿一份《益世报》，我拿的是《世界日报》，暗号既对，她就在打开的报纸遮掩下，把纸卷塞给我，自己就离开了。我拿到空白通行证——路条。

陈：报纸就是暗号？

高：报纸的报名就是暗号。她必须是《益世报》，我一定是《世界日报》，我向她借她的报纸看，她就知道我是来取路条的。她迅速地从包里拿出纸卷塞给我，马上就走了，这是几秒钟的事。我也离开湖边，到吴青身边，把纸卷交给她，她立即把它塞进皮大衣怀里。我们俩一同骑自行车穿过北海大桥上的卡子，往东到北大西斋。那时北海大桥很窄，现在是经过改造的，大大加宽了。直到我们理学院门口，她才把那个纸卷交给我，走了。经过类似这样的多次考验，我知道这个人很可靠，所以后来我就跟她到太庙约会，谈《新民主主义论》，把那书给她带回家看。我已向力平汇报，要发展这个人，他说你都考察好了？我说经过调查考察，很可靠，没问题。

陈：您发展新对象，力平要考察吗？

高：他不看，一人管一人。他要一看，万一出了问题，就易暴露更多人。反正他同意了。那一次，我们在太庙约会，跟她谈论这件事，然后把书给她，她揣在怀里。我当时住在北大三院，她住在大雅宝胡同，我们各自回去，都绕道王府井。正当我们俩走到王府井大街南口时，忽然看见有一排警察在街上检查行人，当时非常紧张。

陈：您身上有违禁读物？

高：我已经没有了，《新民主主义论》正在她身上。我就使劲地一捏闸，自行车一斜，倒了，她一拐弯，从霞公府夹道，就是后来北京饭店后面那边走了，真的是很惊险！她还把这本书给她上高中的弟弟看，扩大影响，宣传毛泽东思想。

陈：您和吴老师的交往很浪漫，革命加恋爱。

高：是这样，爱情生于好感，了解她的情况后，我要给她一种新生活的希望。后来她就给我讲了许多她没处可讲的内心痛苦，因为她觉得我这个人很可靠。我听了以后，就觉得更要给她以生活的力量，不只是希望。那就是跟着共产党走，打出一片大好的天地来！

陈：后来您要去解放区，跟她公开表白了吗？

高：我跟她讲，我不走不行了，我要她帮我把绸子被面换成布的，帮与我同行的北大女同学的紫缎棉袍，换件朴素一点的。她就把家里的布被面和已故哥哥的一件棉袍给了我。我还说好，走后我的箱子有人会送到她家去，请她保管。但我始终没有说我爱她，因为此去是为了解放战争的胜利，我不知道自己会遇到什么险境。我提前告诉她，就为了让她为我们出走做这几件事。她却专门为此去打工——她这个人在这一方面能力很强——到西单长安戏院，当初是长安电影院，去管理片间广告播映工作，挣了500元金圆券，这在当时的眼光看来，是一笔大钱，一金圆券等于法币20元。500元金圆券就等于法币1000元吧。

北平解放不久后与吴青的合影

陈：是一万元法币。1比20，不是吗？500元金圆券就等于10000元法币。

高：对，是我算错了。那天她约我到太庙，把那些钱装在信封里，她说我不能跟你去，因为她家里有母亲和弟弟要照顾，把这个带着路上花。我当时非常感动，因为她家经济是很困难的，能额外挣出500元金圆券来，是很不简单的。当时我们穷学生对钱的眼光不像现在，一万元法币是一笔大钱。

陈：当时没有见过这么多钱，是巨款？

高：没见过这么多钱。尤其我是一个公费生，所以非常感动。我说这钱无论如何不能收！到了那边，也没什么用处，一切都是供给制。你的心意我领了，钱你一定要拿回去。

陈：您最终没拿这笔钱？

高：我怎么能拿？！可是在我心里，比拿了印象更深刻。因此我认定，她是一个可信赖的人，很负责任，品质很好，很能干。

陈：那时候您也没有向她求婚？

高：我连想都没想。因为要去冀中干革命，没有心思谈这个问题，不过我已经看好这个人。我也已经历过许多人，我都不满意，疯疯癫癫的，毛毛躁躁的，娇气十足的，我都不喜欢。她这个人，很沉着，不张扬，有主意，肯负责，不轻言笑，刻苦好学，追求理想。

陈：国军 92 师政治部主任就曾经追过她。

高：我听她说是 92 军的。追她的人很多。但她对母亲还有弟弟负责，说要抱独身主义。我特别欣赏她的责任感，那时在很短时间，为我出行挣到 500 元金圆券。可以说，那时我跟她已不分彼此，我的事就是她的事。虽然谁也没有说什么，心照不宣则是事实。

陈：这 500 金圆券，是送给组织的，还是送给您个人的？

高：当然是送给我的。她知道我要走，起初她并不知道谁跟我一道走，是 100% 送给我路上花的。

陈：路上确实也要花一点钱吧？从北京到天津，再到唐山？

高：不到唐山，是到沧州，到泊头。是要花钱，但不能用她如此辛苦挣来的钱。我们走了，我当然很惦记她，这一路，我写了一本日记。日记的主要内容是记录我对她的思念。换了一个全新的环境，我要告诉她这个环境里的一切，我没有忘记她，而且非常想念她。我很重视这本日记。那个时候我身上什么都没有，纸、笔都很难得，我买了一本最便宜的小学生才用的那种，可是写下的却是人生最珍贵的情感，对解放区和她的热爱。可惜这本东西在“文化大革命”初期由我自己亲手烧掉了。我怕这本日记如果落到造反派手里，麻烦大了，不如自己了断。当然现在想来，这是终生憾事，成为永远的追忆。往事如烟，一切动人的细节都已渺不可寻了。

改名换姓入冀中

陈：到了解放区，也还一直写对城里女友的惦记？

高：我们到了那里，新鲜事不断涌来，也没有时间多想她了。哪里都是城市的高中生、大学生，一炕挤着12个人，没处洗澡，也不换衣服，满身都是虱子。吃饭都蹲在地上，围着一大碗白菜汤，主食是窝窝头或小米饭，很艰苦，但很快乐。大伙一天到晚就在那里学习，没几天通知来了，赶紧去天津、北平，因为平津战役已经开始了，所以集训大概只有两个星期就结束了，结束就开拔。那时候我还没有写日记，没有条件写，12个人一个炕，怎么写？

陈：您从北平到泊头，一路行程有惊险吗？

高：这一路当然有点惊险。首先须在天津过一夜，住在哪里？住旅馆怕国民党警察查夜；不住旅馆，六个人在哪里过夜？我二哥说，他军校同学胡海在天津当国军通讯连连长，住他家最保险。我认识胡海，他原驻扎北平，二哥领我去见过他多次，我们过冬的棉大衣就是他给的。但这一回我们要去解放区，住他那里如果他起疑心，我们岂非自投虎口？有点犹豫不定。我二哥胆大，说没问题，就把我们带去了。

陈：同行的一共几个人？

高：六个人。我带了一个女生，即与我保持联系的女中学生[①]，还有与我同屋的一个青年军[②]，西语系同学秦曾颐及其女友[③]，加上我二哥。

陈：您是这六个人中领头的？

高：是我组织了这帮人。当时组织上要求多弄一些人去解放区。我们到了胡海家，只说要回老家去，今晚在你这里住一宿就走。胡海说没问题，住吧。二哥让他的勤务兵把会客室沙发搬出去，给我们六个人打地铺，就在那里睡了一晚上。

陈：那个国军连长也没怀疑你们？

---

① 此人即前面提及的志成女中学生余凤年。

② 此人即由青年军转业后上学的雷重燮，当时是北大政治系大三学生，主动要求去解放区。

③ 指的是秦曾颐的女友刘亚兰，前面曾提及过。

高： 他问我们，你们干什么去？我只说回老家，他就没多问。他肚子里是不是也明白我们要到哪儿，我就搞不清楚了。天没亮我们就收拾自己的铺盖走人了，那一夜我是提心吊胆，我二哥却呼呼大睡。天没大亮，我就把二哥叫起来，就这样，我们起来也没跟主人打招呼，就径直走了。上了火车，往南开了很短一段路，到杨柳青一带，那个叫唐官屯的小站，就停车，不能再往南了。到了唐官屯，就要过卡子了，是国民党设在通往冀中要道上的关卡。那是有点危险的，他们要搜查随身行李。卡子整个是拿大木头当柱子，柱间布铁丝网，长数里，中间开门，与牢门相似，大约有十来个口子，每个门口都有许多国民党军警把守。他们手里都拿着很粗的长竹竿子，每根有一丈多长。所有等待过卡的人都只能蹲在地上，不许站着。只要你稍一起来想直一直腰腿，那大竹竿子就横掠过来，不知打到你身上哪个部位，野蛮残忍，无可比拟。他们就怕人站起来，因为等待过卡的人很多，他们毕竟是少数。我们只能蹲在那里等着他们检查，有的过卡者把手表、钢笔等藏到被子里，都被他们一点点地摸索搜出，藏进他们自己的兜里拿走，被子往地上一扔了事。我们那位银行家的儿子手表被拿走，其余都无手表，查完就让过卡。

陈： 您做的假路条，是管什么用？

高： 就是为了向他们证明，我们是从哪里来的。

陈： 路条上是怎么个写法呢？

高： 大概意思是：证明，某人是北平某区、某保、某甲的居民，要到哪里去。

陈： 您是北大学生啊，那怎么办？

高： 都扮成商人模样。说这是一家子，这个是妹妹，那个是表妹，其实都是胡说。就是我和二哥是亲兄弟，他们也无法查清这些关系，设卡就是搜罗财物、西药和值钱的东西。每个过卡门边都有一个大箩筐子，里面堆满他们掠夺下的东西：有值钱的皮帽子、照相机、成盒的西药，也有手表、金笔一类的东西。

陈： 为什么不写自己是北大学生？

高： 当然不能。就是商人，有的是老板，有的是伙计，还有亲属，等等。河北省在北平、天津做生意的人向来很多。那时已是 1948 年 12 月初了，年底回家，准备过年，合情合理。

陈： 您是什么时候给大家取化名？

高： 那是到了沧州以后。通过卡子，中间有一段属于阴阳界，两不管的地方，土匪最多。我们最害怕的，就是这阴阳界，大概有三里路。当时我们过卡后，雇了一辆驴车，农民专有做“驴的”[①] 生意的，我们一家六人，正好雇一“驴的”。我们带的行李也不多，人坐在行李上，正合适。

陈： 雇驴车的目的是避开土匪？

高： 拉着走轻松得多。主要的累赘是铺盖。我旁边这个小女生，才十五六岁，一个小丫头，背不了铺盖。北大那个女同学，是千金小姐，也背不了。

陈：“驴的”打了三里，就到了解放区？

高： 大约有三五里，就到沧州了。那里有接待站，有接待的人员。马上把我们安排了。

陈： 化名是什么时候用呢？

高： 就在接待站报名登记填表之前改名字，他们告诉我们，你们到这里来，都要改名字。

陈： 改名字，目的是什么呢？

高： 因为沧州是刚解放的地区，怕有国民党的特务潜伏在那里，如果让他们知道我们，按名字就可能在国统区内报复加害我们的家人、亲友或老师，他们考虑很周密，也是为了保护投奔解放区的人。

陈： 所以每个人必须换名字？

高： 必须改。他们都不善于命名，都叫我取名，我也就义不容辞。

陈： 您自己改名，是把原名颠倒一下？

高： 我原名陈汉皋，我当时想得简单：说陈字不要，反封建。其实这种观念很幼稚，姓氏来由是门学问，不能以为不姓陈就反封建了。

陈： 不要姓，去掉陈，就是反封建了？

高： 汉皋，到解放区翻身了，我就把它颠倒过来变皋汉，可是那个“皋”字不是姓——你看我又回到姓氏中去了，反什么封建？这就是幼稚！——所以改名高汉。我在《北大半月刊》《清华北大联合报》发表文章，有时也署名高汉。

陈： 然后您给其他人改名字？

高： 我的北大室友秦曾颐，银行家的儿子，我们地下工作的经济后盾，他爹是农民银行行长，我把他改成秦岭。刘亚兰改名亚芳，无姓，跟过去不一样了。

陈： 没姓也可以？

---

① 即出租驴车，这是采访时的说法，当年没有“驴的”一说。

高：可以，改名随你改。只有我二哥他自己改名。[1] 那个青年军是清华著名教授雷海宗的侄子，我给他改名为雷宏。还有那个女中学生，她原名余凤年，她自己都嫌它俗气，我说就叫余致力吧！孙中山《总理遗嘱》有一句“余致力国民革命，凡四十年……”，余致力表示干什么事都能全力以赴。关于她的名字，要我补充一个最近才得知的信息。66 年后[2]，我与余致力重逢，我已童头豁齿，她也拄着手杖。她告诉我，她自从用了这个名字，20 世纪每逢大批判，就拿她这个名字做文章，说她是国民党的残渣余孽，一定要她改名字。她却坚持不改，说这名字挺好，果然她坚持至今。我当时实在没有料到，这样一件事会给她带来深重祸患。我由衷感谢她的坚持和与极“左”路线斗争的精神。她后来在中国人民大学当党委组织部部长。

陈：您哥俩，在组织上是您领导他？

高：他是“民青”。我们哥俩好说话，我出主意，他保护我。我们俩向来是这样，直到现在也这样。

---

① 这句话是编纂时从后面调整至此。

② 以下这一段补充，是口述人在审稿时（2015年）写下的。66年后，指的是2014年。

到中共北京市委工作，接管北平

陈： 您是怎么被分回北京的？

高： 当时把大家集中到一块已收了庄稼的大田上，这边立着一个人，说到天津的在这边，那边也立着一个人，说到北平的排这里。

陈： 到天津、北平，是自己报名吗？

高： 随你便，你爱上哪儿就上哪儿。你要上北平，就往北平这边站队。大家伙全站在那块田里，天津和北平这两个召集人相去不过 30 步，和我同去的一个同学叫秦曾颐，北大西语系的，我们俩在北大同屋住，感情很好，他跟我二哥是当年国立十二中的同学。他说咱们都一道到天津去，他想和他的女友去天津，我们就排到去天津的一队。他的女朋友叫刘亚兰，也是北大西语系的。

余致力当时就被分配上学去了，因为岁数小，她先离开干部队伍，可能调到华北大学？这我就不清楚了。雷宏去北平，他是北平人，他排在北平那一队。快到点名的时候，我一琢磨，刘爱珠在北平，我到天津干吗？

陈： 对，我也想问这个。

高： 我觉得这不是瞎掰吗？我跟我二哥说，我们到天津去干吗？我要回北平。我二哥说，你回去，我也回去，他跟着我，都回到北平的队伍里。就差几步，那时很随便，要去就去，要来就来。不过这里还有一件特殊的事，值得一说。

陈： 特殊情况？是什么？

高： 在我临离开天津这队伍之前，郑重委托秦岭办一件事，我有一个同乡陈韵珊，是跟我很要好的邻居，她父亲早逝，母亲做了乡下一个地主的填房。她母亲临死时，指定把她嫁给地主前妻生的儿子做媳妇。这个儿子毕业于国民党中央政治大学，毕业后在天津从事统计工作。他把我这邻居带到天津，因为她孤独一人，还在上高中，无依无靠。但她坚决要继续求学，拒绝与那男的结婚。她曾向我求助，离开那人。我想去天津，就与此事有关，为此我把解救这个邻居的事，托付秦岭说，你必须把这个人给解放出来，并把她的地址告诉了他。

陈： 女邻居没跟对方结婚？

高：这个邻居是她妈的“拖油瓶”[①]，但她拒绝这件婚约，不跟那人结婚，使那男的很尴尬，女的当然很痛苦。所以我对秦岭说，你到天津去，一定要把这个陈韵珊从那男的家救出来，否则她会受到那个在统计局工作的人牵连，因为她完全是无辜的，也是世界上最可怜、最值得同情和帮助的人。

陈：请把陈韵珊的故事聊完，后来呢？

高：后来解放军打进去了[②]，天津军管会成立，整个局面安定了，秦岭就按我给他的地址到了那里，叫陈韵珊出来。秦岭那个人高个子，讲话一向干净利落，从不拖泥带水。陈韵珊出来了，那个统计局的男的，无话可说，秦岭跟她讲明来意，说是受我嘱托，要把她从这里解救出去，如果愿意离开，就跟他走。她当然愿意离开，那男的当时只能干瞪眼。这样，他就把她送到天津市总工会。那时天津是百废待兴，安排她在哪儿，她就到哪儿，问题圆满解决。后来，她被送到华大学习俄语，成了俄文翻译，在哈尔滨工作。

陈：再说您从沧州到北京良乡，经历如何？

高：我们整队时，刘仁同志在场。领队的说，为了安全，也为了保密，我们要夜行军。当时已是傍晚，就一直走，天亮才找地方休息。我们走过河间、保定，直到长辛店。给我印象比较深的是，经过保定时，绕城而过，免得惊扰市民。保定城墙很高，那一晚冷月如镜，更增寒意，那已是（1948年）12月底，深夜行军，履冰踩霜，整个脚都是麻木的，好像不知道哪是自己的脚。背包都搁在一辆大车上，人跟车走。过保定时，正是半夜，只听见狗叫，很惨，大概是又饿又冷。后来我有一首词，[③] 写的就是这个过程。第二天天亮，就到长辛店，那时候没地方住，就住在火车站，把铺盖铺在办公桌底下，哪儿都是人。当时已听见大炮声，解放军正围城打炮。炮怎么打？按清华大学古建筑专家梁思成教授画的图[④]，保证伤不着文物和百姓。当时清华园已经解放了，香山也解放了，而整个北平城被围得死

---

① 拖油瓶，吴方言，指的是妇女改嫁时带到后夫家去的前夫生的孩子。在采访时，口述人原原本本地说了女邻居陈韵珊的故事，审稿时大大删减了。

② 打进去了，指的是解放军打进天津，解放天津。

③ 高汉：《念奴娇·良乡闻捷》：“衔枚禁火，卷红旗，直扑幽燕故地。传檄合围儔作乂，霜里兵飞霹雳！泊镇残阳，卢沟晓月，寒犬声如泣。炮声断续，雄师百万如壁！频频辽沈功成，江淮大捷，敌胆闻风栗。樽俎折冲城下约：历史名城完璧。彻夜无眠，骋怀畅想，消夜分冰柿。推窗雪霁，朝阳光艳无际！”

④ 1948年，平津战役前，梁思成绘制了《全国文物古建筑目录》，交给中国人民解放军，使北平古建筑免受炮击，有效地保护了北京的文物和古城墙。

死的。我们在良乡时，叶剑英、彭真经常给我们做大报告，当时他们二人是最高的领导，他告诉大家要有耐心，不能操之过急。当时大伙都憋足了劲，恨不得马上就进北平城。他们当时做了大量安抚工作。

那么干什么呢？就学习进城的政策，宣传有关城市的知识，如抽水马桶是什么样的？电灯开关是怎么样的？中药铺千万不能乱来，药房、医院都不能胡乱行事，搞错了是要害死人的。要服从纪律听指挥，反正天天学习“三大纪律，八项注意”，强调一切缴获要归公。尤其是，北平这个城市的局面到底怎么弄？现在还很难讲，所以你们必须很好地学习城市政策，严格遵守“三大纪律、八项注意”。彭真也讲这些，还讲我们的解放战争，比原来估计要提前五年，局面很好。大家听了都欢欣鼓舞，个个摩拳擦掌。

1949年初，参加平津战役，之后进入北平

我们这些从泊头来的人，到长辛店后就解散了，我被分到一个部队里面去了。我也不知道是个什么部队，由一个解放军战士领着我，睡在一个老百姓家的泥地上。没有炕，很冷，冻得一夜都睡不着。第二天一早，他说走吧，到良乡城里去，有人给你安排工作。问他是什么机关、什么工作，他一概不知道。那就去吧。跟着他，进了良乡城，转弯抹角就到了一个地主庄院，他让我把背包卸在那里的炕上，屋里空无一人。还跟着那个人，走到一个更大的院子，那战士把我交给另一个人就走了。那人把我引进一间屋子，指靠桌坐着的人说：“这位就是邓拓同志，你就跟他工作。”这是很大的一间房子，有个大砖炕，上面铺着一个人睡的被子和毯子。邓拓那时是中共北京市委的秘书长，这是引我进屋的人事先告诉我的。

陈：在进北平之前，就有具体职务了？

高：当时引我见邓拓的时候，他就这么说的。

陈：那时北京市委已经成立了，领导班子成员都有是吧？

高：因为城外很多地方和单位已经接管了，像石景山、清华园、香山、良乡都已经展开工作了。邓拓跟我谈话前，他对我的情况已经了解，并进入工作状态，我问我来干什么事呢？邓拓就叫我拿复写纸，抄录他编写的《情况简报》，我从《情况简报》里知道，接管石景山发电厂和炼钢厂等情况。那时候没什么打字机、印刷机，只凭复写纸手抄，而且他屋里只有一张他在用的桌子，其余只有两只粗笨的木板箱，他自言自语：在哪里抄呢？我说：在这两只木板箱上行不行？他说也只好这样了。我把椅子拿过来，就趴在木箱子上，给他抄简报。这就是我到解放区后，正式参加革命工作的情景。66年以后，在一次北大校友餐叙中，马句同志告诉我，我去邓拓那里当秘书，是他推荐的。当时他已在北京市委组织部工作。说罢大家哈哈一笑，他满头白发，我豁齿童头，恍如隔世。[①]

陈：复写纸复写几份？抄给哪些人？

高：顶多三四份，他大概主要送给书记处的人看的。复写多了也看不清。当时条件就这样，连现在的圆珠笔也没有，就凭那么几支铅笔，很难写得清楚。

陈：写这个《情况简报》，写了多长时间？

高：大概有半个多月。邓拓人很好，去了以后，那顿晚饭肯定他接待吃小灶，小灶有刺参、虾仁，还有大米饭。大灶吃的是窝窝头、白菜汤，都是这样。每个人分配到他那里去的，他一定招待吃一顿小灶。

陈：不是每天都在一起吃小灶？

高：那怎么可能？怎么好意思上他那里吃饭去？我们有自己的伙食待遇。

陈：那时邓拓部下有多少人跟他工作？

高：当时我们政研室住一个小院子，有一帮人。大都是大学生，有清华的、北大的、南开的，都在一个炕上。北屋还住着一批人，都是吃中灶的老干部，有从部队调来的，也有从老区调来的。那时候邓拓从四处调人，组建北京市委政策研究室，吃中灶的有十来人，吃大灶的最多。老干部中，有后来到新西兰当第一任大使的，有后来到水利部当副部长的，也有后来在北京市当汽车公司总经理的。随叶剑英南下广东的也有一部分。当时大家就都住那里，每天什么事也没有，要不就是听报告。我总有事，抄《情况简报》，晚上随邓拓听各工作组汇报，这都是编《情况简报》的资料来源。他的毛笔字写得比较好，我小时候学过写空心字，即勾勒。他写了"情况简报"这四个字，我就在每期刊头照样把它描成空心字，他觉得这个挺好，有点艺术性。当时反正没有别的事，我从抄写《情况简报》中知道，北京基本上都已经解放了，就留下城区这小块地方。我们曾经几次得

① "66年后"这一段，是口述人在审稿时加上的。

到通知，到市委办公厅领白面葱油做烙饼当干粮，准备进城。但做一次、吃一次，做了三次，吃了三次，总也进不了城。

陈：请您说得详细点。

高：当时上面传下话来，说要进城了，大家伙儿赶紧准备接管北平城，怕接管工作紧张，吃不上饭，必须自备干粮，以免挨饿。就到办公厅领白面葱油，各单位分头自制烙饼。做好后，分别放在各自的干粮袋里，等待进城。结果又进不去，后来大伙就把干粮都给吃了。每次每人都这样，那时觉得烙饼比窝头好吃多了。过几日又来通知做干粮，又要进城了，如法炮制，结果仍然如此。大概搞过三次。上头的解释是，和谈的条件有反复，主要是有关部队改编的条件，不好落定。傅作义知道，北平你是非要不可的，他要价高，要保证这个、保证那个；我们这边对他要求当然也不低。这是大事，多次反复是完全可以理解的。反映在我们生活中的，就是做烙饼、吃烙饼、又做烙饼……今天想起来了，真有点可乐。

陈：进北平城的这一天，您还记得吗？

高：那是 1949 年 2 月 6 号。林彪他们部队进北平是 1 月 31 号，我们北京市委机关是 2 月 6 号。这回却没有预告，也没有做烙饼、带干粮。5 号晚上突然通知，打背包紧急集合，大家也不知道要干什么，立即出发，赶往良乡火车站，在黑暗中被领上火车车厢，摸黑找到座位，人很挤。大家心里有数，是真要进城了，心情特别兴奋激扬！忽然黑暗中发出叫声："叫老清华来一个怎么样？"众人大声起哄："高棠来一个！高棠来一个！"[①] 于是有人说话了："学一个卖梨膏糖的吧！"于是老北京卖梨膏糖的叫卖声响起，学得惟妙惟肖。大家热烈鼓掌，大声呼喊："再来一个要不要？""再来一个！"在暗无光线的车厢中，谁也看不清谁，却成了欢乐的海洋。突然汽笛发出一声尖叫，表示火车已经开动了，众声戛然而止。天色也已晨光初露，火车停在了长辛店车站。众人纷纷下车，发现站前广场排列着等人进城的卡车，大卡车拉着我们风驰电掣地进城了。

陈：您是坐着卡车进城的？

高：是。我只记得是最一般的无蓬旧卡车，反正不是走路来的，一直开进了东交民巷德国大使馆，那里成了中共北京市委机关所在地。那是从清朝到北洋政府时代的德国大使馆，很大，是我们进城后的第一个办公地点。北京市委机关很庞大，办公厅设在另一处，好像是日本兵营，或是别

① 口述人审稿时写道："我们当时不知道这叫'老清华'的'高棠'是什么模样，有人说他就是后来国家体委副主任荣高棠。"

的什么地方，离得不远。政策研究室人少，上了一座小楼的二层，邓拓宣布政策研究室由他兼主任，我是行政秘书，还指定了几位组长，都是吃中灶的老干部，清华、北大、南开的同学都属于组员。第一项任务是接管国民党的文化特务机关。

陈：到德国使馆的当天晚上，住在什么地方？

高：分给政研室的是座小楼的二层，只有几张桌子和几把椅子，别的什么也没有，房子几间，很大，睡觉就是地板。

陈：就睡在办公地点那里？

高：根本无所谓睡觉的地方，给你这个小楼二层，随你便，睡哪儿都可以。

陈：被褥是自己随身带的？

高：是的，打开铺盖，爱睡哪儿睡哪儿，很自由，大伙儿很高兴，根本没有要求床位。冬天，很冷，要比在良乡好多了，是很好的洋房，木地板，不是冷炕，更不是泥地。

陈：当时生火取暖吗，生炉子吗？

高：这个我现在记不清楚了。反正我们都穿着厚棉袄，那时年轻火力旺，不怕冷，更重要的是胜利进城了，这足以使人抵御一切。当时宣布几条纪律，不许独自上街，上街需要报告；不许与家人联系，当然也不能约人来单位。

陈：不许上街的原因是什么？

高：为什么？因为是和平接管，敌人潜伏下很多特务。我们左臂上都别着“军管会”的白布蓝字臂章，一看就知道是解放军，怕特务向你打冷枪。

陈：那时候是臂章，还是有胸章？

高：都有臂章。“军管会”三个字很明显，不许上街是必须的。几天后，我们就开始接管了。

陈：研究室的人，也去参加接管？

高：北京有多少机关？你想想，北京市多大啊？各个地方都要逐一把它接管下来。给我们分配的任务，第一个是接管“世界科学社”，地点在东城椿树胡同，是两套相连的四合院，独门出入。建筑及设施极其讲究，金丝绒沙发，各色地毯、窗帘，许多硬木家具，总之非常高级。

陈：世界科学社是干什么的？为什么也要接管？

高：这个世界科学社，据说是北平市参议会会长许惠东——如果我没记错的话，好像名叫许惠东——组织的。组织上跟我们讲，这是文化特务机关，里面有日本雇员。

陈：世界科学社，它怎么是文化特务机关呢？

高：当时我们也不知道它到底是搞什么的，因为我们进去前，当头的都跑了，重要档案早没了，只留下他们的行李、细软，“袁大头”① 没带走，因为飞机上很挤，人能挤上去就万幸了。

陈：您去接管的时候，世界科学社里有人吗？

高：有日本人，有我们地下党员，还有一些勤杂人员。我们一进去，地下党员就跟我们打招呼。那时北平地下党还没公开，他当然知道我们是代表北京市委来接管的，所以他就告诉我们那里的种种情况。我们也有名单，知道某某人是地下党。北京市委组织部门知道哪个人是最可靠的，长期潜伏在那里的。我们跟这个人的联系，当时也是秘密的，因为里面还有日本人和其他一些人。

陈：日本人是干吗的呢？

高：他说是雇佣的，可能是这样。没有档案也难以搞清底细。后来把他遣返日本，接管完毕，地下党员去了公安部，其他被遣散了。

陈：接管工作的常规步骤，是怎么做的？

高：军管会来接管，比较简单，先都是进驻。我们这些人成了那里的主宰，原来的那些人、物、事，统统听我们安排。实际上，就是实行军事管制。

陈：“进驻”的意思，就是，吃、住、工作都在那？

高：首先宣布我们来接管这个地方或单位。那里所有一切，被接管的人员都交权了，连他们自己都得我们来处理，所以逃跑者留下的私人财物谁也拿不走。总之，一切由军管会说了算。接管的实质，就是“夺权”二字。

陈：北平和平解放，还放走了一些飞机，是吧？

高：不，在围城以前他们就逃走了，我们之所以在良乡等待多时，就因为和谈中的具体条件。

陈：没有什么互相交接？

高：宣布军管，没有交接问题。就是房子和房子里的一切东西，还有人，都由进驻者来处置。我们也就住在那里，清理、登记那里的一切财物。什么家具，箱子里的什么东西，都把它倒腾出来。我是行政秘书，就负责核实造册。

在这工作当中，发生过一个障碍，当时某些老干部不同意把那些我们政策研究室可以用的东西造到清册里去。这些人当时是很少数，因为当组

① 即民国时的银元。银元上有袁世凯的头像，俗称“袁大头”。

长的总共没有几个。他们说，这些我们将来有用的东西，一造册就很可能不归我们了。他们想的，说严重一点是本位主义，我当时不同意他们那么想，因为在良乡三日两头听报告，学的就是“一切缴获要归公”。不登记造册，私自扣留，是绝对不行的。这也是我们这些大学生跟他们的主要矛盾。

陈：少部分组长觉得用不着跟上面说，留下来自己用？

高：不造册，就是截留，给我们政策研究室用，他就是这个意思。可是我还是一一都给登记了，他们管不着造册的事。

陈：预访时您提到过，那里还有一些银洋？

高：我造册中，有“袁大头”517个，从那些箱子里捡出来的，还有许多绸缎衣服，这些倒无所谓，当时我们也不拿它当回事，也不给造册，也没人理会，银元是要造册的。我就把这个清册上报给邓拓，我说这是结果，东西都在这里。我同时口头反映，有几个同志要求把地毯、沙发、窗帘还有银元留下，不要上报。我都造册了，不过要反映给您，少数人有这种意见。邓拓一面看清册，一面听我讲，他看完签字，让我送办公厅。同时写了一个条子，对我说，你拿这条子和500个大洋，亲自送给财政部戎子和同志。他们不是想留吗？就留下这零头17块“大头”，给大伙改善一下伙食。他最后强调，这500个银元一定要亲自送到戎子和同志手里，拿回收条来。

陈：戎子和是什么人？

高：华北局下面的财政部部长。当时北京这一块归华北局管。我就根据他的意见，骑自行车——那时候已给我配了一辆新自行车——把那500个银元送到财政部，亲手交给戎子和同志，他说很好，500个银元！这话反映当时我们还很穷，没有什么财政收入。他抓住我的手臂，说要跟我谈一谈，问我是哪儿的？在哪里上学？我说是北大。又问是学什么的？我说学经济的。他一听，非常高兴，就拽着我的胳膊说，你别走了，就留在我这里吧！我说这可不行，我是邓拓同志派来的，怎么也得把收条送回去，跟他得有个交代。他就是想留我在他那里工作，因为北大经济系比较有名气。他说那你一定要回来！后来我回去跟邓拓讲了这件事。我当时也在两可之间，去也行，只要搞革命就行。邓拓当时表态，我们的接管任务还没完哩，别管他！

陈：您就没去华北局财政部？

高：我没去。邓拓对我有好感，我对邓拓也有好感。这样我就回去继续接管一家清洁公司，把这17个“袁大头”兑换成渤海币，到粮店买了掺黄豆面的上好玉米面，做的那窝窝头特香。又让伙房大师傅买些我要的东西——接管清洁公司后，我们自己开伙吃饭了，所以有伙房——我跟大家讲了邓拓同志的意见，上交500个大洋，留下这17个大洋犒劳大家。大伙当然也没什么说的，提议把邓拓也叫来，一道改善一次伙食。结果邓拓同志真来了，这是我们接管工作以来，他第一次到我们这里来，当然也是第一次聚餐，所有研究室的人都在一起吃饭，所以大伙儿很高兴，尤其称赞我亲手做的两道家乡美食：鸡汤八宝饭和梅干菜蒸肘子。

陈：这顿饭能花17块大洋？花不了吧？

高：花不了那么多。那17个大洋，兑成当时的渤海币是很多钱。主食又是窝头，也没有酒，那时东西很便宜。最后大伙儿说，我们合影留念，就站在大院里，照了一个相。照相机是新调来当政策研究室副主任刘莱夫的，他在山东打游击时，在战场上从鬼子那里缴获了一台德国名牌相机，比那莱卡还要好，是当时德国照相机中最高档的contax。合影时，大家让邓拓站当中，他坚决不干，偏躲在最后一排最边上，所以看不太清楚。这就是邓拓的修养。可惜其中没有我，因为当时只有我会使用这台相机。

陈：他是在场的最高长官，照相的时候在旁边？

高：他不愿站中间，他要靠边站，在当中的都是我们这帮人。

陈：那个时候上下级关系非常融洽吧？

高：没有那么多的规矩，这张照片就是见证。

陈：只不过是吃饭的时候，分大灶、中灶、小灶？

高：对，就是这么一点差别，别的就没有了。穿的也差不多。邓拓在良乡的卧室，也是办公室，没什么家具，就是两只木板箱子，他只比我们多了一条黄色的军毯，看样子也是缴获的，不是来自日寇的，就是来自国军的美国货。

陈：您还参与了外文图书馆和统计局的接管？

高：接管完世界科学社，同时接管了清洁公司和外文图书馆。后者我只去看看，另外有人去，那里情况比较简单，我也忙不过来。外文图书馆就在太庙东边，现在是外交协会那个地方。

陈：外文图书馆，您自己没有参与接管？

高：我没有参与，因为我没有工夫，主要对付清洁公司，这个很奇怪，当时我也不知道为什么要接管这个单位，也许它是个敌伪产业，也许是搞特工的。

陈：清洁公司搞特工？

高：清洁公司负责国民党政府机关的清洁卫生工作。据当时的人说，公司头头在北平解放前夕都逃跑了。如果不是特工，为什么要逃跑？而且没有留下任何文字档案，只有几个勤杂人员和两个很大的四合院。这家公司承包的活，是在公务员上班以前，到各个机关搞清洁卫生。清洁公司专业为政府机关做清洁工作，任务的确有些特殊。它是什么机关都进得去的。从这公司性质看，国民党党政机关的办事人员真是当官做老爷。清洁公司那两个大四合院，非常大，独门出入，地点在南池子附近，是北平的核心区。接管以后，就把政策研究室人员都安排在那个院子里，自己开伙，吃、住、办公都在其中。我们早已从德国大使馆搬出来，世界科学社原址已归全国妇联。

陈：您是什么时候有专门宿舍？

高：就在接管清洁公司以后分的宿舍，开始正规化。你住哪儿，他住哪儿，这都是我行政秘书给安排。

陈：宿舍是几个人一间？

高：那个时候大概两三个人一间，看房间大小而定，有家小的是几间。我是一个人一个屋。

陈：为什么您是一个人一屋呢？

高：因为当时屋子又大又多，我这屋里有账簿，有钱。虽然钱不多，可是全部人的伙食费。津贴，供给制一切都由单位掌握。钱和账一乱，影响所有人的工作和生活。我一个人住一屋，避免发生意外。所以我住的地方，大家伙儿也不愿来。我住屋外面有一间大会客室，有事就在会客室商量。

陈：您还是套间？

高：套间。因为是两个并联的四合院，院子大，房间多，大部分人是单身，好安排。

陈：您自己还亲历哪些接管工作？

高：中间按领导要求我还去过北平市政府统计局。因为有人反映那个被接管的统计局局长不大配合派去接管的同志，他们叫我去看看那是什么情况。我单独和接管统计局的同志去了。市政府统计局在中南海西北角，就是现在国务院的地方。

陈：您是说老北平市政府？

高：是。我到那里找那个局长，我比他年轻，但刚强的气势使他有点畏缩，我问他，你当局长，在哪里学统计学的？他反问我是在哪儿学的？我说我是在北大经济系学的，老师是戴世光教授。他当然知道戴世光是很有名的统计学家，他一听，就点头哈腰地有些拘束，为我倒水。他知道在军管会里面还是有行家的。如果他要在接管工作中制造麻烦，绝没好果子吃。他马上避开谈统计学的学历问题，说他一定会配合做好接管的事，让我们放心。以后我忙自己的事，再也没有去市政府统计局。

陈：进城接管的时候，还是供给制？

高：都是供给制。供给制就是吃、穿、住、医都由组织负责，每月发给个人几块钱津贴费，自己去买牙膏、牙刷、肥皂这些东西。我当行政秘书，日常工作就是做预算，月终报销。此外就是张罗生活及办公费用和用品，女同志还要发卫生费，总之，包罗一切，不胜其烦。

陈：有的还想买点书，就很难了？

高：那很难，也没有什么书卖。工作上需要的话，由公家负责。

陈：没书卖？当时的北京没有书店吗？

高：规定不许单独上街，怎么去买书？那是入城纪律，谁也不敢违反。

陈：有人要抽烟，那怎么办呢？

高：有人买烟叶揉碎，拿薄纸条卷成烟泡，就是抽这个。

陈：吃中灶的人，津贴是不是高一些？

高：这个我现在记不清楚，即使多也有限。比如说一般人如是四块钱，吃中灶的人也许是六块钱，或者八块钱，差别主要表现在饭食上。穿着基本一样的。在供给制条件下，生活最宽裕的是那些多子女的干部，夫妻二人如有一小孩，他们就多一份供给，孩子越多，供给就越多。当时小孩的需要和开销有限，所以当父母的就享儿女的福。实行供给制时，行政管理上的麻烦从这里也可以看得出来。

1950年，北京市委政研室全体人员合影。最后排左一是邓拓（主任），右一是秦力真（驻新西兰第一任大使）。第二排左侧最高的是王若水，第二排中间最高的是石坚，他俩中间靠右的是李伯宁（曾任水利部副部长），摄影者高汉

到北平电影制片厂

陈： 再回到 1949 年，您可以跟邓拓去人民日报社，但您却要到电影界来，原因是什么？前后的经历如何？

高： 第一批接管工作告一段落时，局面比较明朗，形势也显得比较安定。该接管的地方都接管了，也已造册上报完毕。市委就犒劳我们两件事，第一件事是去前门外一个大澡堂洗澡，因为忙于工作，好久都没有洗澡，大家就去大澡堂洗一次澡。第二件事是，上王府井真光电影院看一回电影。

陈： 洗澡、看电影算是犒劳了？

高： 那时，这当然是很大的享受了。大家都认为这是组织上对我们的犒劳。要知道那时连单独上街都不许。这一看电影不要紧，我就被迷上了。当时看的是东北电影制片厂的纪录片，报道东北解放和辽沈战役的。

陈： 是《民主东北》多少号、多少号那个？

高： 是。因为在北大时，组织上传达，还要五年解放战争才能结束，因此我到冀中后本想去参加打仗的，结果不成，马上就来接管北平了。我看这些纪录片，特别来劲。我觉得搞电影、搞纪录片挺好，宣传威力大。电影厂本身是一个企业，搞的却是艺术，我学的是经济，生性又喜欢艺术，这对我来说，最合适不过了！所以我就有了去搞电影的想法。

陈： 看一场电影，就改变了择业方向？

高： 这就是偶然和必然的结合。偶然，是我看了这些生动的银幕形象，使我深受鼓舞；必然，是我的本性，自幼养成爱好文艺的兴趣和学经济办实业的志向。正赶上这时邓拓又要走了，由另外的人来接手政策研究室。这时我就向组织提出来，我也不想干这种烦琐的行政管理工作。总之，我被电影迷住了。

陈： 当时您可以跟着邓拓去人民日报社？

高： 是的，而且他已经选择了我。他听说我不想再干行政秘书工作，就主动跟我说：我也要走了，要到人民日报社当社长，你就跟我走好了。他是看上了我。

陈： 您为什么不跟着他去呢？

高： 当时我就跟他说，算了吧，还是让我搞电影去吧，我当时太痴迷电影了，就是这么一个原因。我放弃了这个好机会。因为我不愿去，过了一年多，他从政策研究室干部中选择了王若水。王若水是北大哲学系的，跟我同一年进去的，后来也分到了政研室，和我一道搞接管。他文章写得好，学问也好。邓拓看我一心想搞电影，就为我给袁牧之和陈波儿写了一封信。

陈：邓拓跟袁牧之他们都很熟？

高：很熟，要不然他不会写信的。他把信给我时说："信写了，你自己先去联系，他们收不收你，那是你的事了。"

陈：您去电影局报到，是什么情形？

高：我拿了这封信，就到了北平电影制片厂。

陈：邓拓的介绍信，是写给电影局局长的，您怎么直接到了电影制片厂？

高：我不知道电影局在什么地方，就到北平电影制片厂去打听打听，我想那里一定有人会告诉我，到那里，去找陈波儿和袁牧之。袁牧之当时是中央电影局局长，直属中宣部。我不知道这机构设在什么地方，所以到了北平电影制片厂去找，就是原来的"中电三厂"。1949 年 4 月下旬，李百万带了一班人，开进那个"中电三厂"实行接管，我去报到是 1949 年 6 月 6 号，比他们进驻晚一个多月。

陈：他们接管那儿才一个多月？

高：是这样。我们接管北平早在 1949 年 2 月初，只比解放军入城晚几天，他们当然要晚一些，所以接管没几天，我就去了。我到厂长室，厂长室里坐着三个人，一个是田方，一个是汪洋，还有一个是他们的秘书苏浙。田方和汪洋一看是邓拓亲笔写的介绍信，就让苏浙领我到厂长室旁边的会客室，说你们先谈一谈。苏浙原是一个纺织工人，在上海闹革命，后来到了解放区。他就把我领到会客室。他说，你来，我们欢迎，现在这里没有别的片子，就是新闻处在拍片子，你可以先到新闻处去工作。我是看纪录片被感动的，我说行啊！就去了新闻处。这时新闻处的处长是钱筱璋，我被领到了他那里。他说很好，你可以搬来住。不过要把组织关系转过来，需要回市委组织部去办。

就这样我离开北京市委。当然这中间要补一个正式手续，就是办组织关系。我回到邓拓那儿，说都谈好了。他说那就到组织部办手续吧。我就拿了市委组织部的介绍信到中央组织部。中组部当时在西单商场后面，我到了那里就把介绍信给了他们，他们说先留在那里过几天来取，取信时看上面批准的是周扬的签名。那时中央电影局归中宣部直接管，我的组织关系由地方到了中央。

陈：周扬当时是中宣部副部长，您是到中央宣传部，还是中央组织部？

高：工作是中宣部。但是党的关系必须通过组织部，正式进入“北影”的批准签字是周扬，因为我对周扬的毛笔字印象深刻，字体是我特别喜欢的魏碑风格。这个人的字写得很好，周扬，我就记住了。

陈：在这之前，您不知道周扬？

高：我不知道。我拿了这个批件到“北影”正式转关系，接着就搬去住，组织上给我指定了一个宿舍，原是周作人家——周作人不是当汉奸了吗？他家是敌伪产业，就被接管了，在受璧胡同。同住的连我共五人，都是老区过来的年轻干部，其中一人是抗战期间在战场上捡的日本孤儿，由我党养大。我们住在二楼，楼下住一老太太，彼此从不打招呼。

陈：周作人的家，当时是“北影”宿舍吗？

高：当时接管的这类产业很多，我们的职工没有地方住，就住那里。那不是“北影”的产业。不久我们就被要求离开，分散到别的宿舍。那老太太是什么人，我们也不清楚。我只记得我们住的二楼是一大通间，成卷的地毯卷成长圆筒放在旁边，有几个书橱，里面有许多旧书，还有精致的铜墨盒，上面有蝇头大小的工整刻字，是王羲之的《兰亭集序》，但都尘封已久。后来听说那是周作人的住宅。

陈：您在那里碰见过周作人吗？

高：当然没有碰见。我们这些人从来不管楼下的那些事。

陈：是同一个门进出吗？还是另外有一个门？

高：同一个门进出，我们住楼上，他们住楼下。上楼通道在屋边，是全封闭的楼梯。我们早出晚归，很少碰到楼下的人。她们也从不上楼来与我们交往，彼此虽是同处一房，却都视同路人。

陈：按说总能碰到，您没碰到过？

高：碰到彼此也不理会。我见过老太太在院子里晾被子。那时候大家都挺忙的，尤其心存警惕，特别是与敌伪和国共之间的界限。因为北平接管才几个月，那种气氛与正常社会生活及人际关系是很不一样的，不能用现在的眼光去想象那时的情景。

陈：五个人住一间房？还是各人有各人的房间？

高：楼上房屋的结构，好像是主人的书房，兼大客厅，反正很宽敞，坐北朝南，很长，不是正规的四合院。房子很旧，很像是北京老式别墅。前面院子不小，有花木。我们没有单独房间，五个人住在中厅位置。

陈：那么床呢？

高：床就是木板加两个凳子就完了。也有几张单人简易铁床，一切都显出临时安置的非正规特点。我在没事时，喜欢看柜里的书，赏玩墨盒上盖刀刻的《兰亭集序》。有时后悔，当时应该顺手牵羊，把那根本没人管、跟垃圾一样扔在那里的王羲之《兰亭集序》铜墨盒子据为己有才好，当时却没有这个心思。要是那时这样做了，现在这该是周作人用过的古董了——当然这是笑话。

陈：理解。你去北影厂时，“中电三厂”接管完了吗？还是在接管过程中？

高：正在接管中。汪洋天天给他们作报告，穿短裤、赤脚穿线编草鞋，所有的人都坐在二号摄影棚里，他给他们讲党的政策、解放战争的形势，等等。

陈：您跟“中电三厂”的人打过交道吗？

高：没有接触。因为我在新闻处，那里全是东北电影制片厂过来的。后来来的几个人是别处过来支援的，那是少数。不久从华北大学挑来许多学员，后来都成了骨干。当时厂里的主要骨干都是从延安和东北调过来的，新闻处尤其如此。

1949年10月1日

陈： 请您说说 1949 年 10 月 1 日，您经历如何？

高： 我被分到中苏联合摄制的彩色文献纪录片《中国人民的胜利》摄制组，去当中方制片主任，我必须随时掌握开国大典的准备及进程，因为开国大典在两部[①]中苏合拍巨片中都是非常重要的内容。所以我经常参加北京市召开的开国大典筹备汇报会，主持人是当时北京市秘书长薛子正，他总管此事。因工作关系，他们开会必定通知我。他们知道我在管拍电影的事，必须了解相关情况。

陈： 开国大典是归北京市管，不归政务院管？

高： 那时候政务院恐怕还没宣布成立呢！

陈： 开国大典不是应该归中央管的？

高： 是中央管，但是事情是北京市办。北京市的薛子正秘书长是头，各方面的人参加，我大哥陈干是北京市建设局企划处的，就参加其中。他参加天安门广场的第一次规划，确定人民英雄纪念碑的位置。碑还没造，位置已经规划好了。升第一面国旗的旗杆竖在什么地方，怎么升，具体就由他负责设计旗杆、旗杆台；他还负责设计天安门城楼装修，所以工作极忙。他就住在天安门院内的西厢房，是集体宿舍，和工人们同吃、同住、同劳动。开国大典筹备工作极其紧张，所以工程方面的人都住在那里。

陈： 那是过去大臣上朝前歇脚的地方？

高： 可能是御林军驻守的地方。在午门之前，还没有进端门哩！西隔壁就是中山公园。那里头，一间屋子都住十来个人，屋子很大，兵营一样，主要是工人、设计、施工的。因为当时任务重、时间紧，什么时候有事，就什么时候干。

陈： 您参加北京市筹备汇报会，有哪些经历？

高： 主要是开会。安排阅兵，从哪儿往哪儿走，哪一地段安排哪一兵种，天安门前广场上站什么人，城楼上站什么人，就是这些具体事怎么安排、布置。比如骑兵，马从哪儿骑到哪儿，等在什么地方，通过天安门后

---

① 当时有两部中苏合拍片，一是《中国人民的胜利》，一是《解放了的中国》。

从哪儿撤，还有坦克兵，总之，千军万马，地方小了不行，进出不便也不行，那都是一路排下去。当时有一支文艺大军，在最后，排队排到了东单。他们拂晓就得出发，坐卡车到那里，天凉，穿棉衣，游行时把棉衣都脱在卡车上，女同志露出统一设计的白绸上衣、绿色斗纹呢裙子，列队走过天安门。坦克、骑兵排在南池子那一带，那里离天安门较近，开进去也比较方便，大家就是研究这些事。

陈：开国大典的时间是提前就知道，还是先保密？

高：提前知道了，10月1号。反正我们这些人更早就知道，不然没法安排工作。例如参加我们文艺大军的，半夜就起来集合，从各处汇集到东单。文艺大军女同志提前做统一的衣服，设计衣服的是我们厂的一位科长刘迺中。

陈：他是服装设计师？

高：他是"中电三厂"的留用人员，原"中电三厂"厂长秘书。他多才多艺，写一笔好字，特别能干。他跟"中电三厂"地下党接触多，但不是地下工作者。他有一个同学是做裁缝的，服装就包给那个人做。我主要就负责参加薛子正的筹备会，了解筹备情况，通知两个摄制组，分别做相应的准备，主要是安排摄影师、录音师的位置，便于摄取必要的场景。

陈：你们哥俩都参加了开国大典！那一天具体经历是什么？

高：很遗憾，我家忽然来电报，父亲病危。大哥、二哥匆匆赶回老家，我必须留下工作，我这摊事无法放下。大哥看不到他设计的旗台、旗杆，怎样升起新中国第一面国旗，这成了他一生的憾事。那一天早上，我就照管天安门广场上的事，徐肖冰、吴本立他们在城楼上照顾天安门城楼上的事。

陈：徐肖冰是拍照，还是摄影？

高：当时他是《解放了的中国》的导演之一[①]，真正导演是苏联的格拉西莫夫，他的代表作是《青年近卫军》。

陈：徐肖冰不是摄影师吗？

高：是摄影师，当时派给他这个任务，是副导演，只能帮格拉西莫夫，格拉西莫夫让他干什么，他就干什么。格拉西莫夫很高傲。

陈：徐肖冰算是中方的导演？

---

①《解放了的中国》，纪录片，北京电影制片厂、苏联高尔基电影制片厂联合摄制，1951年出品，编导：格拉西莫夫，副导演：徐肖冰、苏河清，剧本、文学顾问：周立波。

高：在厂内，他是《解放了的中国》的中方的导演。我们这个[1] 中方导演是吴本立，文学顾问是刘白羽，他那边是周立波。两个组，都住在翠明庄。

陈：开国大典那一天，您是站在天安门城楼下？

高：我是在广场和东长安街一带活动，有很多我们的摄影师在那一带。

陈：两个摄制组都在拍开国大典？

高：对。开国大典对《中国人民的胜利》和《解放了的中国》都是不可缺少的内容，大家都在抢镜头，各拍各的。

陈：有三套人马拍摄开国大典？

高：我们中国人有一套人马，拍黑白片。这两个组拍彩色片，是分开的，《解放了的中国》和《中国人民的胜利》都是中苏合拍的，但是分属苏联的两个制片厂，他们互相之间，就是组与组之间，都是苏联人，竞争却很厉害，就是各管各的。他们界限分得非常清楚，我们中国人当时却没有分得那么清楚，因为都是北影厂一家，分别与苏方合作。

陈：您当天是什么时候到现场？

高：很早我就到了天安门广场了。当时我们有特别通行证，我先去看队伍的情况，还有摄影师分布的地方。我看到有一个细节，觉得特别有意思，就是骑兵队伍。我从两个摄制组的住处翠明庄向南走，就是东长安街，中间有一段是骑兵的队伍。骑兵们在用皮鞋油和棉花擦马蹄。这个细节令我感动不已，那些马刚从战场下来，身上，尤其是蹄子上当然都是硝烟、灰尘。用棉花和鞋油把马蹄都给它擦干净、擦出亮光来。他们内心是多么兴奋！就因为新中国是他们用鲜血和性命建立起来的，当然也有战马的功劳。参加开国大典，能怎样弄好就怎样弄，当时战士自己穿的是布鞋，没有皮鞋可擦，那就擦马蹄。军容之整洁、庄严，在马蹄上都体现出来了。

陈：您看到这个细节，当时没拍下来？

高：这是我在偶然一瞥中发现的，身上没有相机，没有拍下来，真是可惜！当然这样感人的事有许多，但也有许多令人遗憾的事发生，比如一辆坦克开到东三座门那里抛锚了，怎么弄也开不动了，只好斜着停在路边。这些坦克都是在战场上缴获的旧装备，我们也没有检修技术，开到半路坏了，也不奇怪。

陈：参加检阅的坦克，没有提前检修？

高：其实它本身就是破旧坦克。我们是小米加步枪，军备技术设施很

---

① “我们这个”指的是纪录片《中国人民的胜利》及其摄制组。

落后，坦克都是从敌人那里缴获的。还有东三座门建筑挡在那里，很窄还得转弯，坦克要绕过去，在当时的技术水平下的确是困难的，抛锚也往往发生在那里。

陈：三座门是什么？

高：天安门广场，原是天安门前东西“千步廊”中间的一条狭长的通道，从空中俯瞰，像“丁字尺”。北洋政府当权时，朱启钤当政，拆了千步廊房子，在故宫西侧社稷坛周围修了一个中央公园，即今中山公园。千步廊房子拆没了，但剩下的东西两座高墙还在。通道宽了，但仍然是丁字型。“丁”字两端原建有宫门，即东西三座门，分别横锁住天安门前的马路两端。中间有三个门洞，呈拱形，走人和马车是可以的，走坦克就难了。排列整齐的骑兵和坦克兵到了东三座门，必须分三路才能通过。马比坦克灵便，但队伍乱了。过了三座门得重新整队，有的马也转不过弯来，但比坦克好驾驭。坦克转不过来时，只能就地抛锚了。这个“丁”字路东口的东三座门门洞有三个，都不大，可是墙体很高很厚，上面是琉璃瓦的飞檐屋顶。与天安门是相称的。有它阻挡，原先在东长街排列得整整齐齐的步兵队伍，一通过它非乱不可，更不要说骑兵、坦克兵和炮车了。这一情景，站在天安门城楼上看，由于视野开阔，尤其刺眼。对阅兵来说，大煞风景。

陈：三座门跟天安门是垂直的吗？

高：天安门城楼在北，金水桥之前是长安街，东西三座门就横堵在这段长安街的两端，与天安门垂直，据路之要冲。所以任何通过天安门前的队伍，都必须先通过这东三座门，而且只能通过那三个门洞，庞大的队伍必须分成几路走，原来再整齐的军容，到此都散乱了。等过了洞门再来整顿，乱象早已进入城楼上观礼者的双眸，特别令人遗憾。现在你看历史影像资料，还能看见这种情景。

陈：您说坦克不动，也是在三座门那里？

高：我记得有一辆坦克，开到那里就不行了，勉强把它开到东三座门北面空地上，斜在那里，免得挡道。

陈：北边空地上？那不还是要挡路？

高：东三座门与太庙（劳动人民文化宫）之间，还有一片很小的空地。它开不动了，只能勉强地把它斜在那里。所以我觉得就该拆掉这东西三座门。我当时常到城楼上看工作环境，我大哥负责天安门城楼的装修工程，我俩经常私下谈论这件事。从城楼往下看，三座门也不像在平地上看那么高大，反而显得很矮小，跟雄伟的天安门也不大相称。那东西千步廊南北走向的两堵墙又长又高，把广场弄得很狭窄，也显得很小气。与我们受检阅的雄兵和欢腾的群众一比，实在像个桎梏。

陈：这三座门也是古建筑，是吧？

高：明朝就有，清朝继承保留。北洋政府开始拆改，因为袁世凯想当皇帝，选址中南海，内务总长朱启钤经手，拆了千步廊的房子修了中央公园；但没有拆东西两堵外墙，也没有拆东西两座三座门；打通了西长街，直通中南海；拆了香妃住的宝月楼，造了新华门，准备把中南海改成总统府。他还拆了宫城，修了前门公园，打通了东西长安街，修了环城铁路和前门火车站。朱启钤这几招是大手笔，就是为了袁世凯当皇帝。现在人民当权做主，反而要受制这封建格局限制，连朱启钤都不如，说得过去吗？我哥俩与梁思成的矛盾从这时就开始了。天安门那么壮观，开国大典那么隆重，万众如此欢腾，广场却这样狭窄，特别这东西三座门如此碍事，实在令人难以忍受。

陈：当时您在城楼下，能听到宣布开国的声音吗？

高：都能听见。就像在跟前一样，不只我在楼下，当时以法捷耶夫为首的苏联文化代表团和众多来观礼的中外来宾，都坐在临时搭建的观礼台上，也在楼下。

陈：苏联作家法捷耶夫，《毁灭》的作者？

高：他是团长，西蒙诺夫是副团长。我们那位导演[①]；还有那个格拉西莫夫，《解放了的中国》的导演；乌兰诺娃，跳芭蕾舞的，总之苏联的精英都是他们的成员，是一个很庞大的代表团。

陈：他们也都参加了开国大典？

高：他们都在观礼台上，参加开国大典。开国大典的场景在《中国人民的胜利》片中就有。那时观礼台跟现在的是两回事，那是临时搭的。

陈：苏联文化代表团在观礼台，不在城楼上？

高：不在城楼上，城楼上主要是我们的领导人。

陈：您一大早去了天安门，当天午饭是怎么解决的？

高：午饭我们回来吃。事情办妥了，就回住处吃饭。当时我们两个摄制组的人马都安顿在翠明庄，它在东华门大街和南河沿交口上，离工作地点很近。我提前就回来了，我要为他们准备午饭。那时伙食很麻烦，有西餐，有中餐。

陈：您没等到开国大典仪式结束就走了吗？

高：我等到仪式都完了才走。

陈：当天晚上天安门有焰火晚会，您没参加？

---

① 应该是指《中国人民的胜利》的编导瓦尔拉莫夫。

高：这我不记得了。可能去了，那里人根本就走不动，反正我去过一次，人太多了。当时照明设备也不好。我忙这帮人的生活就忙不过来。那前后，说话太多，我喉咙都哑了，连话也说不出来，觉也睡不好，饮食也不能正常，

陈：因为人太多，需要大声喊？

高：人多，事杂，也没有得力帮手，主要是里外的事情太多，对苏联友人更不敢有丝毫马虎。他们当时对我办事的热情大加称赞，我自己却觉得没有什么，本来就该这样。

陈：10月1号这一天，您还有什么要补充的？

高：主要是看升旗，这对我特别重要，有公私两层意义。公是新中国成立的象征，多少仁人志士为之舍生忘死。它是亿万人民，整个中华民族希望的寄托。私，升旗的旗杆、旗台，是我大哥设计的。它有一根电线通到毛主席那里，他在城楼上一按电钮，旗就升上去了。就为这一个设计，保证升旗滑轮绝不卡绳，我哥他们不知道试验了多少次。但是大哥因为回了老家，不能看到这次升旗的结果，这对他来说是莫大的遗憾，永远难以弥补。所以我一定要看到这新中国第一面国旗是怎样顺利升起的。多年以后，这旗杆和旗台拆下来，移到革命历史博物馆，永远保存。

陈：那当然，这个旗杆应该是文物。

高：我当时心情比较复杂，因为它是我哥哥设计的，他却看不到效果，要回老家看病重的爹，我也应该回去看我爹，以尽人子之道，但工作使我不能走，所以我一定要代我哥看升旗，以寄我们的家国情怀。

陈：升旗非常顺利吧？

高：那当然。试验中发生卡绳时，工人爬杆上去修理滑轮，保证万无一失时才完工。

陈：那个国旗有多大？在底下看，有多大？

高：旗很大，但升上去就不显大了，一是升得高，二是那个空间很大，旁边的景物都很高大，相比之下，旗就变小了。当时在旗座定位和设计时，我们哥俩曾有一次讨论，他说摆旗杆的地方，应是天安门广场的核心区，国旗天天在这里升起，应该保持它有一定的充裕的空间，方显大国国旗的气势。但那时旁边的华表和石狮子的位置挨得太紧，旗杆、旗台在它们旁边就显得局促而不那么雄伟了。所以他说，华表跟狮子的位置得挪动挪动。按平面布置美学的要求来讲，这样挤得太近是不行的。可是梁思成跟他讲："故宫的一草一木、一砖一瓦都不能动！"为此他非常苦恼。当时开国大典举行在即，当然没有办法。况且梁思成是古建筑权威，当时正在那里管着他的工作，而他当时只是一个小小的助理工程师。所以他只能跟我发发

牢骚，以没有把这个平面布置好为憾。

陈：就因为华表和狮子不能动？

高：因为事情太严重，时间也太紧迫了，后来大概过了一年多，把这两个都移动了。

陈：真的移开了？还是按照您大哥的设想做的？

高：移动的原因，可能为了要在那里建造固定的观礼台，也有改造金水桥附近景观的意图，因为国旗旗台附近的平面布置不理想，是谁都看得见的，毕竟在那个区域新生出一个又高占地又不小的新事物。有天我无意中走过天安门时，突然发现华表和狮子外面都绑上杉木搭的脚手架。当时没有现在的起重机械，也没有用铁管搭脚手架，都用传统的那种杉木搭架，因为华表和石狮都很重。天安门广场在移动这些东西，当然是新闻，我回电影厂立即向钱筱璋说了这些情况，建议他赶紧派人去拍天安门广场的改造过程，作为历史资料保存起来。他果然派我们厂里一个叫聂晶的老摄影师去拍摄。他拍得怎么样，我就没去看了。

陈：您哥俩都为开国大典做了工作，您还是在场的见证人。

高：是当时的任务落到我们身上，只不过由于我大哥身在其中，使我格外关注这件事。我不但亲历其事，又特别关心这件事。所以后来衍生出另两件事来，一是与我大哥一起研究建筑艺术，还一道著文批判了复古主义思潮。二是新中国成立50周年，我应广电部老干部局要求，写了一篇散文，题为《又过天安门》，这篇文章连我们老家的报纸都登了，还得了一个一等奖，给我发了一个奖品。当然比起第一件事来，后者微不足道。

陈：是广电部老干部征文一等奖？

高：对。就是回忆我跟天安门的关系。里面有一个细节，我觉得很有意义，就是在我每次外出，即使绕远点，总是想着法从天安门经过，远远地去看一看。新中国成立50周年前夕我去看的时候，那个地方很多人都在打石头，重新铺路面。有一个记者报道，这种石头是从河北省哪一个县——这在文章中能查到——运来的，浅桃红色，很美。记者说，这种石头出自某一座山，为了保证石质，先把山的表层全部剥离，然后取其核心部分。记者问那些工人，你们怎么要费这么大的劲？他们说表层不结实，运到天安门的石头，必须保它万年不朽，所以开采的全是山的阴面的石头。这种心情，使记者大受感动。记者又问：你希望你开采的石头摆在哪？工人说，最好摆在升国旗的地方。这些事和这些话大大地感动了我，我文章的结尾就用了这一段。有关天安门广场及开国大典这些事，很有意思，很难忘。

《中国人民的胜利》摄制组

陈：您参与《中国人民的胜利》摄制组，有哪些经历？

高：这个当时由组织分配。我到北平电影制片厂新闻处没多久，领导就要我去干这工作，8月份就开始了。当时领导说，你现在不要干别的，先到前方队去。当时还没有片名，也不叫摄制组，只成立了一个“前方队”和一个“后方队”。向我传达的信息是，少奇同志在开国大典之前去了趟苏联，斯大林亲自讲，他要派两个摄制组到北京，为我国拍两部彩色大型文献纪录片，一部反映现实社会情况，另一部纪录你们解放战争的胜利过程。少奇同志回来后，中宣部研究决定，一部是《解放了的中国》，另一部是《中国人民的胜利》。我去的是前方队，就是后来的《中国人民的胜利》摄制组，我们平日就叫它前方队、后方队[①]。我是前方队的制片主任，吴本立是导演，就确定了这么两个人。本国的摄影师，当时还分布在各野战军部队里，前方还在打仗。后方队确定的导演是徐肖冰，制片主任叫石岚，是一个老地下党员，开始就我们这四个人。这事情很大，仅我们四人不行，当时整个厂的各个机构都在为此而工作。我们第一件事要为苏联来人找地方住，来的苏联人很多，在哪儿住？当时北京很惨，没有什么星级宾馆，比较像样的，就只有一个北京饭店，还有一家六国饭店。北京饭店当时几乎是唯一对外接待贵宾的地方，而摄制组除了人多，又带着摄影机、录音机以及其他许多乱七八糟的设备，当时苏联那些设备是很笨重的，所以我们必须另找住处。我们找来找去，最终找到了励志社——原国民党的特务机关——那座房子。它已被我们接管，接管后给了中央组织部，大概给中组部当招待所。房子比较大、比较好、设施也比较齐全，地点也合适，在东华门大街与南河沿交口。

陈：这个地方是别人推荐的，还是您自己去找的？

高：这不是我找的，我没那个本事，是上头研究决定的。这是件大事，由中组部、中宣部、电影局来决定的，我们北京电影制片厂哪能弄得了？！斯大林的提议，少奇同志的决定，由中组部、中宣部来操作，所以才有我

① 后方队，即《解放了的中国》摄制组。

们进驻翠明庄这回事。当时担心的只有一件事：里面的部分服务人员都是留用的，原来却是国民党的特务机关，特务虽然都跑了，（留下的）这些人也是劳动人民，是否完全可靠，我们心里也是存疑的。可是找不到比这里更合适的其他地方，其中有一重要条件，那里有成套的西餐设备和会做西餐的大师傅，最终就把这个地方定下来了。我们心里很紧张，苏联友人到达之前，我们就提早进驻，去清理调查相应的设备、用具等。苏联友人吃西餐，被接管改成招待所后已没有什么西餐了。我是一个从穷乡僻壤出来的穷学生，根本不知道西餐是怎么回事。我们厂里总务科有一个人，原是一个皇协军——就是日本鬼子组织的汉奸军队——上校，岁数比我大，在皇协军又当到上校，过去肯定作威作福，知道西餐是怎么回事。我就把他找来了，要他必须把这件事办好，准备开西餐伙食。他果然懂这门道。他就去做了检查，跟我汇报，什么条件都齐备，就缺口取纸。我第一回听说什么“口取纸”，我问他这是什么玩意？他说这是擦嘴用的，东安市场就有卖的。

陈：就是餐巾纸。“口取纸”是日语的说法吧？

高：不知道，可能是，他是皇协军出身。东安市场离得很近，赶快去找。那时候我国没有人用它。我负责筹备完毕，苏联友人就陆续到了。

陈：前、后两队的人，都住在翠明庄？

高：都住在那里，这样便于管理。在我做这些准备过程中，袁牧之局长多次来翠明庄听汇报、检查工作。后来，陆定一也亲自来过一次。这里还发生了一次小小的误会。最后苏联文化代表团整个来了。我们上飞机场去接。

陈：请等一等，要换磁带。您今天把这一段讲完，还是就休息？

高：讲完。

陈：那两个摄制组是跟苏联文化代表团一起来的？

高：可能摄制组来得早些，我现在记不清楚了。他们来的那一天，我们中方的领导都去机场迎接，只我一个人留下来，看守翠明庄住地，确保安全，免生意外。当时对门卫有一条规定，不许任何陌生人进来，更不许上楼，楼上是苏联友人的卧室。就在这个时候，来了两个人，说一定要进来，还要上楼看看卧室，他们就找我来处理。说话中这两个人已经进到前厅，一个人穿着黄呢子大衣，戴一副黑框眼镜，个子很矮、很瘦，岁数比较大。旁边跟着一个人，像普通战士。他们一直往里走，我就在大厅里拦住他们。我请他们不要进去，告诉他们这里不是参观的地方。可是这两个人不走，站在那里，表示非要上楼看看。这使我很恼火，我说你们这样太不合适了，这里不是公共场所，你们来这里干什么？跟着的那个人看我很坚决，就小声地跟我讲，他是陆定一，你就让他上去看看吧！陆定一我当然知道，一向很佩服。我说那好，就陪他们上楼。他一句话也不说，就跟着走、看，一个一个房间看，而且还不时翻床垫是什么，从被子看到枕头的位置，作风之深入，令人惊叹！每个房间都走一遍、看一遍，看完后，没提什么意见，大概是认可。这是我第一次跟他见面。

后来苏联人就来了。晚上袁牧之在翠明庄举行宴会，欢迎这些远方来客，他们都是第一次来到中国。

当时中央同志这种严密的部署，认真和热情的态度，真令人感动。这都是最高的关怀和礼遇，苏联友人当然很高兴。但在具体合作过程中，也有一些不愉快的事，比如说格拉西莫夫对我们只有一辆破旧的小汽车很恼火，这辆小车还是从“中电三厂”接管过来的，平日只给我们局长坐，厂长也没有车。就这么一辆破汽车，现在也开到我们摄制组来了。而两个摄制组，互相都有一点争风吃醋，各不相让。可是只有一辆小车，还破旧得很，我亲耳听见格拉西莫夫因为无小车可用，自言自语道：“谢谢你们的穷困！”

陈：谢谢你们的穷困？

高：谢谢你们的穷困，是指我们连一辆像样的小车都没有，就是这个意思。他很不满意。当时我们确实对不起他们，我们也确实无能为力。

陈：碰到这样的事情，他说这些话，怎么办呢？

高：那就只好听着。我对他一直无好感，虽然我喜欢他的《青年近卫军》。

陈：要向上汇报吗？当时有那样的纪律吗？

高：汪洋经常来，几乎每天都来听汇报。袁牧之也经常来。我跟袁牧之在这个事情上，有过一个小小的冲突。吃完饭，袁牧之走到我旁边，我跟他说，陆部长刚才来了。他这个人脾气很急躁，马上就郑重其事地睁大眼睛盯着我，一连发问：“他来干什么？”“他说了什么？”“你怎么不早说？”他一急，我就不知道先回答哪一句，简直是张口结舌。我当时想，这点事，哪儿要这么着急？可见他当时对此事的紧张程度。现在我可以理解他的心情，可当时我只有 23 岁，刚开始工作，袁牧之以前我也没见过，他越急我就越说不出话来。

陈：您不是故意不说？

高：怎么可能是故意的呢？他一急，我就不知道先答哪一问，同时也破坏了当时的气氛。彼此情绪都比较复杂，至今我觉得，他始终是一个表演艺术家，成熟的领导干部不会这样对待自己年轻的部下。

陈：这是一个小插曲。您刚才说，有几次不好的事？

高：小汽车的事引出格拉西莫夫说出“感谢你们的穷困”，这个话很难听，我至今还记忆犹新，听了当然很不高兴。还有一个事情，是我们前方队有一次急需派一个苏联摄影师到武汉，事情急、火车挤，没买到头等座位的票，只能买到二等座位的，还有三等就是硬板座位。我们送这个摄影师进站，上车时他一看到车上情景，马上就要回去，不走了。我问为什么？他说："这是猪才坐的车！"

陈：二等车不是硬卧吗？

高：当时是软席车，是不分间的，许多人在一起，显得拥挤。他当时讲："这是猪坐的车，我不坐！"就回去了。我很反感，等于骂我们中国人是猪。我回摄制组汇报，汪洋说，这不行！友好归友好，骂我们是猪不行！研究结果，把苏方制片主任找来，那人岁数比较大，当时有五十几岁，老头，我跟他讲了这件事。我说这样不友好，以后还怎么共事啊？他回去以后大概也开会，批评了这个人，这个人就此向中方道了歉。以后，他们大概比较注意了。我们本来就很注意，我又住在那里，寸步不离。后来我们摄制组去上海，补拍淮海战役。北京方面基本拍完了，要补充的只是零星镜头。

陈：北京解放军入城式，也是补拍的吗？

高：入城式有现成的资料。但是补拍了一个场面，在六国饭店补拍打平津战役开会的镜头。因为打平津战役时不可能拍到当时情况。这是绝密的最高军事活动，我们的摄影师不可能在场。可是要表现解放平津，没有这个镜头还不行。因为解放北平和天津，不可能没有战役最高领导的活动，所以只能补拍。北京诸事既了，我们就移师上海了。上海条件就好多了，我们都入住百老汇大厦，它原是一个犹太富商盖的。我们包了几层，住得很舒服，西餐水平也高。那时上面给我们摄制组派了一位总头是黄镇，就是后来到文化部当部长的那位。当时他是军委总参的成员，因为我们要拍淮海战役的相关资料，由他来管我们的事，到外地就方便多了。拍《中国人民的胜利》，四个野战军都派出代表参加我们的工作，住在我们组里，这当然也增加了这个摄制组管理工作的复杂性。

陈：我没明白，四个野战军的代表，是什么意思？

高：要拍《中国人民的胜利》，离不开打仗，就与四个野战军有关，他们当然也很关心这件事，他们各自派出自己的代表，到我们摄制组来参加工作，帮助联系、提供情况和资料。当时一野派的就是陈播，后来他当了八一电影制片厂厂长。二野来的是朱丹南，后来他到四川当文化局

（副）局长。三野来的是苏理[①]，他后来留京当洗印厂厂长。四野派的是陈沂，他后来是总政文化部部长——四野来的人最多，常驻的是王地子。他们都住在我们这里，加上大批苏联友人，队伍很庞大。为了保证苏联友人工作方便，身体健康，要有相当数量的俄语翻译，还有几个医护人员。我看，那时甚至以后，我们这个摄制组都是最庞大也是最复杂的一个。所以到了上海，就包下了百老汇大楼几层。[②]

陈：到上海，主要拍什么呢？

高：拍淮海战役，补几个必要的镜头。现在你看到的，解放军占领总统府，和最先冲进上海市区的情景，就是我们拍的镜头。

陈：这是补拍的？

高：补拍的。为什么？解放南京的时候，是半夜冲进总统府的，我们随军摄影师没法跟上，即使跟上也没有照明，无法拍摄。那个总统府原来是（洪秀全的）天王府，很大，那是半夜三更，怎么拍得了？所以想来想去，重要情景必须补上，如果没有就太遗憾了。我们就在南京补拍了，野战军这原班人马，怎么冲进总统府，怎么把总统府大门上的国旗拿掉，扔下，都是补的。那天我也进去看了蒋介石大办公桌上的台历，还是1949年4月22号，也不知道是23号。

陈：4月23号攻入总统府，他已经走了。

高：他当然早走了。可是他办公桌上的台历还这么摆着。打进上海市区，那也是补拍的，也是半夜冲进去，当时还是大雨倾盆，现在变成晴天冲进去。还有老百姓打腰鼓，欢迎解放军，是我们在上海大世界组织的。因为当时情况，上海人对解放军开始是不了解的，解放军进去他们都不知道。上头下着雨，解放军就在墙根屋檐底下过夜，淋着雨。上海人早上开门出来，看满地都是解放军，他们都惊呆了，从来没见过这样不扰民的部队。上海这地方，哪个军阀的部队他们都见过，唯独解放军千军万马进入上海，居然没有人知道，这是历史上极少见的。我们只补拍冲进去和群众打腰鼓欢迎。

陈：我看那一段，曾有个疑问，上海怎么有那么多人会打腰鼓？

高：我们部队自己有文工团参加，上海地下党工作做得也到家。

陈：这个也是补拍的，对吧？

高：当时我在场。其中打腰鼓的，有一个是我北大老同学，他南下了，

---

① 这位苏理，与长春电影制片厂导演、副厂长苏里不是一个人。

② 这一段话的语序，编纂时有所调整。

后来成了文艺理论家。

陈：当时组织工作，是怎么协调？

高：那就是我刚才说的，当时有各个野战军驻组代表，补什么、怎么组织，由他们与野战军联系解决。离开他们，光凭我们，没法工作。

陈：当时参加补拍，所有人都是义务的？

高：当然！大家都是供给制，根本不存在报酬问题。我们一到上海，先找市委，他们让我们找市委秘书长刘瑞龙，解决各种具体问题。没有他们做后盾，光凭我们，什么事也做不成。

陈：欢迎场面，有上万人参加吧？

高：上万人不一定到，反正几千人肯定是有的。我现在回想，大世界广场要站满人，几百肯定是不行的。（南京）总统府那里，也是很多战士鱼贯而入，这些补拍都是由当时的部队按照原样布置的。当然其他就用原有影片资料。我所经历的是这些。当时我厂有一部分人还在前线工作，解放战争还未结束，那些资料，他们要用毫无问题，直接由厂里提供就可以了。

陈：具体的创作过程是怎么样的？

高：这个问题是这样，先由刘白羽和周立波分别拟出提纲，送到中宣部，中宣部几个部长和相关的人开会讨论。我们组里的主要负责人也到中南海参加。对我们来说，这是最重要的事，所以早早就进了中南海。到得太早，他们就让我们在陆定一同志住处休息，等待开会。他家家具极简朴，我就坐在一张床上。我想起他亲自到翠明庄检查苏联友人床垫的事，就检查了一下他家的床垫，使我大吃一惊，我坐的这张床，上面铺草席，下面只是一条平铺的棉毛毯，很薄，再下面就是木床板了，连个棉褥都没有。这种艰苦朴素的生活作风，实在让人感动。

中宣部部长和几个局长参加讨论，胡乔木主持，大家提了一些意见后，通过《中国人民的胜利》提纲。我们摄制组参加那天晚上讨论会的，除了导演吴本立，提纲作者刘白羽，还有一个就是我，一共三个人。

陈：就是这部片子的编剧、导演、制片人？

高：主要是刘白羽写的提纲，我们两个人是听会，了解领导意图。

陈：中南海没有接待室让你们休息？

高：没有。那时中南海正在修整。中南海原来那些人走后，很破旧。我有一个北大同学，是同一个读书会的，叫黄天苗，他就是负责装修工作，他大概是科长，我去的时候还看到他提着一个油漆桶，他们当时正忙着装修。没有现在这么讲究，跟现在风气也完全不一样，所以陆定一同志就让我们在他家等着。

陈：中宣部通过了中方提纲，然后呢？

高：通过了，就可以按这提纲去搞了。

陈：中宣部通过了，就算定稿了？

高：通过了，只是提纲，大概就是这样，将来具体到影片的拍摄和编辑，还要审查。只是定下了基本结构。

陈：拍摄时中方、苏方两套人马？谁说了算呢？

高：以我方提纲为主，他们拍的是我们的事，摄制当然以他们为主，那时我们还没有制作彩色片的设备和经验。

陈：制片主任还是以咱们为主？

高：制片主任是我统管一切后勤保障，他们的制片主任只管他们苏联那边的事，我管所有的人，因为他们在我们这里工作，他也管不了我们这里的事。

陈：苏方制片主任要配合您吗？

高：他提出要求，我来配合。我也提要求，他来配合。

陈：整个过程，一共有多长时间？

高：我们从 8 月份开始参加工作，一直搞到 1950 年的 5 月份，大概是这样。他们走了，剩下后期工作在莫斯科完成。

陈：您参加摄制组，前后 9 个月到 10 个月时间？

高：把他们送走了，我就没事了，我到大连采访，写我的剧本去了。

陈：您还有什么补充吗？

高：我们拍完后，他给每个人发了两枚徽章，是纪念淮海战役和渡江战役的，我当然也有。

陈：陈毅给摄制组发的？

高：我想是代表华东军区发的，说留个纪念。等于是我们也都参加了淮海战役。苏联人特别高兴，我倒无所谓。给我这个，当然也很好，一直珍藏着。

陈：《中国人民的胜利》获得了斯大林奖金？

高：这两部片子都获奖了。徐肖冰给我讲了一个插曲，他就把奖金拿来买了两对硬木书柜，硬木家具是很高级的。一对送给钱筱璋，一对他自己留着。当时我们住的院子里，有三对这么高级的硬木家具，我是拿自己的稿费买的，他们一人一对，是徐肖冰拿斯大林奖金买的。马上通知就来了，这笔奖金不能花，全部捐给抗美援朝买飞机。因为苏联支援抗美援朝，都要跟我们算账，一枪一弹都要我们付钱。所以别人都用不到这笔奖金，除了徐肖冰。

陈：那徐肖冰怎么办，把钱再拿出来？

高：家具都买来了，还拿什么？

陈：他是不是另外要出钱，赔这笔钱？

高：赔什么钱？都已经花了。他也没有钱赔，都是供给制，就算了。那个时候，这种家具也比较便宜，不像现在那么贵。现在是古董了，我儿子说，我这对书橱，可比这套房子，因为它是清朝的东西。新中国成立初期，那些军阀、地主为了生活，把家具拿出来卖，东单、后海、琉璃厂，到处都是。我跟我哥哥两人都买了许多。我家里的，最后只剩下这对书橱。

陈：您是用自己稿费买的，跟斯大林奖金无关？

高：毫无关系。斯大林奖金只发给创作人员，与行政人员无关。

陈：摄制组捐了一架飞机，是吗？

高：是的。

陈：我查《中国电影编年纪事》，《中国人民的胜利》也得过中国的奖，朱德还给苏联人颁奖？

高：苏联的瓦尔拉莫夫、格拉西莫夫都获奖了，由朱德亲自颁奖。

陈：只给苏联人颁奖，没给中国人颁？

高：当时还没这套事呢。1950 年还在打仗，能有这么一回事吗？

陈：您没有参加影片的后期制作？

高：没有我的事。他们也只去了几个人，制作完成后拿回来审查。这里还有一个事，我要说一下。就是翠明庄，我们住的那个地方失火的问题。这个案子，至今没破。我们住那里的时候，大白天翠明庄突然失火，我和一些苏联友人在那里，有些人出差在外。当时太紧张了，我自己的东西都顾不上拿，只拿了一箱子单据跑出来，衣服、被子什么东西都烧光了。苏联友人有几个来不及穿鞋跑出来，我怕把苏联友人烧死，又冲进火场，上楼逐门去找，当时也没什么消防知识，满楼都是烟跟火，我冲进去主要找那个苏联制片主任，敲他的门，门开不开。后来知道这个人去苏联大使馆了，因为事先他说要去使馆一趟。等我再跑出去时，火已经不可救了，当时消防设备也很差，全部烧光。

陈：摄制组住地翠明庄失火？

高：翠明庄，就是那个中组部的招待所，后来我们这些人都站在对面人行道上，有个苏联摄影师只穿着袜子。

陈：这一次失火，没有人员伤亡？

高：没有。所有东西都烧光了。我第二次冲进火场找人时，看见录音师储藏资料的屋子整个地毯在燃烧，资料全完了，真可惜！

陈：失火的原因，到现在也不知道？

高：到现在这案子也没破。不知道为什么大白天会失火。有一个很大的损失是苏联友人中，有的为回一趟家，买了很多他们喜爱的中国东西，有买古董的，有买人参的，有买绸缎的，一个一个皮箱都烧掉了。苏联人是很恼火的，但又不好说，我们自己更没法说。我只庆幸自己抢出一箱子单据，没有单据我的账就没法交代了。

陈：当时公安局没有人来调查失火事件？

高：调查了很长时间，找我谈了好几次话，始终无结果。

陈：拍好的胶片呢？

高：胶片好在他们不断分批寄往莫斯科。没有什么损失。我们自己也很疑惑，这是中组部的招待所，怎么一下子大白天就起火，把房子烧个精光？幸亏是白天，要是晚上，那就不得了！

陈：您估计是什么？有可能是人为纵火吗？

高：这个我就很难讲了。当时我正在那清理那些账目，忽然之间火就着起来了，我出去一看，地毯都着火了。我的第一反应，就是先把这一箱子单据、账册抢出来，搁到大街的人行道上；第二个就是冲进火场找那个制片主任，那时候人已经很难进去了，楼道都是烟，呛得人难以呼吸，也看不清楼梯，靠手去摸。至今没有搞清楚，这是怎么回事。我们当时用这个地方，就因为它是中组部的招待所，觉得是最可靠的，结果却是如此！

陈：后来摄制组住到六国饭店去了？

高：后来这帮人，有的鞋也没有，光穿着袜子，站在人行道上。只好先进北京饭店暂住。那时候北京饭店里参加开国大典的贵宾都走了，可以容纳我们，我们把这一干人马安置在那里。最后只好把六国饭店包下来，比北京饭店稍差一点，毕竟还是洋人搞的，就都搬到六国饭店去了。补拍平津战役指挥官们开会的镜头，就在六国饭店完成的。

陈：他们是指挥千军万马的，补拍的时候他们听安排吗？

高：这是中央定的，他们都是老干部，很好办，导演只不过给他们补拍一些去年旧事而已。

陈：导演要安排现场啊？

高：他们自己当初怎么弄的，还是怎么弄。只不过换个场地而已。

陈：《中国人民的胜利》大概就是这些了？今天就到这？

高：《中国人民的胜利》当时影响挺大，当时我们还没有这么一个电影。在中苏合作关系上，我们这个摄制组堪称完美。瓦尔拉莫夫导演中间回趟莫斯科，带来大瓶泡柠檬的伏特加酒，他认为这是最好的酒，一定要我喝，其实比我们的白酒差多了。苏联友人还怂恿他们的制片主任把女儿嫁给我，当然这是笑话，但说明彼此关系之融洽。

西出玉门关：《戈壁滩上的石油》

陈：《中国人民的胜利》结束后，您去拍《大连扫盲》这部片子？

高：当时他们几个人[①]，就去苏联了。厂里给我一个任务，去拍扫盲。当时大连扫盲工作搞得非常好。日本统治时期东北有大批文盲，很惨，新中国成立后国家大力扫盲，工作搞得最出色的是大连。所以就叫我去采访、写剧本。我就采访了好几个月，最后写了一个剧本，是纪录片形式的。领导说，最好在纪录片里加点情节，准备叫“东影”的导演来拍。我又重回大连改写。回来后，“东影”那个导演来不了，我不愿意老等他，就跟钱筱璋说我想到西北大戈壁、大沙漠里去拍当时中国唯一的一个石油基地玉门油矿去，他说这个事情很重要，很好。那是1950年，中国还没有什么大工业，我领了这个任务，就去甘肃采访。

陈：《解放以后的大学生》是什么时候做的？

高：《大学生》，那是我到新闻处之初。那个题材没有搞成。原因是没有多大典型意义。我采访时拍了一些资料，厂里也没明确要求，看了样片，觉得没太大意思，就不了了之。

陈：《大连扫盲》只有脚本，还没开拍？

高：主要是东影的导演来不了。所以就放弃了，去了西北。

陈：西北那一段，您具体讲一下经历？

高：我为什么要去那里？因为我从小就熟读唐人边塞诗，对“大漠风尘日色昏”“葡萄美酒夜光杯”“春风不度玉门关”情有独钟，老早就想去西北。在中学时，又唱过一个傅斯年作的歌[②]——他是“五四”时期的风云人物，好像当过北大的校长——歌词我现在已记不全了，大概是“左公柳拂玉晓……定远班超”之类，气势非常远大，把中原与西域的整个历史

---

① 他们几个人，是指《中国人民的胜利》《解放了的中国》两片的中方导演和摄影师徐肖冰、吴本立等。

② 记忆有误，所说歌词：“左公柳拂玉门晓，塞上春光好。天山融雪灌田畴，大漠飞沙旋落照。沙中水草堆，好似仙人岛，过瓜田碧玉丛丛，望马群白浪滔滔。想乘槎张骞，定远班超。汉唐先烈经营早！当年是匈奴右臂，将来更是欧亚孔道。经营趁早，经营趁早！莫让碧眼儿射西域盘雕。”是罗家伦所作。

关系都概括其中了，我特别喜欢那个歌。所以我就跟厂里提出，要到那里去。当时没有人愿意去那个地方，因为新疆才解放，有一个土匪头子叫乌斯曼，正领着那些国民党的残渣余孽，在我们甘肃、陕西、宁夏一带骚扰，那边很不安宁。

我是要去采访玉门油矿，那是我国当时最大的一个石油基地。后来开发大庆，主要就靠玉门油矿的老工人。当时玉门油矿的矿务局局长是杨虎城的大儿子，叫杨拯民，这个人非常好。我受到他们热烈欢迎，因为那时很少有人到那里去，他特别支持我宣传石油工人在一片荒漠的戈壁滩里从事艰苦劳动。在采访过程中，我了解到，搞石油最关键的问题是地质勘探，首先要知道地下哪里有石油，工人才能去打井。因此我又提出要深入一个地质队，地质队的工作是搞石油的先锋，最辛苦。我又到甘肃永昌、古浪一带，深入一个地质队，在大戈壁里采访勘查石油的情景。那个地方就是古居延海① 范围，唐朝大诗人王维的“大漠孤烟直，长河落日圆”，就产生于那种环境。我看到了地质队当时的生活状况，深受感动，带着冷馒头作干粮，无处蒸热，就拔了一堆骆驼刺（戈壁滩的野草）把它点着，烧热了戈壁滩的石块。等火焰灭后，就把馒头放在石头上烤焦了吃。我在那里生活时，想单独为地质队搞一部纪录片。当时我多次来往于河西走廊，只能依靠运油罐的卡车做交通工具。油罐车队很长，空罐运回玉门油矿装油，当时我们国家的油罐就很少，油用完必须把空油罐运回去再装油。所以整个河西走廊，往来的卡车络绎不绝，我跟那些司机成了朋友。有一个司机说，路上最怕车抛锚，几百里河西走廊根本无人烟，只有残破的古长城和野狼、黄羊。有一次抛锚了，天也黑了，都不敢出去撒尿，吃饭更甭想。狼群似乎闻到了人气，都爬到驾驶室前头，拿爪子拍打玻璃，它好像知道里面有人。整个狼群围在车前，好像等着共赴盛宴。他们必须把卡车门关紧，那是恐怖至极。晚上，狼的眼睛是发光的，这只狼没有拍开玻璃，下去了，另一只狼爬上来拍。我到永昌地质队去时，坐在他们的卡车上开到没路的地方时，卡车前面就出现了一只很大的狼，慢条斯理横过我们车前，它好像根本就不把我们和卡车放在眼里。那是可怕的。地质队的人跟我说，这是常事。那时狼很多，黄羊也很多，狼就吃黄羊。有时候后方供应跟不上，出现断顿，没有粮食吃，就吃水煮粉丝。

陈：粉丝，是干粉丝？

---

① 居延海，居延是匈奴语，《水经注》译为弱水流沙，今名天鹅湖。位于今内蒙古自治区阿拉善盟额济纳旗北部，额济纳河流入湖内。

高：干粉丝，这是他们的储备物资之一，以备不时之需。粮食供不上时，就吃粉丝。我是一个人先去采访，写好提纲，审查通过，再组成摄制组，按提纲实地拍摄资料。当时配给我三位摄影师，他们都有助手。摄影师除了摄影机，还配有手枪，就因为那里有乌斯曼匪徒出没，还有野狼袭人。我当时计划先拍玉门油矿，反映石油工人的生活，然后再搞一部反映地质队生活的片子。

陈：《戈壁滩上的石油》就是这次拍的吗？

高：是我计划中的第一部，下面就该是地质队和他们的钻探工作。

陈：这个片子您一共带了多少个人？

1950年在甘肃永昌石油勘探队

高：摄影组并不小，拍石油工人生活时有三个摄影师和他们的助手。后来到电影学院当教务主任的刘维翰，就是我们中的一位摄影师，后来到电视台成顶梁柱的叶惠也是其中之一，还有一位是“中电三厂”留下来的，后来不知到哪里去了。

陈：他们几个人，不是同时去的吧？

高：他们是不断调去，看我的需要。一个人去了，不够，再来一个人，是这样的。就拍了这个东西。

陈：拍摄总共花了多长时间？

高：我是1950年下半年完成提纲，在1951年拍摄，差不多有一年多时间，主要是地域太大，那时交通也很不方便，火车坐到西安就完了，我们都要坐运汽油桶或其他的大卡车去玉门，下雨时一块油布蒙着走，淋得人都坐不住了，真的是栉风沐雨。

陈：那摄影机、胶片怎么办？

高：那都搁在箱子里。西北石油管理局在我们要开拍的时候很帮忙，搞得都挺好。当时的局长就是康世恩，后来他当了部长。

陈：这个片子有预算吗？有规划什么的吗？

高：这在当时是没有的，完全就凭我。

陈：要多长时间、多少人、多少钱，都是您说了算？

高：那时，采访阶段都没办法计划。因为对玉门油矿、地质队怎么回事，谁也不知道。整个厂都属于草创时期，一切还在摸索中。问我，我也说不出来，连路程和车都没有，没法做什么预算，一切都没法知道。跟那个地质队到戈壁要搞多久？他们自己也不知道到哪里才会发现石油构造，我更不知道。根本没法做预算。当时就是这么一种状态。

陈：新中国刚成立的时候，北影厂新闻处的工作程序是怎样的？

高：就是你自己提题材，领导觉得可以，他就给你一点钱做路费，你就自己去采访、写提纲。提纲完成，领导认为好，他就给你派摄影师。

陈：一开始为什么是您一个人去？

高：我一个人去的原因是，我的职务是采访，等于记者。新闻处、电影厂的领导也不知道到底应该拍什么。我是自己提的要去西北拍玉门油矿。

陈：玉门之行，您的人生感受是什么？

高：我的感受，讲历史的话，汉武帝在汉朝是很了不起的。他的战略是“张中原之掖、拊匈奴之背”①，对付北敌匈奴，这是为了中华民族的发展。汉武帝用卫青、霍去病北逐匈奴七千余里，保卫了我中华民族的农耕社会，所以留下了甘肃河西走廊的几个重镇：酒泉、张掖、武威，对我中华各民族的发展立下了大功。东汉班超投笔从戎，在西域设都护府，管理50多个小国，居31年防止匈奴为患。以后历代，强者无不重视与西域的经济、文化交流。清代乾隆纳香妃，结好西北。晚清则有左宗棠经略西北，大搞绿化，左公柳因此为后人歌唱。我国要发展，不把西域这块搞好是绝对不行的。当时那里可以报道的只有玉门油矿，而石油正是我国发展经济和工业的血液。我也非常钦佩唐代大诗人王维西出阳关，去慰问当时驻守西北某地的一位大将，大将叫什么名字，现在不记得了。他去了就留在那里工作了一段时间。② 我为什么对西北有兴趣？主要为了通过反映石油工人的艰苦奋战，呼吁开发大西北，以寄托我国历史传统和这些优秀诗、词、歌所抒发的豪迈情怀。我明知去西北戈壁滩工作一定很辛苦，但历史使命在驱使我，必须去报道那里的人们是怎样劳动、怎样生活的。似乎有唐诗讴歌的“不斩楼兰终不还”的勇气在心中鼓荡。③ 在这过程中，我也写了很多诗。

---

① 一说是“断匈奴之臂，张中原之掖”。

② 所说是指：唐开元二十五年（公元737年），河西节度副使崔希逸战胜吐蕃，唐玄宗派王维前往河西节度使驻地凉州宣慰，其后留在节度使幕中担任节度使判官近两年。

③ 口述人在审稿时增加了一些内容，编纂时有所调整。

陈：您写的是古体诗，还是白话诗？

高：我向来都写旧体诗。我的诗集里面都有。片子拍完，我向玉门矿务局杨拯民局长提出一个要求，那里离敦煌不远，我们想去敦煌看一下。杨拯民说可以，没问题，矿上缺水果，敦煌产梨，要我们回来时带一车梨来。我们一起 7 个人，他给我们派一辆中卡，配司机，带一大桶石油，我们就去了敦煌。大概在 1951 年的夏末秋初，梨子熟的时候。我们就从玉门矿出发，一路都是戈壁和沙漠交错的地形。过玉门关旧址时，我们特地下车，在那里徘徊浏览。那里插着一个丁字形小木牌，上书“玉门关”三字，是长途汽车站的意思。四周一片荒凉，没有房屋，也没有钻天杨，更没有左公柳，总之杳无人烟。因为沙漠里也没有什么固定的路，反正只要方向对，哪里能走就走哪儿。司机说，那些沙山一阵风就搬地方了。我事先跟司机讲好，过一下玉门关，果然他就过了玉门关。过了玉门关，天色向晚了，沙漠里的斜阳显得又圆又大。我们得找地方过夜，在沙漠里看到不远处有几处人家，都是黄泥矮屋。就把车开过去，住哪一家呢？看到有一家院子较大，主要是那门口贴着一副窄窄的红纸对联，正是王维的“劝君更尽一杯酒，西出阳关无故人”。我看到这个，简直就好像身处唐朝王维时代一样。我们就进了这个院子，说就住一宿，主人很欢迎，服务也很殷勤，可惜没有酒！

陈：主人是干什么的？

高：就是当地居民，放羊的。

陈：沙漠里还能放羊？

高：那是沙漠与草地交错的地区，也有一些农耕的旱地，他们就以此为生。我们车子经过的地方，常见黄羊成群在跑，有个摄影师拿出加拿大那种大型手枪，就打，因为离得远，打不到它。听见枪声，它们就飞奔而去。

陈：当年的敦煌是什么样的？

高：敦煌当时很冷清。乌斯曼匪徒刚被击退，我们到那里算是稀客。当时有一位叫段文杰的人，是敦煌研究所的负责人，常书鸿是所长，他不在，段先生负责接待。他很高兴我们去访问，他领着我们参观了敦煌各个洞窟。

陈：那您享受最高待遇，敦煌研究所负责人亲自讲解？

高：因为没什么人去。我们就在他们研究所里住了好几天，因为也没有别的地方可住。当时就段文杰在那里，参观时看到许多壁画上都有“张大千”的签字，三字的写法很特别，所以给人的印象很深。几乎每一张好的画，他都临摹了，当时我很佩服张大千下的功夫，他的成名绝非偶然。

有些洞窟被飞沙堵住洞口，进不去。

陈：被沙封住了，还没清理出来？

高：还没清理完，当时那里没有多少经费，也没有多少人力。

陈：那时候月牙泉是什么样？

高：月牙泉据说很好。那时我们不便多逗留，没有去。现在想来很遗憾。

陈：杨拯民要您买梨，买到了吗？

高：我就跟段文杰说了说，他说你们开车到镇子上去收梨就行。那里有很多的梨，也没有什么地方卖，大家伙儿也不拿梨当回事。果然一会儿工夫就把那个中卡给装满了，我们的脚都被梨子埋了，这车子里除了我们几个人，其余空间都是梨子。一路走一路吃梨子。也没有什么别的可吃，也没有什么水喝，矿泉水那时候还没有。回到玉门，把梨子给了他们，我们就回京了。这时候，大概已经快到 1951 年年底了。当把这些事折腾完，我就被调去“打虎队”搞“三反”运动了。片子我已不能编了，当时领导就跟我讲明，你这片子由王迪来编——王迪后来是电影学院教授——我把大意向他做了交代，就不管了。

亲历“三反”运动

陈：您是这个片子作者，为什么不让您编？[①]

高：当时“三反”运动，以雷霆万钧之势展开，那是在新中国成立初期，不这样，政权就难以巩固。这件事在当时是压倒一切的。所以马上集合队伍，搞“三反”，我就包了会计科部分人员和审计科科长。当然我一个人包不下这任务，还派来别的人，只有我是懂会计的，我在北大学经济。他们都是演员、乐团的第一提琴手，还有吹管乐的。我是主要的一个，也是队长。厂领导大概已经合计好了，等我打完了“虎”，就到行政处去当会计科长。这是我事后的猜测，不然他们为什么不让我编片子，非得把我弄那里去？打完“虎”回来，汪洋跟我讲了两句话：“谁叫你是党员？谁叫你在北大学的是经济？”那我还有什么话讲。也确实如此，他说，那些账目、报表谁看得懂？你不去当那科长，谁去当？就这样，我离开了新闻处。

陈：“三反”那些经历，您能说得详细点吗？

高：“三反”我管的就是行政处的一批人，当然不可能分给我很多。主要的几个会计，一个人一个“打虎队”。当时我们对他们的估计有点过于严重了，先把他们分别都圈起来，事后证明，情况没有那么严重。

陈：什么意思？

高：我首先就审查那个审计科科长，叫王鸿年，审查结果没有估计的那样严重，可以说没有什么问题，是个冤案，白挨了一顿斗。他是保定人，问了很多天，问不出什么来。我们组里的人很杂，很多都是演员，如黄素影、杨静她们，还有剧务科的，他们也不懂会计。

陈：黄素影老师在抗战时做过会计，杨静老师……

高：杨静她根本就不知道这种事，就跟着干，有什么事做什么事，抄抄写写。还有乐团来的，第一提琴手朱光，他还带来一个人。总之人很庞杂，真正懂这个事的，我算是一个，我跟他们讲清楚，可以提问，绝不能动粗。

---

① 为了分节，这句提问是编纂时增加的。

那时，全厂生产也不搞了，专门搞“三反”运动。到处都是这种形势。会计科里面，主要人都是各有一组，李天锡一个组，樊广信一个组，汪东煦一个组，诸公渊是科长，又是原“中电三厂”厂长徐昂千的亲戚，更是重点。几个组同时搞“三反”。我审查王鸿年，审计科的科长。到他家里调查，发现他家里很穷：小屋、大炕，家徒四壁。所以回来后，王鸿年的审查就告一段落。搞“三反”运动是反贪污、反浪费、反官僚主义。进城以后，贪污、浪费的事确实有，厕所里经常看到有人用厂里的信纸擦屁股。这不是浪费吗？

陈：当年有浪费现象，贪污是不是稍微少一点？

高：贪污也有。当时我们厂里造新闻大楼，就是现在北京科教电影制片厂的那座二层老楼，由总务科的一个人管，这个人就有贪污行为，后来逮起来了。总务科里面问题多，后来我也去搞总务科的“三反”。总务科科长是个老干部，农民出身的大老粗，根本就是稀里马虎，不查账，也不看单据。

陈：您对“三反”运动的总结是什么？

高：当时进城不久，有大量接管工作，以后又是入朝参战，新中国政权刚建立，百废待兴，形势之紧张、严重可想而知。干部队伍中鱼龙混杂，规章制度极不完备，自在情理中。一些腐化堕落分子乘机浑水摸鱼，贪污国家财货，或作威作福，确实存在。在这种内外两种形势重压下，开展“三反”是完全必要的。后来揭露出的许多事实证明，贪污、盗窃、腐败行为各地都有，就像天津枪毙的那两个人。[①] 从当时我所办的案子中，也可以看到贪污、浪费、官僚主义现象，不反确实不行。当时中央采取“三反”运动，是对的，应该的。

可是问题在于群众运动的方式方法，存在许多值得研究的问题。阶级斗争必须与科学方法、科学态度相结合。所以要重调查研究，实事求是。这样犯案者无话可说，公众也能信服，才能真正看到什么是官僚主义，危害有多严重。

总之，搞运动发动群众是可以的，但必须有法制，有科学的政策。离开法制和科学的建章立制来规范群众热情，不但无济于事，还会产生很多后遗症。它既影响党的威信，也浪费群众的热情，这就是我对“三反”的总结。

---

① 指的是当时河北省天津地委书记刘青山（被捕时任石家庄市委副书记）、天津地委书记张子善，二人均因贪污等罪被判死刑，此案被称为“新中国反贪第一案”。

陈：您后来就去会计科当科长了？

高：会计科是一个企业财权集中体现的地方，原来由留用人员掌管，"三反"以后，还能把这个财权交给他们吗？那是不可能了。在这一点上，当时中央和基层都是很明确的，必须是我们可信的人去掌握财权和物权。所以汪洋找我就这么两句话："谁叫你在北大学经济？谁叫你是党员？"听完这两句话，我二话不说就离开了新闻处，到会计科当科长去，尽管很不愿意。同时派去供应科的，是一个演员，叫王为光，他也是"三反"时在那里当"打虎队"队长的。人的命运就是这样，为国家形势所塑造。个人的兴趣可能起一些作用，但也有限。

再见吴青：从订婚到结婚

陈： 该说说您和吴青老师的事了，您到北京，什么时候再见吴老师？①

高： 接管告一段落，在我们看来，北平形势已比较稳定，我们也有了固定的办公地方，我们的活动也自由了许多。先是一位组长，是北平的老地下工作者，跟我说，你跟我到一个朋友那里吃元宵去。我们俩就徒步到那朋友家，正好朋友不在家，由他爱人接待，那位组长就像到了自己家一样随便，说是来吃元宵的。主人热情欢迎，说让你们吃炸元宵。马上做油锅，炸开元宵了，我们俩就饱餐了一顿。那位组长说，现在跟刚进城时不一样了。这样，我跟同事说了一声，要约女友来玩，好久不见面了。就写了一封信，说我回到北平了，到什么地方来找我。

陈： 收到信，吴老师能来找您吗？

高： 她当然找我来了。当时我在睡午觉，一睁眼，发现她就呆呆地坐在面前看着我，起先我还以为自己在做梦。后来就跟她一道回她家去。走在胡同里，我让她靠一边，我走另一边，虽然两人一道，却不敢并排。在胡同里，我们隔空对话，不叫人感觉像是一对恋人，避免不良影响。

陈： 是规定，还是您自己想出来的主意？

高： 刚进城时不许单独上街，后来松了，可以上街，但必须注意影响。我是军管会的，旁边跟着这么一个女生，我怕给人感觉不好，这是自律，其实没有规定那么细。"大路朝天，各走一边"，现在想起来，也非常可笑。胡同总共没多宽，如果是走大街，各走一边，那就太可笑了。快到她家时就无所谓了，也自然而然地走到一边了。

陈： 这时您去她家，个人关系应该是比较明显了？

高： 那就是好朋友吧，是真正的好朋友。

陈： 还是好朋友？这时您还没想求婚吗？

高： 没有。后来过了一段时间，我说咱们明确关系吧！当时只是这么个要求，还说不上谈婚论嫁，她还在北师大求学，她就讲她要独身主义。当时我觉得，这完全是胡思乱想。我说这个想法不对！但她很坚持，弄得

---

① 再见吴青老师这一段，是在前面顺着时间说的，为主题集中，编纂时调整至此。

我也拿不定主意了。那时我已到“北影”，在《中国人民的胜利》摄制组工作。为这个问题还专门找刘白羽讨论——他是我们组的文学顾问，我们俩关系很好，他经常约我去东安市场打台球——我说我女朋友讲，她要抱独身主义，我问他对这个问题有什么看法。我说完后，他哈哈大笑，笑个不停，把我都笑毛了。我说你这是什么意思？他说，你别管她说什么！他依然哈哈大笑，我知道他是好意，就是你别管她说什么！

陈：然后您就不再介意这个？

高：我没有再介意。我因制片主任的工作特忙，南方还在打仗，我们又要到上海补拍淮海战役的一些镜头，摄制组中心要搬到上海去。走之前我给她写了一封信，说我很忙，现在也不想谈这些事，你要独身主义，咱们就不谈这些事了。

陈：您写这封信，真的不想继续，还是欲擒故纵？

高：两种情况都有。确实也是这样，我很忙，我也花不起这时间跟她探讨独身主义的问题。后来她在 1950 年的 5 月 13 号，那一天好像是星期六，她到六国饭店摄制组驻地来了，向我表示，不谈独身主义问题了，那就是说确定关系了。那时，每个周末晚上，我们都陪苏联友人到北京饭店去跳舞，我就带着她一起去跳舞。过了一个快乐的周末。

陈：这一天就算订婚了？为什么过了一年多才结婚？

高：这个中间，我有很多的工作，总不在北京。她参加工作后，正接受干部审查，在审干前，她填写登记表时，在“社会关系”一栏内，写上她曾经为哪些人当过家庭教师。在旧社会，谁能为小孩找家庭教师？只有资本家和达官贵人。她半工半读为的是养家糊口，是个被剥削的城市贫民，她跟那些人的关系是雇主与被雇佣者的关系。当时审查者都认为她社会关系复杂，因此迟迟不许她入党。其实那些人是吓唬她，她事先也没有跟我商量。审查者也不作阶级分析，使她承受不应有的政治思想压力。

陈：所以拖了一年多？

高：我当时也没想结婚，因为工作实在很忙。

陈：吴老师的独身主义也没坚持多久，是吧？

高：她也确实这么想。因为她和她母亲，还有弟弟，都被父亲抛弃了。受母亲的影响很大，这也难怪。但是实际上生活本身不是这样。在她与我交往过程中，理想、志趣、革命实践早已把两人紧密地联系在一起，人生的主要方面既已难分彼此，一起生活只是时间问题。刘白羽为什么大笑，而且笑个不止？因为他看到我们俩是当局者迷，不明白作为两个正常的人，已经难以分开了，自己却还不清楚。刘白羽是过来人，所以他说三个字：“别管她！”他的阅历当然要比我当时多多了。

陈：您和吴老师1951年结婚，请说说婚礼的情况？①

高：我们定情，上次我说了。我从玉门回来以后，干部审查也基本告一段落，我说咱们结婚吧。把这事办了，省得老记挂它，就定在1951年的11月25号。正好那一天动员批《武训传》②，开始搞文艺整风。那天领导都去文化部听动员报告，我们就在那一天结婚。当时有一个人提议，那天在电影学院③（当时还在西城石老娘胡同）举行一个舞会。当时的婚礼都很简单，大伙儿坐在一起，剥花生，吃喜糖，就完了。舞会很少见，所以来了许多人，听完报告的领导们也赶来参加，非常热闹。可以说是别开生面，午夜才散。

陈：吴老师说，婚礼她都没跟她妈妈说，当天才打招呼？

高：对。

陈：当时结婚不需要得到家长的允许？

高：她妈早就看出来了，因为我经常去她们家。

陈：您也没带点礼物去她家求婚？

高：因为我们俩在1950年春天，就已约定，那天在北京饭店一道参加舞会，就是定情。

陈：那是您俩人私定终身，但是没有向家长求婚？

高：我们没有这一套。结婚舞会，她妈妈也参加了。我请双方在京亲戚一道在王府井一家著名餐馆吃了一次喜宴。她和大家都很高兴。舞会开始时，都是学校的学生参加，跳得很高兴。后来这些领导也来了，大家都来签字、讲话、祝贺。

陈：那一天您最深刻难忘的印象是什么？

高：那倒没什么。我们恋爱时间已经很久了，好像只不过办一办应办的手续一样。

陈：您母亲那时候已经在北京了？

高：我的母亲在北京，在我哥哥那儿。

陈：这个婚礼就是单位的婚礼？不是家庭的婚礼？

---

① 以下有关结婚这一段，是在后面采访时谈的，编纂时调整至此。

② 1951年11月20日，《人民日报》发表毛泽东亲自撰写的社论《应当重视电影〈武训传〉的讨论》，在全国范围内开展批判电影《武训传》运动。此前报刊上对电影《武训传》一片赞扬，此后180度大逆转。

③ 电影学校，即北京电影学院，它的前身是1950年创建的中央电影局表演艺术研究院。1951年更名为中央文化部电影局电影学校，1953年更名为北京电影学校，1956年改制为北京电影学院。

高：在结婚之前，我把吴青领到我们家吃饭，我妈已经看过了。其实在1948年我回老家时，已经向父母讲了，我在北京交了一个女朋友。

1950年，“四九”学运周年纪念时，与“四九”学运中认识的女友确定关系合影

陈：1948年，您就说吴青老师是您的女朋友？

高：对。我这人就是这样，认准了，就是这一个，没有第二个。老家很多人要为我做媒，我妈都给拒绝了。她说她不管儿子的事，由他自己做主。

陈：她没有出席您的婚礼？

高：她参加了我们的喜宴。

陈：基本上是革命化的婚礼？

高：对，革命化的婚礼。一个大舞会，在电影学校礼堂举行。没有糖，也没有花生，但有音乐，美妙的乐曲，欢快的双人舞。最后我们俩合唱了苏联的《喀秋莎》，白大方校长和我们的领导，都来祝贺我们白头偕老。果然如此，我们都过了翡翠婚庆了。

陈：新房是中央新闻纪录电影制片厂分的？

高：新房就在新影厂。我跟厂党总支副书记龚涟同志，共用三间平房，她住一间，我住一间，中间那屋子没人住，相当于过道。那时候生活要求很简单，很好。我母亲很细心，专门做了我们老家很好吃的苔菜麦饼，把海苔晒干、揉碎，拌白糖、加油，做成很薄的麦饼，让我们晚上吃。电影学校吴青的一个同事送我们回到新房，与我们同吃。当时已经是11月了，天气很冷，有炉子烤着吃，记忆犹新。这是老人的衷心祝福：团圆甜蜜。

担任“北影”会计科长

陈：您当会计科长没多久，“新影”从“北影”分离出去？

高：1952年“三反”运动结束，原来的会计科长住院，那一大摊财务工作就无人管理了。当时北影厂厂长汪洋就让我去会计科当科长。看当时的形势，我是非去不可的了。我开始当的是北影厂的会计科长，那时“新影”还没有成立。我所面临的有三个难办的事：一、处理“三反”运动遗留下来的清理工作；二、几个被斗得够呛的主要会计人员，查无实据，都要回来工作，如何对待；三、1953年要开始第一个五年计划，原来那烂摊如何整顿，以配合国家的计划经济。对我来说，哪个问题都不轻松，特别是后两个问题。大概到1953年初，清理“三反”运动遗留的事基本结束。1953年就开始整顿内部，解决第二、三个问题。我让被斗的几个主要人员，加上一个新分配来的大学毕业生，组成一个小组，研究制定影片成本计算规程；同时派会计下各车间及物资保管仓库，建立相应的会计工作账目体系，改变原有的混乱无序状况。

陈：新影厂是1953年成立的……

高：它是1953年7月7日成立的。

陈：它成立的日子定在1953年7月7日，成立大会是7月18日，为什么？

高：当时就研究哪一天成立比较好。大伙就说：“七七吧，这日子好记。”因为大伙儿对抗日战争记忆犹新，所以定了“七七”。

陈：但是成立大会晚开十几天？成立大会您有记忆吗？

高：现在我记不大清楚了。好像当时请了一些名人，题了字，其中有周扬的，还有夏衍、郭沫若的，题字都装镜框，挂在会议室里。

陈：就是祝贺中央新闻纪录电影制片厂成立，是吧？

高：对。现在这些资料，“新影”出的书里面都有，一找就可以找到。当时我在会计科，不管这些事情。

陈：“新影”刚成立的时候，一共有多少人？

高：700多个人。

陈：刚成立的时候就有700多人？

高：700多人，大量都是摄影队。每一个摄影师都有助手，有的助手不止一个，都分在部队里，随着野战军划为地方行政区，这些人按地区分为六个区队，每个大区有一个摄影区队。当时没有电视，主要是靠电影传播形象新闻。这里有队长、摄影师、助手记者，还有财务等行政后勤人员。麻雀虽小，五脏俱全，一套人马。区队长一般都是老干部，从延安或东北过来的，从影时间较长。

陈：当时的经费有限制吗？

高：当然是有限制。这都是归我管的，建立预决算制度，六个区队跟厂里各个车间一样，该有什么就有什么。由会计科负责审核他们的账目，检查、批准他们的报销。就是这样。区队的会计也跟我们会计科的会计工作一样，统一由我们来管理。

陈：区队要花钱做事，还要来您这里申请吗？

高：他们各有独立的预算，按预算办事，我们来检查、审核。例如“三反”运动中，有人检举中南区队长鲁明[①]有贪污行为，告到我这里，其实他办了这么一件事：他跟部队关系搞得好，部队给他一套好的照片放大设备，拿来以后就把原有不好的放大机交回厂里。结果人家就说他贪污和公私不分，把他弄得够呛。案子弄到厂里来，我据实为他开脱不实的罪名。他在一篇文章里面写到这个问题时说，“高汉这个人比较实事求是。有人说我贪污，他说这不是贪污，是以旧换新”。旧的已经还给厂里，不能说是贪污，也不是公私不分，没有错。

陈：他后来说您是一个实事求是的人？

高：他为什么写呢？他在评论我送他的书《三话》[②]时，在一本刊物上著文，《论〈三话〉说高汉》，我老家的报纸转载了此文。他对我这本《三话》挺有兴趣，捎带着说了我的为人。他在高级党校（中共中央党校）读书读得很好，马列主义水平不低。

陈：您当会计科长，主要权限是什么？

高：当时的权限是管钱、管账，我却不是这种旧观念，要改变原来的一套。我给每个车间、仓库都派会计，要用会计记录全厂的物流和货币流动。只有这样做，全厂资金都能在控制中运行。所以我要计算成本。因为一切资金流动，最后都要体现为影片的经济价值。我按这个观念进行财务

---

① 鲁明（1926—　），1948 年后在东北电影制片厂、北京电影制片厂、中央新闻纪录电影制片厂担任摄影师；1954 年至 1974 年在北京电影学院担任新闻摄影训练班、摄影专修班班主任，后任党委宣传部部长、党委副书记；1974 年在北京科学教育电影制片厂担任编导，后担任副厂长兼编导室主任。

②《三话》是高汉先生的著作，世界知识出版社2006年出版。

管理，引起当时电影局财务处处长的批评，他说我是实行军事管制。但厂领导和彭厚嵘处长支持我这样做，当年会计科就得了先进集体锦旗。

陈：军事管制？怎么讲？

高：我跟他的理念不一样的，我坚持我的理解。因为物的表现是货币，是价值。你不管物流，怎么能管财务？光在算空账，不监管使用物资的车间、摄制组、各区队基层的财务状况，那是不可能监管好产品成本的。这是管理企业的根本。当时我补充了许多会计人员，全科达到35人。就因为我这样做，我们的账是实账。任何人的活动，没有物做基础，是无法进行的，只要充分了解基层物流，就易于发现财务问题，修订合理的制度，这样的账才能比较准确地反映实际情况。为什么有人能贪污盗窃？制度有漏洞，财务监管形同虚设，账与事实相脱节，是大毛病。你叫我管会计科，就得这样做。

陈：您还做成本核算规程，主要内容是什么？

高：成本规程，就是要求每一部片子应该算成本。影片成本计算是困难的，因为每个摄制组、各个区队情况都不相同，我们的产品不同于一般工业生产。纪录片和故事片一样，由于内容各不相同，应该各算各的。但是在计算成本时，要异中求同，定出共同的会计科目。笼统地说，是计算每个产品即影片的经济价值；它所消耗的物质即生产资料的价值和劳动的报酬，以及每部影片生产过程中应负担间接的生产管理费用。我把原来“中电三厂”留下的老会计集中一起，加上一个刚从大学毕业的新生力量，让他们什么事情都不管，只管编订《电影厂的成本规程》。因为原来“中电三厂”不讲究影片成本，财务管理落后，反正是“肉烂在锅里”，就那么一大摊费用。这不利于从财务反映上考核各摄制组、各车间、各区队的管理状况，区分优劣、发现问题、改进全厂的管理工作。从这一意义上看，会计只是一个手段。我通过这两方面，即物流和影片成本的货币反映，监管全厂的财务活动，固定资产和流动资金的变化，通过会计核算，就一目了然。我还有什么事？基本就没有什么大事了。

陈：电影局财务主管为什么会反对呢？

高：他们听了我讲的这些方法，那位处长说我们是军事管制。我就问我的行政处长彭厚嵘同志，这个事到底干还是不干？他说别听他的，我们干我们的。他知道我这一套是对的，因为道理很明显、很科学。

陈：您从20世纪50年代中期就开始搞成本核算？

高：是的。“成本规程”一订好，我们就摸索着进行成本核算，管物、管钱与管车间同时进行。所以同那个供应科经常有矛盾，因为它必须报账，把物流反映到账上来。车间也这样，看似很啰嗦，实际则是监管的需要。我派会计到各单位去，就是干这事去的。

陈：成本规程，还遇到了哪些矛盾冲突？

高：矛盾冲突，主要就是认真负责与马马虎虎的工作态度问题、正规操作与非正规的随意性管理问题。电影制片成本，过去没有正规核算，它的成本也的确难算。因为拍电影是艺术创作活动，跟工业生产很不一样。后来我们参考许多书，发现跟造船工业差不多，因为造船的吨位、用途各不相同，要求也不同。比如说装油的船，跟旅游船，跟客货混装船，设计都不一样。所以造船的成本核算很复杂。

陈：拍电影更复杂吧？因为摄制组还要经常移动。

高：纪录片流动性更大、更复杂。

陈：这个怎么去解决呢？

高：“成本规程”里面有，现在我已经说不出来了。

陈：电影厂档案室里面肯定还有？

高：不知道有没有。当时就有油印的，当时还没有电脑，编完后就操作。因为我办了这些事，我去了才一年，汪洋给会计科发的锦旗上，还印了“学习苏联先进单位”字样。因为当时东北行政区翻译出版了很多苏联管理企业的经验和理论文章，我们参考了他们的一套。

陈：在实行过程当中，有困难吗？

高：困难是很多了。比如说跟一个代表团出国访问，这个成本怎么算？比如我们派摄影师苏河清到古巴去，这就很难算，因为他到那里去，都是古巴接待，到底他花什么钱？出差费多少？没法算。解放西藏，摄影师随军行动，路上还牺牲了一名助手，片名可能不是《解放西藏》①，情况非常特殊，那都很不好算的。

陈：像这种情况，最后的处理方式是什么？

高：那就是良心账了，只能凭他们自己来报，只能相信他们，因为人都在部队里，一面行军，一面打仗，还牺牲了关志俭同志。人在部队中，你也查不了，会计更派不进去，做不到。

陈：拍摄打仗，成本核算的难点是什么？

高：比如说剿匪，很长时间，你不了解情况，也没有会计，没法检查，再严密也做不到，这是比较困难的。矛盾比较大的，就是吴祖光，他对我很有意见，他在电影局的一次“反右”前的鸣放大会上批评我，说新影厂

---

① 可能是指《解放西藏大军行》，中央新闻纪录电影制片厂 1951 年出品，编导：晨烽，摄影：郝玉生、徐彬、任杰、李秉忠、徐来等。其中有昌都之战的影像记录。

高汉管着我们，要让编出一个摄制组的计划和预算是很没有道理的。我就不接受这种批评。

陈：吴祖光？他是说哪个组？

高：就是我们[①]代管北影厂时拍的梅兰芳舞台艺术的纪录片[②]，这个片子是他拍的，算是“北影”的任务，因为汪洋带着一批人到苏联学习去了，就由我们来代管。

陈：“新影”代管“北影”，因为“北影”业务骨干在苏联实习？

高：是这样，“北影”仅工人就有200多人，都在我们这里。骨干都去苏联了。原“北影”新闻处那一部分，独立为新影厂，主要是代管北影厂置景车间。

陈：所以吴祖光那个组也归你管了？

高：当时新影厂的厂长高戈兼管北影厂，所以我们也要完成北影厂的任务。既然它还有人在，又有任务，让吴祖光来拍梅兰芳舞台生涯，那么就归我们管他。那我当然就要按摄制组的规划、预算开支，不能不计成本，想怎么拍就怎么拍。

陈：主要矛盾是在哪里？

高：他说我给他批的那个计划，预算资金管理太紧，不能由他想怎么办就怎么办。计划预算都由他们自己来编，我当然要按你这个计划预算监管。

陈：这个计划是谁造的？

高：他们摄制组自己造的。

陈：摄制组造计划，您按摄制计划去管理，不是天经地义的事吗？

高：梅兰芳演戏、化装，一会儿要这样，一会儿那样，舞台跟电影是两种不同的表现方式，变化是会很多的。不能管得太紧也有道理，但导演也不该是老大，你自己报了计划是这样，又想不按计划自由作为，那当然不行。

陈：您当时知道吴祖光导演对您有意见吗？

高：我知道，他在“鸣放”中提意见涉及我。

陈：“鸣放”之前，在拍摄过程当中，您知道他有意见吗？

高：我不知道，他也不来跟我说。也许跟别人说了，没人告诉我。后

---

① 我们，是指新成立的中央新闻纪录电影制片厂，独立前是北京电影制片厂新闻处。

② 指的是《梅兰芳的舞台艺术》（京剧，上下集，上集1955年出品，下集1956年出品），北京电影制片厂摄制，导演：吴祖光，总摄影：吴蔚云，摄影：王德成、张沼滨，录音：王绍曾。

来“鸣放”的时候我才知道。我觉得这个意见提得没道理，计划是你自己报的。

陈：他报计划，希望留点弹性空间，您把这空间全压掉了？

高：基本没有弹性空间。如果你做了计划，又不按计划做，那就无所谓计划，也无从管理，是放任自流。一组如此，全厂如此，那可以吗？对我来讲，这是不可以的，是失控状态。

陈：别的摄制组呢？是不是也存在类似的问题和意见？

高：不存在这样的问题，因为新闻纪录电影，当时成本核算刚开始搞，我们也在摸索中，到底怎样算合适，这必定是困难的，它是新事物，过去没有这经验。但是《梅兰芳舞台艺术》是在摄影棚里拍的，与一般新闻片不同，完全是可控的。不能因为吴祖光名声大，资格老，就允许他超出自己的计划行事。吴祖光后来成了“右派”，当时我不知道因为什么，当然那一定是另有原因的，与批评我不相干。

哥俩著文批评梁思成

1946年，高汉父母、大哥陈干与外甥女合影

高：当时我把成本核算、物资管理等几个大事基本搞完以后，就只有日常琐事了。这时候我就开始感到闲得慌，很难受。我这个人闲不住，一闲我就得找事干。这个时期，我遇到了一个新问题，就是我大哥在工作上跟梁思成的指导思想矛盾比较尖锐。上次我已经说过，开国大典前，他负责设计天安门城楼装修工程和天安门广场中间升新国旗的旗杆及台座，遇到诸多问题。他经常对我讲，梁先生指示“故宫的一砖一瓦、一草一木都不许动”。但是长安街东西三座门挡住游行队伍的队形，特别是阅兵时骑兵和坦克部队不能顺畅整齐通过而不得不分流，严重影响会场气氛，是我亲眼所见的。东西四牌楼和地安门那儿，往往发生汽车撞死拉三轮的，因为彼此看不见，被牌楼挡住视线。这种消息时见报端。原来北海大门前头，也有几座用琉璃瓦搭建的门，在那里也经常出问题。因为去北海的人很多，车也多。我大哥这时已调到北京市委办公厅城市规划小组，研究北京市总体规划去了。

陈：北京市规划局？

高：那是1957年的事，1953年他被调去市委工作，研究北京城市总体规划。后来他又回到了北京城市建设委员会工作。

陈：这跟梁思成先生有什么关系？

高：梁思成是北京城市建设委员会副主任，主任是彭真。

陈：梁思成是副主任，建筑规划方面，就是梁思成说了算？

高：他是这方面专家，被奉为权威，什么问题不通过他不行。他一言既出，影响巨大，主宰舆论。凡涉及北京市扩街、拆屋等问题，把已经进驻北京的机关搬迁，当时都是很大的难题。他的意思是，北京旧城不能动，主张到五棵松一带去建设新的行政中心，与旧北京分开，这使北京的市政建设非常苦恼。

陈：都市建设委员会主任不是彭真吗？

高：但是权威的思想影响很大。有一部分专家主张行政中心放在天安门两侧的长安街边上，可是他与一位海归建筑专家[①] 坚持要把它搬出旧北京城，新旧分开。旧城保持原样，建成世界帝都博物馆。我大哥属于前者，因此他思想上、工作上非常苦恼。因为他搞的是北京城市总体规划。有一段时间北京市吸收了一些苏联专家参加研究，由郑天翔领头，郑天翔是北京市第四书记，老干部，后来是最高法院院长。陈干[②] 后来回到北京市都市规划委员会，任总图组负责人。他在那一段工作中感觉到建筑思想问题相当混乱，常找我聊这些事。我就问他一个问题：你敢不敢跟梁思成干一仗？[③] 起来批评这位权威？他说这些问题实在叫人难受，为什么不敢？做一次商榷总是可以的！这样，他就把这些材料都整理起来了。

陈：您当时了解梁思成的身份、地位和影响吗？

高：我了解。我哥哥原来是在之江大学教书，他看我和二哥都在北京，1949 年他也到北京来了。北京当时非常需要知识分子，尤其是搞工程科学技术的，他们四个同学一道来，他最初被分到市府建设局企划处。

陈：您哥哥的大名是什么？

高：陈干。

陈：这么简单的名字？

高：他就这么一个名字。先当助理工程师，可是所做的都是大事。关于文章他先整出一份初稿给我。我在下班后上国立图书馆，补充这方面的知识，虽然他经常跟我讲，也知道了不少，可是补充还是必要的。我到那里看书到晚上 10 点，图书馆关门再回家吃晚饭。那时国立图书馆还在文

---

① 指陈占祥（1916—2001），城市规划师，1943 年英国利物浦大学建筑学院建筑系毕业，获都市规划硕士学位。1950 年担任北京市都市计划委员会企划处处长，1950 年他和梁思成提出建设北京的《关于中央人民政府行政中心区位置的建议》，史称“梁陈方案”，包含了当时世界上最先进的城市发展理念，是一个全面的、系统的城市规划设计建设书。

② 陈干即口述人的大哥。

③ 采访时，受访人的原话如此。审稿时，口述人将这句话改为“咱俩跟这位教授商榷一下怎么样？”意思虽然差不多，但口气、个性、时代氛围则完全变了。编者打电话与口述人商量，能否将这句话——“干一仗”本就是当年的原话——恢复成原来的样子？经口述人同意，恢复了。其他的例子，不再专门注释。

津衔。当时天气很热，我家是两间四合院北房，北边没有窗户，非常热。我写东西时，把大澡盆放在足下，装满水，头上、肩膀上、大腿上，拿三四条湿毛巾搭在上面。因为那时没有空调，室内闷热，你又非干活不可，这怎么办？只能如此。合作完成一篇论文，与梁思成先生商榷他提出的建筑艺术中的社会主义现实主义和民族遗产的学习与运用的问题。[①] 我们的文章发表在1954年第16期《文艺报》上，那时，在批《武训传》风气影响下，"左"的倾向在文艺界相当重。但我们觉得自己这样做是应该的。我们批他的基调主要是说，他讲建筑要搞民族形式，如果不懂得"法式"的话，你是搞不了的。这"法式"是什么东西呢？是宋朝神宗年间，当时工部将作监，就是管土木工程的李诫编的一部称《营造法式》的书，他用了30年时间。这个"法式"就是由《营造法式》提出来的。梁思成这个论点，就捆住了我们建筑工程师的手脚。他说你必须懂那个法式，才能设计现代的民族形式。他自己画了草图，民族形式是什么样？等于把前门箭楼给它拉长了，上面大屋顶，底下是拉长身子的楼房。北京中央民族大学，就是他的作品，大屋顶。造一个大屋顶大概相当于一层楼的造价。20世纪50年代初期，国家哪有这么多钱来搞大屋顶？那是很难的。

陈：为什么不按梁思成的建议，去五棵松那边建北京新城呢？

高：这个问题我要讲的。我先把这个文章[②] 讲完，他提出要按这个"法式"搞，不然就造不出民族形式的房子，而中国必须搞民族形式的房子。所以我们就说他是复古主义立场，方法是"唯法式论"。我们的论点是，中国的民族，汉族固然为主，还有55个兄弟民族，这许多兄弟民族都有各自的文化元素在，怎么可以只说汉族的大屋顶是民族形式？那人家藏、羌、苗……就不能有各自的民族形式？我们还讲，希腊那种建筑形式是从生活的环境里面来的，是爱琴海文化。海浪的装饰纹样是由环境产生出来，然后有了希腊神庙那种建筑形式。这都是有它的客观根据的。中国古建筑为什么用大屋顶？因为它的窗户当时没有玻璃，是纸张糊的，雨要把纸打烂就不行了，所以要用大屋顶把雨挡到外头，这样才可以保护下面的窗户纸，可以采光、可以取暖，这都是有生活根据的。你不能说这一来就永远得这么样，不能随着时代的现代化发展而发展了。所以我们认为，搞社会主义建设，有社会主义的文化，会创造出很多新的东西，不能死守在复古

---

① 是指梁思成的《建筑艺术中社会主义现实主义和民族遗产的学习与运用的问题》中谈到的内容，该文载于《新建设》1954年第2期，后有《工程建设》杂志转载。

② 文章是指陈干、高汉的《〈建筑艺术中社会主义现实主义和民族遗产的学习与运用的问题〉的商榷》一文，载于《文艺报》1956年第16期。

和法式上。我们写的这篇文章，大意就是这样。

陈： 主张因地制宜、因时制宜，要有各民族多元风格？

高： 就是如此，文化要多元化，有包容性，因为民族不是只你一家。文章写好了以后，我们哥俩署名，送到《文艺报》去了。在文艺界，我们也没有什么背景，也没人来组稿，我们就邮寄投稿。我们觉得，梁先生讲社会主义现实主义，那么就该归《文艺报》管。我们也不认识里面什么人，寄去后，我们也不知道它到底会怎么样。大概一个月时间，他们给我们来信说，文章原稿退回，但是要发表。周扬同志批了意见，建议把"民族形式"这单独一节去掉，内容可以保留。后来我们才知道，当时《文艺报》的人没法决定，因为梁思成名声太大。就送给江丰看，他当时是中央美院院长。他也不敢做主，就把这文章送到中宣部去了，周扬是常务副部长，他就批了，可以发表，只说把民族形式作为单独一节不妥，因为民族形式问题太复杂。他们退稿，要我们自己修改，改后文长 16000 字，就发表了。这是在蓝翎、李希凡批《红楼梦》之前。①

陈： 都是年轻的小人物向大权威挑战？

高： 当时我 28 岁，陈干 34 岁。也不知道后果会怎么样，反正我们觉得，谁讲得不对，我们就跟他讲理。结果文章一发表，在整个建筑界引起轩然大波。有些话很厉害，现在回过头来看，我觉得有一些"左"的味道，那是不好的。多年后我问我大哥，这文章咱们修改不修改？他说基本观点没错，不要修改。

陈： 您是说修改什么文章？

高： 就是《文艺报》上发表的第一篇文章。他去世以后，他最后的工作单位北京市城市规划设计研究院要给他出一本书，我花两年时间把它编成，题名《京华待思录》，由郑天翔同志作序。包括我与他合作的三篇文章。这本书收录了他一生写的文章和关于上海、西安、南京等城市规划的意见。这本书编好后，送到（中国）建设出版社出版。他们说了一句话，如果你把批梁思成的（文章）去掉，我们就出版；不去掉那一部分，我们就不出版。研究院就说，你不出版算了，我自己出版，就把书给出版了。《京华待思录》的名称，是我给它取的，书出版时，他已经去世了。

陈： 您现在对这个文章怎么看？除了有一些"左"的语言，其他呢？

---

① "批《红楼梦》"，是指李希凡、蓝翎批评大学者俞平伯的"《红楼梦》研究"的文章，即《关于〈红楼梦简论〉及其他》，载于《文史哲》1954 年第 9 期，毛泽东发现这篇文章后写了《关于〈红楼梦〉研究问题的信》，称赞"两个小人物"，使得《红楼梦》的研究变成了意识形态问题，进而引发一场全国性的政治思想运动。

高：有一些“左”的语言。对于梁思成这样一位学者，不应该用这种口吻说话。商榷是应该的，观点也没有问题，口气和谐一点可能更好些。

陈：您哥俩当年不是批判的意思？

高：那就是批判。不过现在我是83岁[①]，那时候只有28岁，这中间距离太长了，这就是历史。我自己应该反思的是那整个年代的事，这在当时不可能认识到。1953年、1954年，我把会计科的问题搞定以后，我就干论战的事了。因为会计科的工作我无非签字、盖章，看看账目报表，就没有什么太具体的事情要做了。这个时候选我当党委宣教委员，我要管全厂的政治学习和职工文化补习学校，业余时间主要都来写这些文章。第二篇文章是评梁思成对祖国建筑的看法。[②] 还有一篇文章是应该怎样认识“法式”[③]，这个题目实际上是彭真同志出的，陈干有一次告诉我，彭真同志讲到批梁的事时指出，不把“法式”问题搞清楚，他的问题是不能彻底解决的。

陈：谈“法式”？这应该非常专业了？

高：是非常专业。那时候我在国立图书馆把宋朝那部《会要》——200多本，有的字比芝麻稍大一点——一本一本都看了。把宋朝造房子的事大体上搞清楚了。这个时候我大哥管不了写文章的事。他被调到北京市都市规划委员会当总图组组长去了，定了《法式的本质和梁思成的错误认识》这个题目和大纲，他就不管了。“法式”实际上主要是建筑工程管理规程。

陈：操作规范或者技术标准？

高：就是这类东西，不能拿来用于现代，那是宋朝社会的需要，不是今天社会主义中国需要的东西，基本就是如此。从此以后，听说清华大学建筑系原来的“法式”这门课取消了。我也没有必要去调查他们还讲不讲这门课。这件事，第一篇文章的影响最大。现在到北海大桥可以看到，国防部那一片建筑群，在北海西面，其建筑形式分两类，一类是平顶的，一类是大屋顶。大屋顶的就是按原设计盖的，这篇文章一出来，就把后建的大屋顶取消了，变成平顶。现在去看，非常明显。这只是举例。

陈：那样可以省很多的建筑材料和经费？

高：比如做一个斗栱，不能拿木头做，没有那么多的木头。拿水泥做，

---

① 高汉先生生于1926年，2009年采访时，83岁。

② 是指陈干、高汉的《论梁思成关于祖国建筑的基本认识》一文，载于《建筑学报》1955年第1期。

③ 是指陈干、高汉的《论“法式”的本质和梁思成对“法式”的错误认识》一文，载于《新建设》1955年第12期。

一个水泥斗栱的重量是300多公斤，一个大屋顶要挂很多斗栱，上面挂多少，底下的地基就要增加多少承载量。那个钱和物资的消耗是相当惊人的。你要搞民族形式的大屋顶，它必须用斗栱。

陈：新中国经济上确实很紧，是吧？

高：他们告诉我，一个大屋顶（的造价），就是一层楼的价钱。不用大屋顶，就可多盖一层楼。当时没有那么大的经济力量，就是在现在也要考虑节约实用。那时，我干了这么一点事，都是业余的。《光明日报》还有《新建设》，就把有关（建筑方面的）文章送来叫我审稿。我就一面做我的工作，一面帮他们审稿，每审一个稿，写几条意见，寄来十块钱作为酬劳。我业余经常干这事。

陈：当时《新建设》和《光明日报》有专家审稿制，是吧？

高：反正我接触到的是这样的。现在有没有，不知道。当时，讨论建筑的（文章）比较多，经常送稿子来。

陈：十块钱，那时候很厉害了吧？

高：我们月工资，一般职工不过几十块钱。

陈：您的工资后来涨到多少钱？

高：1956年评级，我是行政14级，13级就是局长了。我是处长的最高一级。在1956年，我们厂里大概评了五个人是14级，有的是党委副书记，有的是科长，有的是工会主席。

陈：行政14级，月工资是多少？

高：当时好像是140元。后来国家觉得负担不起，普遍下调各级的金额，就把那140元又下调了多少，问我们有什么意见。我说这有什么意见！我对这种事从来不计较。

陈：后来变成每月138元？

高：可能是138，你怎么知道这个事？"反右"以后，要整改，群众提意见说，这14级，只有高汉一个配，其他都不配。

陈：为什么这么说？

高：那谁知道他们为什么提这个意见？把他们都给降了一级，调到15级了，14级光剩我一个人。

陈：龚琏的职务比您高，她是党委副书记啊？

高：我是党委委员，她（职务）一向比我高。

陈：但她工资反而比您低一级？

高：后来过了一段时间，她又升回来了。当时"中电三厂"的那个老地下党领导——地下党的负责人——也是跟我一级，也是降下来了，5个人降了4个。可是我这个级别，维持了四分之一个世纪，25年，再上，上不去了。反正我对这事也无所谓，也不考虑它。

陈：您还有稿费收入，是吧？

高：我稿费很多。多到可以买红木古董家具。那段时间是这个情况。

陈：您哥俩与梁思成论争，要补充什么吗？

高：就是他们提议要到五棵松盖新北京城行政中心，这个问题，我们的意见是，开国大典在哪里举行，就已经一锤定音了，开国大典在天安门广场召开，那中央就在北京旧城内，要不然就不会在这里举行开国大典了。①

陈：您说对梁思成的意见……

高：就是说，开国大典在这里举行，五四运动在这里爆发，李大钊也在天安门前演讲，我们"反饥饿，反内战"的运动也在天安门游行，所有这些事情，都在北京旧城发生，历史早已决定了：新中国中央就在北京城。当时我了解的情况，包括当兵的（都说），为什么我们中央不能在北京？历史是自有其逻辑的，它并不以个人意愿转移，历史一向如此。

陈：搬到五棵松，也是北京啊！？

高：当时五棵松，不像现在已经在市区之内。那时候北京城内还有很多荒地，在天安门附近就有许多。你想，空着它们不利用干什么？党中央只能在中南海，已经在装修了，不可能离开。（人民）英雄纪念碑为什么定在那个地方？升新中国国旗的旗杆为什么立在那里？那都是头等重大的历史。所以我们俩认为，打算搬到五棵松的观念是不符合历史与现实的空想。当时五棵松一带都是乱葬岗、麦田，是很荒凉的地方。当时要在五棵松建设行政中心，要修路、铺管道、通电、通自来水，修地下水道，还有一整套生活设施，那时候怎么可能？南方还在打仗，接着又抗美援朝。历史和现实条件都否定了在五棵松建设行政中心的空中楼阁，哪怕你的规划设计有多么精美先进。任何美妙设想都要经得起历史和现实的检验，所以五棵松计划只能留作空想家的悲叹。谁听呢？没有人！因为不可操作。

我跟梁思成争论，新影厂厂长高戈最清楚。因为他原是中宣部办公厅主任，经常有人给他送文件《情况动态》来。里面反映了清华建筑系很多教师学生对此事愤愤不平，要为梁思成出气，要弄这、弄那，梁思成是他们的系主任。②

陈：清华学生要站起来替老师出气，要跟您哥俩打笔战？

---

① 以下有一段是说 1949 年 10 月 1 日开国大典是上午 10 点还是下午 3 点举行的问答，与所说主题没有直接关联，编者尊重口述人的意见，予以删除。

② 这一段话及下面的对话是后面的采访中说的，编纂时调整至此。

高：我们当时也准备了，他们要来，我们就应战。后来这事平息了，因为梁思成住院了。听说他跟金岳霖两个人关门研究我们的第一篇文章两个月时间，研究之后，不说什么话。后来他就进城就医了。现在有个叫窦忠如的，写了一本《梁思成传》，指我们是“两个建筑门外汉”，说我们的文章被周扬批评为不懂美学的胡说。他奇怪梁思成先生为什么不作出“反诘”。其实作者太年轻，根本不了解当时社会背景，也不了解我们俩是什么人，更不了解周扬那话是对北京市后来组织人马批梁而说的。他根本不知道我们的文章是周扬建议修改后由《文艺报》发表的。不知者不罪，对此我泰然处之。至于“门外汉”，我承认，我的确不搞建筑，我只是一个普通人叫高汉而已。

陈：金岳霖教授是哲学家，他懂建筑吗？

高：是逻辑学专家，清华教授，学问很大的，是梁思成、林徽因教授的好友加同事。

陈：您怎么知道他们俩研究这个呢？

高：是从高戈厂长给我看的《情况动态》中看到的。

谈新影厂的日常工作

陈：1953 年底，电影局发布了一个关于电影企业供应核算制度、权限责任、业务范围及财务关系的补充通知，规定新影厂在 1954 年改为中影公司收购，这是什么情况？

高：当时就是这样的，我们片子出来，全部卖给发行公司，由它替我们发行。那时发行公司还在西交民巷。可是后来我感觉，这个事情不对。在我当北影厂副厂长后，曾经为此在厂长会议上提意见。

陈：那是 20 世纪 80 年代，现在讲的是 1954 年新影厂的片子由电影局购买通知改为中影公司发行，这是怎么回事呢？

高：这么做，是为了把电影局完全归入国家机关，管理电影事业，这是应该的，性质决定。这样就把发行工作集中在一个单位，那就是中影公司。“文化大革命”后还是这么做，我就提意见了。为这件事，我跟（电影局）副局长胡其明在厂长会上还吵了一架，当时他主持厂长会议。我一说这个问题要改革，他就老插话，我就跟他急，你让不让我说话？你不让我说话，我就走了，不参加会了；你要让我说话，就别插嘴。我对他很不客气。我这人向来是这样，不管你（多大的官），你没道理，我就要讲话。你既然要改革，要搞电影厂，就应按企业搞改革开放，宣传发行由它自己搞，不能通过另一个发行公司来垄断发行。钱不能叫别人赚，由我企业自己赚，亏也是我自己亏。企业是一个法人。

陈：为什么不能企业跟企业联合，大家共赢呢？您觉得不可能共赢吗？

高：共赢有可能，那就是影片的价格和票房的分成问题，不能统一计价，按统购统销办法，你定多少钱一部，就付多少钱一部。

陈：但亏本的东西，他也兜着，是吧？

高：那也兜着。是统购统销的计划经济。

陈：如果厂里发行，要是亏本的东西，不也亏本？

高：那没关系，我认亏啊！可是能赚的归我，赚多少都是我的。我当时就要谈自负盈亏问题，所以我提出要自己搞院线，我得有自己的发行渠道，不能死活都由别人来掌握。关于这个事，我专门写了一篇文章，结果电影局的领导非常紧张。陈播还在电影局，他说这个问题要慎重；还有季洪、胡其明等同志，也批了意见，同样不敢发这篇文章。石方禹局长比较看好，他就决定把这篇文章发表了。

陈：您的文章发在哪里？

高：是电影局出的那本刊物，是那位“老摇头”的主编。

陈：李文斌主编的《电影通讯》？

高：对，就是李文斌办的那个刊物。

陈：您的主要观点是什么？就是电影厂应该自主经营？

高：为这事，我跟中影公司经理吵过，不是胡健，是起先那一位。

陈：起先是洪臧、丁达明，您跟他们吵过？

高：胡健当时的意思，就是我们不要吵了。这么吵没什么意思，因为它是当时的体制规定的。这个话也对，但是这个矛盾应该把它暴露出来。当时我要在“北影”沿街空地上盖大楼，文化部不让我盖……[1]

陈：这个后面再说，咱们说回20世纪50年代——

高：1954年《文艺报》发表我们的文章后，厂长高戈就把我调离会计科，让我到厂长室当办公室副主任，但没有主任，跟他一个屋办公。他对我很信任，他所有的事情都是我帮他料理。这件事情让厂里（其他）领导很不安，有的同志看不惯，怎么让我坐到高戈屋里？不久又把我放到计划科当科长去了。那里原有一个副科长，计划科的人很少。

陈：计划科的职能是什么？

高：就像国家计委似的，管全厂的规划，主要是管摄制组的计划。原来是由会计科审查的，现在把它分到计划科来了。还有做全厂规划报告给电影局。我大概在那里干了两年，这两年我主要是做党委宣教委员的工作，计划科这种事用不着我管，因为有几个从会计科调来的老会计就足以应付。

陈：党委宣教委员的工作，主要包括哪些？

高：我把扫盲完成后，接着办一个文化补习学校，要把那些识字的职工从初中文化水平培养到高中水平，让厂里已经扫过盲的这些人都能自己继续学习。还有就是组织全厂的政治学习，我在食堂给200多人讲《计划经济读本》，有政治，也有经济。这读本是上面发下来的。每星期有半天时间学习。我还到高级党校请教授来厂里做报告，这都是我的事，与计划科无关，相当于一个半脱产的政工干部。

陈：当时请中央党校名家做报告，付演讲费吗？

高：请他吃顿饭，喝点酒，就完了。那时没有什么钱不钱的，不是现

① 此处删除了一小段，因为后面会提及，内容相同。

在这一套。哲学系孙定国主任是我厂吴本立的老师，我找吴本立一道去请他，用车把他接来，（讲完课）吃饭就到食堂叫几个菜，陪他喝杯酒，送他回家就好了。

陈：您办速成学校，校舍、教师、资金怎么操作？

高：教师到社会上找，或由谁来介绍，这人能不能教书？我一看他填的履历，就可以确定。钱由行政上付，地方很好找——人多上食堂，人少在车间里，因为都在业余时间内，与工作不矛盾。

陈：业余初中、高中的老师，担负数理化各个科目？

高：对。不过与正规学校不一样，是结合实际业务的。毕竟它是业余学校，这种老师要付钱的，列入我们业余学校的工资。

陈：业余学校这笔经费是从何而来？是党委的宣传费？

高：单列一个单位，就是业余学校，文化普及当时是政治任务。其中有一个教数理化的人叫李汉军，后来他那些学生培养完了，就到我们摄影队搞摄影去了。他觉得这个地方挺好，愿意来参加这个工作，后来当上摄影师了。有的人就走了，回归社会。

陈：上初中和高中业余学校的人，主体是工人吗？有摄影师吗？

高：没有，摄影师都是训练班出来的，有的后来又到电影学院去补课。

陈：摄影师要上学，都由电影学院办班？

高：专业课由电影学院培训。我们业余学校培养的都是一般职工，大部分都是水暖车间、制景车间、洗印车间、修配车间的员工，那些文化不高的人。

陈：这是件有功德的事情。

陈：新影厂成立初期，有两部故事片的任务，但从来没有完成过，那是怎么回事？

高：完成过，吴祖光拍的那两部舞台艺术纪录片就是。

陈：《梅兰芳的舞台艺术》？那是纪录片啊。

高：叫舞台纪录片，顶的就是故事片的任务。

陈：顶故事片的任务？我看到当时电影局的文件，说新影厂一年可以拍两部故事片，但是从来没拍过？

高：吴祖光拍的就是。另一部叫《荒山泪》①，程砚秋的舞台艺术，都是那个时期拍的。

---

①《荒山泪》，京剧，北京电影制片厂 1956 年摄制，编导：吴祖光，副导演：岑范，摄影：张沼滨，录音：王绍曾，主演：程砚秋等。

陈：也是舞台纪录片顶故事片？

高：是我们完成的任务，是电影局同意的。因为当时梅兰芳、程砚秋他们都老了，如果我们不拍，那么这样的一代名伶的资料就都没有了。

陈：这两部片子肯定是有功德的事。我想问的是：新影厂从北影厂分离出去，它可以不拍故事片，为什么新影厂自己说要拍两部故事片？

高：这是电影局当时的规定。北京电影制片厂这牌子挂在我们这里，它的大批职工由我们管着，有几个摄影棚得利用起来。高戈兼管“北影”，他负有责任，所以必须负担两部。

陈：是说的“北影”的主力在苏联学习期间？

高：是。就拍两部。要不然这帮人干什么？置景工人干什么？他们对我们的纪录片也有点用，但没有大用。

陈：1954年，新影厂高戈和钱筱璋联名给电影局长打报告，要抽调干部到苏联去学习，其中包括厂里的管理干部，您了解吗？

高：了解。点名两人，一个是我，一个是沈容，沈容是新华社负责人李普的爱人，是高戈把沈容调来的。高戈原是新华社东北分社社长，又是新影厂第一任厂长，他从新华社调来一批记者。

陈：高戈不是从中宣部调来的？

高：他先是在东北当新华社分社社长，后调到中宣部当办公厅主任，又由办公厅主任到我们厂搞“三反”运动，完了就留在这里了。他跟新华社非常熟悉，所以他调了一批人，不光是沈容，调了一拨人，不是记者就是编辑，懂新闻的，水平都比较高，充实了我们队伍的力量。沈容好像是中央大学的，当时电影局就点了我们二人上苏联学习去。

陈：结果是什么呢？

高：当时我是党委委员，要开会讨论。当时出国学习很少见，副书记龚琏就问高戈，高汉要不要避嫌疑？因为讨论到我，意思是不必参加讨论。

陈：您是党委委员，应该参加会议。

高：她说的就是这个意思。高戈说不用避，因为他心里早有谱，他就说，沈容和高汉大学都念过了，算了吧！找别人去。

陈：两个人念过大学了，就不能出国学习了？

高：一个北大的，一个中央大学的，大学都念过了，所以就算了。叫别人去可以多培养一些人。我当时对这问题根本无所谓，我不在乎这个，沈容她当时不是党委委员，人不在，就这么决定了。

陈：后来就换人了？

高：换了。叫晨烽去，老东影过来的。他去补习俄文，否则去也没有用，在补习期间，他正在恋爱，十分热烈，结果预习没考上。

陈：还要考试？去哪儿考？

高：最后决定出国的人，要先培训一年，要考试预习成绩。他没考过线，不能去。又换了一个王迪，王迪顶了晨烽那位置。就叫王迪去补习一年，他考过线了，所以他去了苏联。他去了以后，就不搞纪录片了，搞故事片。写了《红军之花》的本子。

陈：王迪老师去苏联之前，他就是“新影”的人？

高：“新影”的编辑。我拍的《戈壁滩上的石油工人》，就是由他编的。

陈：那时候他与电影学校没有关系？

高：毫无关系。他是当时电影学校的副院长钟敬之从上海电影制片厂带到北京来的。钟敬之带了两个人，一个是王迪，一个是王迪夫人。这两人到北京后，没有进电影学校，而是留在了“新影”，那是新中国成立初期的事。钟敬之同志到电影学校去了，他夫人高维进留在“新影”。王迪跟他夫人刘玉英，也留在“新影”。

陈：在 1954 年，新影厂有一个新闻纪录片奖励办法和考绩评奖办法，获得文化部批准，第二年就评了几个奖，这事您还有记忆吗？您参与评选了吗？

高：这事我清楚。制定这个制度要掏钱，新影厂搞制度，少不了我，因为钱筱璋喜欢找我定制度。

陈：因为您是党委宣传委员？还是因为您曾主管财会？

高：跟财务有关系。反正他搞这类东西，总要找我参加。这个主意是他们访问苏联的成果之一。

陈：您说评奖、考绩两个办法，是您参与制订的？

高：是我参与制定的，当然是跟总编辑部一起，业务是他们的，要用钱就须我们合作定制度。有苏联的蓝本，标准要按我们厂的实际来定，不能按苏联的，再报电影局批准。当时在厂里有不平，搞创作的评奖，为什么搞别的就没有评奖？

陈：会计等那些工作人员，没有得奖机会？

高：我们当时就说，创作是主要的，说服大伙不要跟他们争。这个大家可以理解，在电影厂，搞创作的是天之骄子。这样就搞好了，执行了，谁拍片子，评等级，按等级付奖金，摄影师、导演都有份。

陈：给摄影师、导演付钱，都有详细的规定？

高：都有标准，有详细的规定，是比较完善的奖励制度。

陈：不是奖给具体节目，比如 1954 年新年联欢会的纪录片，不是奖给这个摄制组，而是专门给编导设立的？

高：它分得很清楚，主要是看被评为哪一级。

陈：当时最多的奖金是多少？您还记得吗？

高：不记得了。有文字可查。大概执行了一年多，不到两年，王阑西来当电影局局长，把我找到电影局开会——当然很多人参加。他说这不能执行了，我们不搞物质刺激，要搞政治挂帅，提高思想觉悟，当时我听了觉得很遗憾，因为这个制度还是有一定的鼓励作用，能促进拍出好片子来。他就这样给停了。

陈：新影厂评过几届？一届还是两届？

高：评过好几届。

陈：政策是12月份定的，肯定是1955年开始评的，因为第一届有1954年的“五一”节（联欢会纪录片），肯定是1955年评1954年的作品。

高：那可能就是那个时期，搞了一年多就停了。那时候群众也好说服，一般人看到编导们评不到奖很高兴，大家都一样了。干部也好说服，说咱们还是突出政治吧。

陈：当时评奖，是厂里成立一个评奖委员会？

高：由厂长、总编辑他们这些人组成，这种事我不参加，那都是搞创作他们的事。

陈：但您是党委宣传委员呢？

高：宣传委员也不管这事，我管政治学习，管全厂的政治教育、文化教育。

陈：哪部片子因为什么被评上奖，您不太清楚？

高：我记不清楚他们怎么评的。我反正说，你评出什么，我按定的标准付钱。

陈：您印象中，奖金多吗？

高：也不少。比一般人（工资）收入高得多，尤其是搞好片子的那些人。

陈：插问两个问题，新影厂的摄影师王德成，您还记得吗？

高：我知道，是一个混血儿。

陈：新影厂那时候有日本工作人员吗？

高：应该说是北影厂，（北影厂）有的，有搞照相的，有搞录音的。我们接管以后，很快就把他们处理了，只留下左山一个人。

陈：处理了？

高：就叫他们回日本去了。尤其在洗印这个部门，因为他们接触底片，不能让他们留在那里。我们有一段影片丢了，这是一个大案子，到现在也没查清楚。

陈：什么时候的事？

高：好像是《开国大典》前毛主席到北京[①]，中间有一段底片丢了。

陈：是 1949 年或 1950 年，丢过一次底片？

高：新中国成立初期的时候，这是北京电影制片厂的一个大案，洗印车间的底片找不到了。

陈：是唯一的底片吗？

高：是底片，可不就是唯一的？当时一方面在接管，当然比较乱；一方面人员复杂，还未清理清楚，审干、处理反革命这些事都没有弄。

陈：所以您没有跟日本技术人员打交道，他们的情况不太了解？

高：我知道他们在那里，有一些什么人。但我不管人事，情况不了解。

陈：王阑西局长后来又当文化部副部长，您对他印象如何？

高：对他的第一印象，就是刚才说的，不搞奖励，我觉得这个有点不好。就是物质鼓励没有了。对此我和他持不同意见，我觉得鼓励是应该的，搞得好，应该多劳多得。第二个印象，有一次，我到文化部开会，中午到文化部对面一家小饭馆吃饭，看到他也在那里，但他把帽檐压得很低，遮挡住了眼睛，让人觉得很不正常。

陈：为什么把帽檐压得很低？

高：显然不愿意让人看见，也不愿意招呼熟人。其实文化部自己也有食堂，他偏去下小馆。

陈：为什么不愿意让人看见？

高：听说他那时候正挨批。那时候把电影局改为总局，好像要管全国的电影业，详情我不太清楚。反正我看他不像要取消物质奖励时那么神气。再一个印象，"文化大革命"以后，我到文化部去搞专案审查，那时他换了一个秘书，这秘书原是新影厂的，叫尤毅，是我的老同事。有一天他跑到文化部理论政策研究室，找我说，王部长发现电影界居然有你这么一个人。

陈：我没听懂，那是什么意思？

高：他原来好像不知道电影厂有我这么个人，大概后来突然听说我因为"红线"问题蹲了七八年监狱。尤毅对我说，他说要接见我。我当时想，接见我是什么意思？说完尤毅就走了，以后再没什么下文了。

陈：我还没有完全听明白。

高：他叫秘书尤毅找到我，说他发现电影界居然有我这么一个人。他

---

① 毛主席到北京，指的是纪录片《毛主席朱总司令莅平阅兵》，北京电影制片厂 1949 年出品。这部影片的一部分镜头的底片曾出现在香港，是当时北影厂的一个大案。

要接见我，觉得他好像要想认识认识我。可是说过就完了，他也没有找我，我也不拿他的话当回事，更不会为此去问尤毅。

陈：我记得您说过，高戈要写什么文章，您还给他写过？

高：有一本刊物，叫《人民中国》，约他写文章。他叫秘书记，他讲，搞了好一段时间，也没有搞好，后来他说不搞了，叫高汉写去，结果我就替他写了。

陈：这是您职务以外的事情吧？

高：当然，那时到计划科工作去了，已不在厂长办公室。文章在《人民中国》发表后，他这个人很有意思，跟我说："我出名、你得利"。

陈：就是文章你写，他署名，稿费您拿？

高：是这样。这个关系，还一直到他被调到北京市委当文教部长。有一部重要纪录片要在北京开首映式，我请他到仪式上讲话，他说："我们还是按老规矩，你写稿，我讲话，稿费归你！"他的讲话报上发表了，他真的把稿费转给我。

陈：《人民中国》文章是什么内容，您还记得吗？

高：好像是关于现实主义问题的，我记不清了。大概在1955年或1956年《人民中国》杂志上可以找到这文章。这种事我觉得是应该的。他忙不过来，或者他感觉不好弄，我来替他做一下，我认为无所谓。

陈：这个当然也是中国惯例，而且他处理得也挺好？

高：我觉得非常好。是君子之交。可是有的人就不是这样。有人给我送钱来，我都不知道这是什么钱？这个人我就不说了。我做过很多这类事，写总结、搞报告，常有。后来这东西发表了，他就给我送钱来，问他这怎么回事？他说那文章在电影局发表了，稿费30元，你我各15元，也有这样的情况。这事在我看来，这15元反而显得那人特别没劲。人是不能比较的，我佩服高戈同志的为人。

陈：文化部决定从1957年元旦起，废除审查影片制度，提出以导演为中心，这对新影厂有影响吗？

高：没有影响。因为新影厂的片子，无论什么，都要文化部审查，因为那是新闻，必须审查。这政策跟我们无关。

陈：荷兰纪录片导演尹文思在新影厂做过三个报告，您和尹文思有交道吗？

高：我们没交道，那是哪一年的事？

陈：是1956年12月底。

高：那时我到计划科了，跟这事没关系。我知道这个人，也看见这个人，还看见他夫人，在新影厂来来去去的。我跟他没有接触。

陈：1957 年 2 月，新影厂与日本读卖映画社签订了《交换新闻片素材合同》，那时中日还没建交，新影厂和读卖新闻映画社就有关系？您了解合同背景吗？

高：我都不知道。这属于总编辑部、厂长的事。我不清楚了。我们跟社会主义国家当时交换得很多，厂里有译制片组管这事。

陈：您是计划科负责人，不参与合同谈判和签订？

高：不参加。这时候已经是钱筱璋当厂长了，他跟我之间，与高戈跟我之间关系不一样。况且这种事都应由部里通过电影局来管，厂里也做不了主。

1958年下放劳动

陈：对下放的这段经历，您有什么样的回顾？

高：我愿意去下放。首先，我觉得在计划科干得没意思，因为新闻纪录电影很难计划。所谓计划，都是几个人在那里抄抄写写。搞新闻，突发事件特别多，这是你无法计划的。所以我离开这个计划科，要去（江苏）兴化。下放的时候，我跟钱筱璋讲，计划科以后不要办了，我说我离开了，你把这个科取消，这点工作交给会计科做完全可以。他接受了我的建议。

陈：新影厂后来就取消了计划科？

高：取消了。我回来以后，被调到总编辑部去搞业务，去研究总编辑部那个业务，把我扒拉到创作部门去了。

陈：下放农村的具体过程是什么？

高：我是自己愿意去，后来就批准了。我到兴化写了很多诗。其实在北京就开始写了。有一句古诗叫“骑鹤下扬州”，我叫“浩荡出京门”。这些诗将来可以给你们看，我有一个诗集，卷一就是《种田歌》。

陈：新影厂当时有多少人下放？

高：99 个人，彭厚嵘算一个。

陈：北影厂的汪洋厂长也下放到那里去了？

高：北影厂有汪洋。他和彭厚嵘都是驻县干部，负责管我们这些下放干部。

陈：下放是有指标的吗？还是多少人申请就是多少？

高：指标是有的，就是不要影响厂里的工作，这是一个。再一个，去的人大体上被认为是思想靠右，或严重右倾，需要改造。

陈：您是后来自己感悟到的呢，还是当时察觉到的？

高：当时我感觉到，因为我一会儿这边、一会儿又那边。这只有我自己知道。当时分左、中、右，我被认为是中偏右。

陈：那您干吗还那么积极要下放？

高：我愿意下放去。我觉得下放有意思，那计划科太没什么意思了，做的全是“马后炮”，实际不起什么作用。会计科的事，我做完那几件事以后，就没什么大事了，所以我去搞建筑学论文去了。计划科没得可弄。

陈：当时 99 个人，有心里不太愿意去下放的吗？

高： 这种人肯定有，还是愿意听组织安排去下放的多。

陈： 99 个人，大家都愿意去下放？

高： 情绪都很高的。

陈： 当时下放，说了下放年限吗？下放多少时间才能回来？

高： 没有年限，不知道。户口都转走了，有的就回不来了。有的不太高兴，我反正是很高兴。

陈： 您当时要是多少年回不来呢？

高： 我也不在乎。

陈： 怎么能不在乎？

高： 我也不在乎。我觉得计划工作没意思，他又不让我去搞创作。与其在计划科空坐两年，不如下放。总的情况就是这样。当然有个别几个人情绪不那么高。后来除了彭厚嵘同志驻县，其余都分到各乡里去了，有的

1958年春，高汉时年32岁。与兴化竹泓一大队的农民一起劳动。右二是高汉

人在那里表现就不是很好。

陈： 就是不情不愿的，但是没有办法？

高： 这个也有的。

陈： 到了兴化以后，是什么情况？

高： 我们从北京下去，先到镇江，渡过扬子江，随后到高邮。高戈当时是电影局副局长，他已经下放到高邮了，他就在高邮迎接我们。我们坐着卡车，一群人，见他在那欢迎，我们特别高兴。到了兴化，大伙又放炮，

又敲锣，搞得很红火，我们也很高兴。我们 98 个人分到各乡里，各乡都有驻乡干部。我是驻乡干部，是竹泓乡党委委员，分管 13 人。这是当时的组织。

陈：有驻县干部、驻乡干部，普通队员就是驻村？

高：就在生产队里面。

高：竹泓乡，就是郑板桥办私塾的地方。我那个《三话》里面有交代。我到竹泓乡当乡委委员，在一大队跟农民“三同”。[①]

陈：您不是驻乡干部吗？怎么还要跟农民“三同”？

高：我这个乡委委员，就是挂个名，就管这 13 个人，但是我也必须落实到生产队里面去。我就落实到一大队，有的落实到五大队，有的落实到大马村。分开时，对女同志的分配是经过严格选择的，分配到哪个乡，那个驻乡干部道德品质必须是很高的，这是原则，免生事端。我这个乡分了四个，是最多的，还有张建珍那里分了几个。

陈：张建珍老师钱筱璋夫人也下放，也是驻乡干部？

高：她也是。她那里也有女的。只是个别的乡出过问题，总的来讲还是很好。当时碰到的主要问题就是饥饿。

陈：1958 年，就开始饥饿了？

高：我专门写了一首诗，叫作《江北水乡行》，在《诗刊》发表，后来《新华文摘》转载，很长的一篇，五言古风，记录了这件事。

陈：这首诗是哪一年写的？什么时候发表的？

高：1981 年以后吧。

陈：50 年代，您不敢写吧？

高：不可能写。我当时写诗很多，像给高戈那首《过高邮呈高戈同志》，当时我就给了他，我在车上写的。

陈：您刚才说的那首古风，内容是反映当时饥饿的情况？

高：当时就是这样。可以说，是我们这些干部从下放兴化的历史，一直到后来改革开放的 1981 年为止的历史，很长的一首诗。《新华文摘》从来不转载诗的，它把我那篇长诗给转载了。

陈：那是一个史诗了。

高：人民出版社社长张惠卿[②]，他跟我一块下放兴化，他跟我讲，你这

---

① 当时流行语，是同吃、同住、同劳动。

② 张惠卿（1924—　），是人民出版社资深编审，1953 年进入人民出版社，先后担任总编辑秘书、编辑、编辑组长、编辑室主任，1978 年担任副总编辑，1983 年 7 月担任总编辑，主持人民出版社工作。

首诗是一首史诗，那里头写了我国20世纪50年代末到80年代初社会历史的演变。

陈：1958年吃食堂，刚开始的时候粮食就不够吃？

高：1958年初还没有吃食堂。我们去的时候是1958年初，冬天。年初，“大跃进”还没有开始搞，那时候当地还在反“右派”。反“右派”先在中央搞，随后推向省，再推向基层。最后出了55万“右派”。我们到兴化的时候，兴化县正在贴大字报，还在搞反“右派”。我们那时候就已经到那里了，因为北京“右派”就已经反完了。反“右派”以后，必然要跟着发生一些大事。

陈：必然发生怎么讲？

高：必然要搞“大跃进”。

陈：必然性的理由是什么？

高：必然的理由是这样的，反“右派”把“右派”打倒了，“左派”地位巩固了，那么就大搞经济建设，政治挂帅，三面红旗高举：“大跃进”、大炼钢铁、人民公社就搞起来了。我为什么说它是必然？因为政治运动以后，作用于经济基础的，就是搞生产。反“右派”是上层建筑的事，反“右派”取得成功，55万“右派”已经打掉了，大伙就能完全同心一致搞经济建设了，所以有了“总路线”。

陈：北京那么多干部，都学有所长，放到兴化去，能搞什么经济建设呢？

高：那就是该演戏的演戏，该唱歌的唱歌，该种田时种田。

陈：那些事，农民自己可以干的啊？

高：这就是当时中国的特点，因为要改造这帮人的思想，怎么改造？到工农兵里面去改造，我们的公式是这样的。到工农兵群众中去，和他们“三同”——同吃、同住、同劳动，改变思想感情。有一句话的大意是：这些人受资产阶级教育，跟工农兵格格不入，工农兵不愿意跟他们讲心里话。所以必须叫他们去锻炼、去改造。我的实践证明，工农兵愿意——生产队队长崔广福就愿意把心里话都告诉我，一点不觉得我是什么格格不入的人。他讲的许多话，现在想起来，我都觉得是非常的深刻。我到了一大队的生产队里去，六队长崔广福是个老贫农、老党员，50多岁了。1958年我只有30多岁。到那里以后，大家都吃不饱，冬天有的脚光着，也没一双袜子，破衣烂衫。我看到这情景，很震惊，为什么那时候已经解放9年了，农民做了很大的贡献，当兵的是他们，流血牺牲的是他们，送粮食的是他们；最后搞工业建设，原始积累也靠他们，农民却是这么一种生活情形！我当时就很不理解，思想上产生了很多疑问。这个程度，他说你要搬我们这来住，我要一块地，咱们住在一起。都好到了这个程度，愿意做邻居，住在一起。那时候我们户口已经跟着下去了，我在考虑这个问题，我觉得这个地方挺好。他就告诉我，我们兴化100万人口，没有一个人会种田，现在只有一个人会种田。我说你这话是什么意思？这兴化是一个农业地区，你怎么说大家都不会种田、只有一个人会种田？我问那个人是谁？他说，那个人叫肖九成，就是当时的兴化县委书记。

1958年夏，下放兴化竹泓乡的新影厂部分干部合影。前排右二是高汉，右一是陈锦俶，后排右起是吴宽、章卓英、马德明，前左二是顾萍。摄影：龙庆云

陈：只有县委书记会种田？是讽刺吗？

高：我这就明白了。他给我讲的是心里话，他是一个老党员，他的意思就是说，现在上头叫你干什么，你就必须干什么，你不干什么就不行。

陈：这话是一个生产队长不满的表达？

高：很大的不满！那不是反对瞎指挥吗？当时很有名的，叫瞎指挥。“反右”以后，就把那些看得不满意的人全打下去了。于是上面指挥什么、大伙儿就得听什么，这是造成了瞎指挥的组织基础。到农民那里，不像党员队长，农民是不太在乎你的，你叫我往东，他就不一定往东。我举一个例子，乡委通知我——我不是乡委委员吗——叫他们夜里两点钟起来，三点钟下地。我一户一户去敲门。我是认真执行的，当时我头脑简单，既然有这个指示，我是乡委委员，就得去做，去敲门。这是很困难的。

陈：是凌晨两点，还是下午两点？

高：凌晨两点，就是半夜后。

陈：凌晨两点起床干什么呢？

高： 为什么叫作瞎指挥呢？这个就是瞎指挥。你说这两点钟怎么生产？结果我很不容易把他们敲起来，大伙还是买我的账，上船去了，因为那是一个水网地区，坐船，钻到一个芦苇丛里，就趴在那里睡觉。

陈： 不在床上睡，跑到船上睡？

高： 家里不能睡，你不是敲门吗？

陈： 让他们起来，究竟要干吗？

高： 农民真好啊，你敲门，又是乡委委员，大伙儿对我印象还很好，那就过去吧。磨磨蹭蹭，三四点钟起床，结果坐到船上去睡觉。后来我问那队长，你们怎么这样子？他问我：我们到地里干什么？连苗跟草都分不清，我们能干什么？月亮再亮，也照不清这地上长的哪是稻苗哪是草，你怎么分得清？队长跟我讲得非常在理，我一听，心想乡委指示确实有问题。下地搞什么去啊？队长考虑很具体的，啥也看不清。我现在回想，自己半夜去敲农民的门，真是太不应该了！可是当时乡委已把这个任务派给我去执行。这是典型的瞎指挥，真是害苦了他们。

陈： 您什么时候感受到农民的饥饿问题？

高： 去了，你吃什么，就知道了，大家都在喝稀饭。

陈： 不是说"大跃进"、吃食堂，粮食吃完了，才开始饥荒吗？

高： 不是那样。我那诗里面，《江北水乡》里面有记载，就是那个老汉在劈豆饼，豆饼本来是喂猪、牛的，他就做成汤，人吃。他只能掺豆饼，粮食不够吃。1958 年初就有这种情况。兴化农民有一个习惯，喝稀饭，喝米屑糊糊，喝完后就伸长舌头，舔碗里的粥浆，直到把它舔得一干二净。我们下放干部不会，有的人学着舔，舔得一鼻子粥浆，闹了许多笑话。这习惯说明什么？

陈： 1958 年初，没有"大跃进"，没吃食堂，就没有粮了？为什么？

高： 那就是前几年分到手的粮食不多，不掺豆饼、荠荠、胡萝卜等就不够吃。为什么对我触动极大？就是去了农村一看农民如此的穷，出乎意外。所以我这个诗里有句话："洗尘豆饼汤"。当时事实就是这样的。

陈： 您也吃过豆饼汤？您吃过吗？

高： 我没有吃过，我看他们自己吃。我为什么没有吃？因为我是在大队长家里吃饭，大队长家是有粮食的。我看到的，是一个普通的社员的家庭。他家里有粮食，可是必须掺点别的，有的掺野菜，野菜叫荠荠。有的是胡萝卜，大多数人主要是掺胡萝卜，胡萝卜产量高，天天把胡萝卜当饭吃，谁也受不了。

陈： 下放干部有吃不饱的状况吗？

高： 这个都是这样，你多喝稀饭，然后去田里劳作，几泡尿你体力基本算完了。所以农民就懒洋洋，没法不懒洋洋，他吃不饱。群众就是这样的。在这里面，当然也不排除个别人偷粮食的，或者是当干部的弄点什么东西，我在那个大队长家吃饭，比较好，他就有粮食。粥也喝，但是粥比较稠，胡萝卜也吃，比较少，就是这么一种情况。

陈：您是在什么情形下，跟农民一起去给县委书记提意见？

高：就是在下放期。不是跟农民一起，是下放干部中的驻乡干部去汇报思想。那时“大跃进”开始了，敲锣打鼓，天天在那儿报产量。报产量那是热闹非凡，你报一千八，我报两千，他就报三千，贴的喜报，红红绿绿。

陈：您当时了解实际情况，知道报的产量是胡扯吗？

高：不知道，我不懂。

陈：您不是跟队长住在一起吗？

高：我当时在他家带饭，人住在大队部，离他家有段路，我们共三人住大队部，因为老乡家房窄，没住处。我到兴化时，麦子已长在田里。要收割时，看《文汇报》登了一个头条新闻，某地小麦亩产六万斤。这时已经到夏天，该割麦子了。当时我的头脑还是不清楚的，就问那个队长，我说咱们这里的产量那么低，亩产才几百斤，你看看人家，一亩田打六万斤！我们是在那打麦场上谈话。队长崔广福跟我讲——他性格非常好，笑眯眯的——老高，我可以给你两万斤麦子，我们这个场子，有一亩田大，你去把这两万斤麦子平铺在这个场子上。你知道能铺多高吗？我说我不知道。我没这经验，我哪知道？他说我告诉你，能铺一尺多高，一尺到两尺。现在我问你，你叫这个麦子怎么长？这里什么缝都没有，你想想，叫这麦子怎么长？缝也没有，更没有沟了。我一听，当时就傻了。这个队长跟我讲，报纸登的，都不是我们这里的事，我们这里没有这种事。你要铺一铺这个场子，能找到麦子长成这样，一二尺高的麦穗，中间没缝，那我就信你这报上说的。他一点儿都不着急，非常心平气和。我从此以后，思想变了。

我们文化部这些驻乡干部，就在这个时候到兴化县城里去开会。我们过一段时间要进城去汇报一次下放干部的情况。所有的文化部的驻乡干部，不光是我们新影厂、北影厂的，还包括人民出版社、新华书店等单位，所有这些人，都遇到这些问题：浮夸、虚报、上级的命令主义、形式主义。（我们下放到那里）都已差不多半年时间了，都感觉这些问题很严重！所以我们问这样下去怎么办？很多地区都发生这些问题。所以后来驻县下放干部彭厚嵘跟汪洋他们就主张，跟县委书记做一次汇报，把这些问题跟他们讲一讲。他们当然相信我们，应该把这个事情跟书记讲一讲。这样就举行了一个会，肖九成来了。我们就发言，差不多每个驻乡干部都谈了自己遇到的各种情况。后来肖九成讲：“我明天答复你们的问题。”会就散了。

我们就住在招待所里，招待所里吃得就比较好了，有菜，也有鱼。等到第二天，他来了，我们都坐在那里。肖九成第一句话就说:“我听了你们的意见，你们这些意见基本上是‘右派’意见！当然了，我不会拿你们当‘右派’。”这是第二句话。大伙一听，心就凉了。完了他就讲大好形势什么的，瞎扯一通。我们也听不进去，我们也不拿他当回事，那里坐着听的干部，资格比他老的有的是。像朱今明、张建珍都坐在那里。那个人民出版社的张惠卿，很早就在上海参加地下工作。大伙一听就明白，下面的情况根子在上面，谈不通的。我回到（村里）为这个事，着实苦恼了两个星期，我想该不该向毛主席写一封信，汇报真实的情况？想了两个星期，我没敢写那报告。

陈：为什么没敢写呢？

高：因为我如果写了报告，中央一批，回到兴化就处理了。因为我在反“右派”斗争里，在领导小组干过很长一段时间，我知道这是怎么一回事。所以后来我想，算了。从此以后，我对下放这个事情，就有点疑问。这个时候，兴化也改变策略了，把所有的下放干部不撒在农民那里，而是集中到乡政府，住也在那里，吃也在那里。

陈：集中在乡里干什么呢？

高：他们知道在基层，了解得太真实了，还有就是我们这种情绪，他们也怕可能影响农民。开过这次会以后，就采取了这么一种措施。我们就从农民家里出来了。这里面还发生了一些事情，“三同”也实在搞不下去了。我们厂有一个摄影师，是我们 14 个人里面的一个，有一天来向我汇报，他说我没法在他家住了。我说为什么？他就说这一家农户，这个老婆有两个丈夫，她自己的正式丈夫之外，还有一个姘头，如果那个男的来了，这个丈夫就从床上让出来。兴化地方房子很窄，都是水网地区，他就到我们新影厂那个同志房子里去，睡在他床上。他说我受不了这个事，你叫我到那儿跟他“三同”，接受他们的改造，跟他们感情相通。他问我，这样怎么相通？怎么改造？

陈：您当时怎么说呢？

高：我张口结舌，感到所谓“三同”，面临严重挑战。

陈：您也了解她家有一个丈夫，还有一个拉边套[①] 的？

高：我没有调查。我相信这是事实，他不会来跟我说谎的。这种事，我在农村，在我的老家也见过。称这类女人为“典子老婆”。因为男的他

---

① 拉边套，是指女性的丈夫不能养家时，再找一个男人帮衬，找到的人称为拉边套。

没有儿子，就到农村找一个女人，做临时老婆。

陈：像柔石小说《典妻》[①]那样？

高：《典妻》就属于这一类，“典子老婆”就是她自己有丈夫，另一男的给谷子，他就典了你的老婆。典子的人去了，那丈夫就让位。典子期间生的儿子，归典子的人。

陈：那个摄影师后来怎么着了？

高：后来就给他换地方。我正在为这事发愁，给他换哪里去呢？上头命令下来，把下放干部集中到乡里，这样就把这个问题解决了。

陈：集中到乡里以后，劳动是怎么做的？

高：这个时候就开始“大跃进”，搞试验田，搞那个密植。密植有许多问题，在农村里很难推动，农民是了解水稻本性的。他们那么多人，你不能替每个人去种田，所以就把我们这些人集中起来搞密植，搞“大跃进”这一套。我们真去干了，那就是由我领导，给我们一块田，由下放干部单独来种。田也跟他们的田连在一起，单独作为试验田。按谷子一个穗子多少粒，一粒多少分量，随后计算该密植多少秧，达到亩产是多少，就那么纸上谈兵。现在想来，那都是笑话。下多少底肥，要什么肥，密植多少秧，按那个虚拟的产量计算，亩产至少是两万斤。然后就种下去，稻子长到膝盖那么高的时候，那真是长势极好。我就把我那个生产队长叫过去，让他看看，我说丰收还是有可能的，你看这稻子长得多好？他绕着试验田四面走了一圈，微微一笑，说“看吧”，就走了。他什么话也不说，就说“看吧”。最后这个稻子长起来，我脚站在稻田里，都超过我的头顶，这么密，不透风，它就发烂，到处都是黄叶子，到处都是烂稻，臭得人进不去，因为它不通气。这个时候我就知道，这个是瞎指挥，按计算搞密植，就是瞎扯。我们不能把这么多稻子扔在那不管，想办法，怎么整啊？我又把我那个队长找来了。队长说，你必须进去，把所有烂稻子拔了，然后拿苇子杆把它架起来，跟种瓜似的，把它们互相隔开，几棵稻子捆一捆，留出空间来，烂的不拔不行，因为烂稻要传播。于是我们所有人下去搞，用苇子杆把它架起来，最后亩产也打了1000多斤。如果没有老农生产队长崔广福帮我们出主意抢救，恐怕还达不到这个产量。他们那些田，亩产也打了1000多斤，可是他们的成本要比我们低很多。产量却差不多。这个时候我们知道，确实是兴化的书记在瞎指挥，这个“大跃进”是瞎胡闹。脱离了农民群众的经验，绝没有好结果。

---

① 此处有误，柔石小说《为奴隶底母亲》，其中有典妻故事，后来改编成甬剧《典妻》。

后来我回新影厂，看到新闻纪录片报道，湖北的“大跃进”消息，人都站在稻子上。我们厂里有这个镜头的样片；现在他们消灭没消灭，我不知道。人都是站在稻子上，那是农民拼田拼的，稻子确实长得好，这个应该承认，稻子秆够硬，把它拼起来，人站在上面就没有问题。我知道这里面肯定有问题，因为我已经种过稻子，也看过队长种的稻，杆子很粗，收成很好，单位面积植株要比我们稀得多，就没有什么烂稻子。无论什么稻子，不拼田作假，无论如何稻上站不了两个大人。这是“大跃进”给人印象最深的一个问题。

再一个问题就是大炼钢铁。后来我们又集中了，集中到兴化（县城），搞大炼钢铁了。兴化那个地方没有煤，没有铁矿，没炼钢的资源。那你说怎么整？我离开那个大队的时候，已经感受到了，因为他们已经开始搞了。有一天，我看到大队长锯大队房子里面一根柁。我说你锯它干什么？他说炼钢。我当时已经感觉到这太可怕了。你把房子（的柁）锯下来，这木头能有多少？你不能把所有房子（的柁）都给锯下来。门槛上有这么宽一片铁皮，是用来保护门槛的，把这铁皮撬下来去炼钢，我觉得这简直可笑。当时我就觉得，这违反我所理解的科学。因为我在化学里学过炼铁、炼钢，高中的文化那是很粗浅的，可是我知道这么搞是不行的。这就是瞎闹。

陈：后来呢，后来您参加炼钢了吗？

高：后来到县里去炼钢，没炼完，我们就回北京了。从大队长锯柁开始，我就怀疑这件事。回到新影厂，看到纪录片里有宋庆龄去炼钢，袁世海没有卸妆也去炼钢。当时北京正处在这个热潮中。宋庆龄、袁世海的热情当然可嘉，他们能炼钢吗？能靠这样的办法解决中国的钢铁工业问题吗？当时我觉得中国人疯了。确实是疯了！

陈：您当时就觉得人们疯了吗？

高：那可不是？！工业化怎么能搞到这个程度呢？我觉得这太离谱了。

陈：您对兴化下放和“大跃进”，做过一个总结？

高：这个过程使我心里很难过。开始我已经说了，我早就很难过，想给中央写信又不敢。1959 年我回来，参加党小组的一个“交心会”。我说了在兴化所看到的情况，然后总结了三条：第一条，与重视经济比，强调政治挂帅过分了。第二条，与尊重客观规律比，强调主观能动性过分了。第三条，与重视科学技术专家比，强调群众运动过分了。我讲这些意见，被人总结为“三个过分”或叫“三过”观点。

陈：“三个过分”，是当时政策要害部分？

高：最要害。“三个过分”总结完了，交心会也算开完了。我把在兴化憋了一年的话，都在这个时候说了，集中为“三个过分”。这个记录，钱筱璋马上叫人整理上报文化部。文化部在中山公园音乐堂开文化部干部大会，动员反“右倾”大批判运动，对我点名批判。钱俊瑞（副）部长说，“三个过分是典型三反言论”；同时点名的还有人民出版社的张惠卿同志等多人。散会回新影厂，我厂几位老干部马上集中起来在会议室批判我，我就成了新影厂首位重点批判对象。

我这个话可能很尖锐。有的群众贴了一张大字报：“高汉，你敢给党中央记三过！”当时全厂党员和群众都来批判我，就这样大小批判会，开了 60 天。我不检讨，我说你们如不相信，可到兴化去调查，是不是像我说的那样。我讲的，如果有一句不对，你们爱怎么处理就怎么处理！我说交心难道能说假话吗？交心就要交出真心来！心里怎么想，我就怎么说。如果你们要批判这个，那么实事求是的马克思主义都到哪里去了？我跟他们顶着。对抗使第一位领导批判我的副总编高维进同志被撤了运动领导之职，换了一位主编石梅同志来领导批判我，要不然怎么会批 60 天呢？

陈：这两个月，您上班就是挨批、挨斗？

高：天天就是挨批斗。其中有一个插曲，很有意思，就是我们人事科副科长，他跟我很好，我们同在兴化下放劳动。有一次驻乡干部在县里开干部会，他偷偷跟我说，你吃完饭跟我到招待所去一下。我不知道他叫我去干什么，同去的还有一个人，三个人到了招待所。原来是他爹来看他，他是东台人，东台是兴化的邻县。他爹带来花生、糖，好多吃的，当然我们都很高兴，因为我们那时老喝稀饭，也没什么吃的。在中层干部会上批我时，我就指着他们俩——他俩坐在一起——说：你们说当时大伙儿是不是没吃饱？他俩讲：“你给社会主义抹黑！”我说大伙儿吃不饱、喝稀饭，他都不承认。当时我有一感慨，除了刚才讲的三个过分之外，连喝稀饭、吃不饱的事，批判我的人都不承认了。我记得小时候看《说岳全传》，有一次岳云犯了错误，岳飞要把他推出辕门斩首，结果牛皋、汤怀等几个哥儿们主动为他求情，说让他以后立功赎罪。而在对我的批判会上，我们同去兴化的有 99 个人，竟没有一个人能够站出来仗义执言，说一句“他讲的是真的”。现在想起来，这都是笑话。

陈：后人恐怕很难理解，大家都看见的事情，居然大家都不说实话，反而有人说您是抹黑？

高：就是这样。因为“典型的三反言论”是当时文化部副部长钱俊瑞说了的。大家唯上不唯实。

吴青（插话）：“三反分子”。

高：那帽子戴多了。我为什么不怕？因为我经常被戴帽子，所以我不怕。这个将来你可以看我那首诗，那就是《江北水乡行》，《诗刊》上发表的。——我说的是不是太啰唆了？

陈： 不，我们希望越细越好。

高：[①] 这里面特别有意思的一件事是，我前面提到的县委书记肖九成，说我们文化部下放干部提的意见都是“右派”意见；而崔广福，我当时的生产队长说，兴化一百万人都不会种田了，只有他肖九成会种田。指的就是我们当时听肖九成的，搞密植，实际上以失败告终。后来肖九成又搞大食堂，开始时大伙就撒开了吃，反正食堂是大家的，吃到嘴里的粮食是自己的，不吃白不吃。我在要离开兴化时，回生产队去看过他们一次。一位原来很瘦的农民，吃了几个月食堂，把自己吃成胖子，胖得连棉袄领口都扣不上扣子。这正意味着，吃到后来就该没得吃的了。

陈： 吃大食堂，您和下放干部也和农民一起吃吗？

高： 当时我们已经集中到县里去大炼钢铁了，钢铁元帅要“升帐”了。我是要离开前回乡跟他们告别时，发现当地农民吃成了胖子，因为他从来没有吃过这样的饱饭，反正是人民公社了，大伙撒开吃吧。

陈： 您刚才提肖九成，是跟您的结局有关？

高： 这个县委书记跟我的结局无关。但是这个人的表现很有意思。他受两头的夹板气，因为他上报了那么多的产量，向上面不能不交那么多农业税，可是下面的实际情况又是那样，没有实收那么多的粮食，办食堂农民又猛吃公社的存粮。那他气受大了，大伙还都骂他。所以后来中央在北京开“七千人大会”，把全中国的县委书记全叫来，肖九成也来了。来了以后，我们新影厂下放兴化的驻乡干部加上厂长，一起请他到王府井东来顺吃涮羊肉。他不是当时说我们向他提的都是“右派”意见吗？那时我们对他意见很大。这个时候，他也不复当时的神气，但显得特别的高兴。大伙轮流向他致谢敬酒、吃火锅，非常热闹。他也出了所受的夹板气，和当时说我们是“右派”意见的情形完全不同了。因为现实已经完全变了：我们是主，都是县团级以上的干部，不少是从延安过来的老干部；他是客，最年轻。

陈： 在吃饭的时候，他向各位表示歉意了吗？

高： 反正都在不言之中了。当时整个形势要变已经很清楚了。他来开“七千人大会”，毛主席都在会上做了检讨，这个讲话的文件我们都看到了。所以他很高兴，酒也喝多了，醉得说胡话，赖在东来顺的沙发上不肯走，说就在那里睡了。我们几个同志把他扶进汽车，送他回宾馆。我说他的故

---

① 这以后直至本章结束，是后面采访的内容，为话题集中，编纂时调整至此。

事，为了说明他这样的干部当时是怎样丧失理智，忘了倾听群众的心声，恰如后来醉酒一样。

陈：反“右倾”时，吴老师说您一直不认错，后来您是怎么过关的？

高：领导新影反“右倾”的原是厂长钱筱璋，批我批了五十几天后，换成徐肖冰领导了。斗争我的那个组长高维进自己也被反“右倾”了，当然她不是重点批判对象。组长换成石梅，她是个主编，很能干，老地下党员。她在会上说，我加入共产党是为了找出路，因为那时毕业就是失业。我听了这句话非常伤心。因为她是老地下党，完全知道北京那时的情况，她说的当时大学毕业就是失业，完全否定了我加入共产党的初衷，真是“恶语伤人彻骨寒”。实际情形完全不是这样。所以我就觉得，这个事已经没有什么好辩的了，你们爱怎样就怎样，辩也没有意义了。你要批就批吧，我已经“死猪不怕开水烫”了。我们老家人的性格就是这样，砍头不过是碗大的疤。反正我讲的是事实，问心无愧，没有编造什么东西。对党说的全是事实。

后来他们批我批不下去了，徐肖冰和石梅找我个别谈话，主要内容是，如果我再坚持不检讨，人民内部矛盾就要滑到敌我矛盾那边去了，说现在还在边缘上。我听了以后，我觉得这个问题太荒唐了，又想，我总顶着，他们也下不了台，这事怎么整啊？那我说我来检讨。检讨的基调就是，我只看到竹泓乡和兴化一个县，没有了解全国的情况，是以偏概全，这是我的错误。我不能以一点来代替全面，我应对这个错误负责。

陈：您始终没有说有关兴化的话说错了？

高：我不说，我不能否定亲身经历的事实，他们可能觉得这样也可以下台了。好歹我承认自己犯了错误，所以我也就过关了。过关以后，最后开一个全厂大会，把所有挨整的人的问题集中起来做一次批判，我好像也在大会上做过检讨，这一点记不太清楚了。最后宣告反“右倾”运动胜利结束。

陈：钱筱璋厂长也挨批了？

高：他可能也挨批，他也许在文化部批，不在我们厂里批。

陈：他也提了意见？

高：提什么意见我不知道，我只记得他当时给我讲过一件事，也是够损的。反“右倾”前，他单独跟我谈心，他说他在重庆看见电影院门口有卖“口烟”的。我问“口烟”是什么意思？他说就是那时香烟太少，烟民买不到烟，卖烟的就点了一支烟，你吸一口，两毛钱，他吸一口，两毛钱，[1] 一支烟分若干个人吸，因为各人只吸一口，就拼命地吸那一口，很快这支烟就吸完了。

陈：他是说什么时代？

高：就是“大跃进”期间。这话是不是够损的？按当时运动的精神，讲“口烟”的事，就是“给社会主义抹黑”。他跟我谈过这件事，我没有揭发他，因为我觉得他说的是事实，在那时期完全可以理解，当时的经济的确很困难。

我检讨完了，我说的错误是真诚的，因为我未在全国各地都做调查，我就得出“三过分”的结论，确实存在以偏概全的毛病，这在逻辑上说也的确不对。做此检讨，我这首个重点批判对象就算批过了，要再批也没什么可批了，已经过去两个月了。我的事就告一段落，接下来，第二天就通知我到会议室去参加批判会，对象竟是徐肖冰，几天前他还是领导批我，一回头又开始斗争他了。

陈：斗争徐肖冰？为什么？

高：当然也是为“右倾”。这是当时的主旋律。我坐在会议室里，一言未发。我觉得这太没意思了，这简直是打乱仗，有什么意思？

陈：昨天是“左派”，今天又是“右倾”了？

高：所以我在这时一言不发，是为了活剥前人的两句诗：“如戏人生君莫笑，我方唱罢你登场。”我觉得，这样搞政治运动，是玩群众于股掌间，必无好结果。不能说我已经大彻大悟，但我已深恶这种脱离实际，因此乱扣帽子的所谓批判了。我这件事就这样过去了。过了一段时间，组织上告诉我两件事：一是我的结论，“严重政治错误”，党籍没有动；二是把我从总编辑部业务研究组调出来，到宣传发行科当科长去。那时我们厂里实行两级制，没有处长那一级，厂长下面就是科长。这样我在宣传发行科，一直搞到“文化大革命”。我在担任计划科长时，已经领导过这个科。大概那时厂长觉得我太轻松，再给我一个科的工作。我好说话，对工作一向来者不拒，不讲价钱。

---

① 一口烟两毛钱，只是说大意，当时两毛钱能买到一包普通的烟，所以不可能一口烟需两毛钱。

开“新闻电影之窗”

陈：1959年12月，张绍滨在新影厂试拍一部全景电影，第二年的3月电影局决定第一部宽银幕全景电影院开设在新影厂，这一段您了解吗？

高：听说过，这一段他好像最后实验没有成功，无果而终，大概是只搞了宽银幕。

陈：只搞了宽银幕，全景电影没有成功？

高：全景电影搞了一阵子，大概效果不理想。没有印象。张绍滨后来得病去世了，“文化大革命”以前就去世了。

陈：新影厂将外国交换来的不合适公映的素材变成参考片，由中影公司发行，您对参考片还有哪些记忆？

高：参考片实际上是一种在一定级别干部中放映的域外影片，不公开发行。以广大电影工作者见闻的片子，好比文件中的“内参”。当时我们没有改革开放，有一些影片不能公开放映。原来《参考消息》是个小报，很小范围内发行，有一定级别才能看到。《参考消息》是文字媒体，参考片是图像媒体。后来看了，觉得其实也无所谓。举个例子，有一群人在铺满各种颜色的地板上面打滚、摔跤，西方认为这是一种艺术创作，后来我们就把它编入杂志片《世界见闻》，公开发行了。像女子拳击也是。

陈：那有什么影响呢？

高：其实无所谓。可是当时人们思想上条条框框比较多，有一些参考片，比如像《裸体天堂》，那就不会到我们厂里，而在中影公司，放映时把我们一些干部叫到电影局去看。

陈：《裸体天堂》是什么？

高：《裸体天堂》就是参考片，其实就是外国纪录片，纪录成年男女全部光身的天体俱乐部活动。所有人，连做饭的厨工也是全裸的。像这种西方生活方式的影片，当然不能在社会上放映。其实在西方这也只在特定群体内流行。按西方文化看，从古希腊、古罗马时代起，人们就把全裸视为人类的原始状态，是生命的象征。《裸体天堂》也不是色情片，其中毫无色情内容，只是表示“以空气蔽体”的主题，和他们的一种生活方式。在当时看这类参考片，有一定级别限制，是让干部了解西方有这种生活方式。

陈： 参考片一共做了多长时间？

高： 这我就不记得了，反正搞过一阵子，那时电影局还在西城羊市大街。有的在片子里用一种嘲讽的口气批判西方文化。

陈： 当时的干部，对看参考片有热心期待吗？

高： 在我看来，这也没什么，搞这个工作，他叫你去看，那就去看看吧。我并不惦记这些，没有时间，要做的事太多，要看的书太多。

陈： 看的结果呢？

高： 看的结果，我只把它当作新闻。那个《裸体天堂》也没什么情节，就是这么一群人在那里叙会，可能是周末或假期，原来是衣服穿得好好的，进更衣室就脱光，去参加打排球、打篮球、吃饭、散步、聊天，无非如此。看来像俱乐部性质。妇女拳击，我觉得根本就没有什么，也是身体锻炼。

陈： 在反"右倾"运动后，您离开总编室，调到宣发科工作。您在《人民日报》"大地"副刊开设"新闻电影之窗"，能详细地说一下吗？

高： 反"右倾"以后，我讲了那个"三过分"，文化部点名批斗了我那么长时间，有人好像觉得我在编辑部有点不太合适，就调我到宣传发行科搞宣传发行去了。那个科全是事务性工作，宣传就是印发解说词及镜头记录本子；发行就是把印好的拷贝装箱，用车子发往中影公司。这就完了。

宣传发行科的事很简单，前面我已经说了。厂领导又给了两项工作：一、把照相车间划归我管；二、60 多人的录音车间党支部书记由我担任，还要兼管解说组的党的工作。我真不知道这样一个科长，算什么科长。

我既然当了宣传发行科长，就应该做点什么以前无人去做的事，就从《人民日报》下手，经常请该报副刊《大地》的主编袁鹰[①]同志和该刊常来我厂采访的记者杨昌凤来看新片。一来二去，记者也经常来找我写点文章，并了解影片生产情况。那时故事片生产在反"胡风"、反"右派"、反"右倾"之后，不很景气，我就跟他们说，在你们那里开一个"新闻电影之窗"专栏怎么样？由我定期供稿，由你们审处。他们说那当然欢迎啊！因此就由杨昌凤同志和我直接联系，开启了这扇窗户，不时报道我厂的影片。所以我就在"大地"——《人民日报》的副刊上，开了破天荒的"新闻电影之窗"。里面用的撰稿人名字是：辛雪、辛萱，诸如此类。文章都出自我一人之手。这个"窗"，就由我一人负责。有的片子可以独立成文的，

---

① 袁鹰（1924— ），作家、诗人、编辑，原名田钟洛，江苏淮安人，1943 年考入之江大学教育系，1945 年加入中国共产党，曾在《世界晨报》《联合晚报》担任副刊编辑，1949 年后担任《解放日报》文教组组长，1952 年调入《人民日报》文艺部，先后任编辑、副主任、主任。

就以短文给她寄过去，在“窗”外发表。来跟我联系的人杨昌凤，是燕京大学的，跟后来当电影局局长的石方瑀同志好像是同班同学。

陈：杨昌凤是一位女士，还是男士？

高：女的，燕京大学新闻系的。大片子、重要的，就组织拍片者与我一起，在该报整版宣传。不是自吹自擂，我国自有新闻电影以来，从没有如此宣传阵势。

陈：您是说除了“新闻电影之窗”？还组整版的稿子？

高：是的。“新闻电影之窗”是小块“豆腐干”文章。大片子，特别是意义重大的，就由我为《人民日报》组稿，整版宣传。

陈：您举一个例子？

高：比如说阿尔及利亚革命成功，这在殖民地非洲是独立的先声。我们厂派了好几个记者到那里去报道阿尔及利亚人民反殖民主义斗争。在那时，这个片子就有很重大的政治与历史意义，叫作什么阿尔及利亚①，现在我记不清了，目录上可以查到。我就组织了编辑兼摄影刘德源②，摄影师冯世昌，加我，三个人，一整版三大块文章。我只记得自己的文章以《非洲愤怒的火焰》为题。又比如说著名摄影师苏河清③等到古巴去，也是卡斯特罗领导的革命成功，建立新古巴，又搞了那么一版。我剪贴的报刊文章，宣传新闻电影的，几大厚本，（打手势）这么厚，“文化大革命”都叫他们给抄没了。

陈：这两本剪报，是您自己的文章剪报？

高：都是我自己的。有时候只讲一个片子的，有时候是讲一类片子的，如《世界见闻》，它们都是北京的几家报社要我写的。我有时要为同一部片子写三篇各不相同的文章，实在也苦不堪言。

陈：也就是说，除了《人民日报》，还有别的报纸？

高：《文艺报》《北京日报》，我主要是给《人民日报》和《光明日报》供稿。

---

① 应该是指《不屈的阿尔及利亚》，纪录片，中央新闻纪录电影制片厂出品，编导刘德源，1963 年曾获得在摩加迪沙举行的第五届非洲国际电影节最高奖——非洲奖。

② 应该是指该片的编导刘德源。

③ 苏河清（1921—2008），纪录片摄影师，原籍广东珠海，生于香港，是苏兆征之子，1929 年去苏联学习，毕业于国际儿童学校，后入莫斯科电影大学摄影系学习，1941 年在苏联阿拉木图联合电影制片厂任摄影助理，1946 年回国，因拍摄《自卫战争》而荣立一等功，并加入中国共产党。后拍摄了《中国共产党七届二中全会》《伟大的土改》等，参加过《解放了的中国》的摄制并获斯大林奖金。其他作品还有《伊拉克的曙光》《战斗的古巴》《刘少奇主席访问朝鲜》和《敬爱的周恩来总理永垂不朽》等。

陈：《文艺报》也是文艺界最权威的。

高：最权威的报纸，我为新闻电影给它写得很少。

陈：您给其他报纸写文章，笔名是什么？

高：那就是高汉。用别的名字只在“新闻电影之窗”里。有的我替别人写，比如古巴那个[①]，拍古巴那位苏河清，他会俄文，中国话他会讲，写文章根本不可能，我就替他写，署名就是苏河清。这是情有可原的，我也心甘情愿。

陈：正好要问这个，新影厂有些摄影师，干活可以，但是写文章恐怕不行，这时候就是您……

高：就是我来代稿了。苏河清就是一例。

陈：苏河清那时候写中文还是不行？

高：他讲话可以，写文章不行。你写得怎么样，他也不管。他跟我私交很好，一度还是近邻。

陈：新影厂什么片子上《人民日报》发文章，谁来决定？

高：我来管，统一归我管。此外无人管，对方就是杨昌凤。《北京日报》的丁浪也常来，有时还到我家来。

陈：决策是您，执行也是您吗？厂长、主编都不管？

高：他们不管，我管宣传工作，其实我的职责，只是发影片、发影片文字资料，完成这两件事，我的任务就完成了。原来的宣传发行科根本就不做我在媒体上所做的那些事。平心而论，我在职那时，新闻电影在舆论声势上是鼎盛时期。这不是由我口说，是有大量文字可考的，这些文字已成为历史，谁也无法抹杀。

陈：一整版组稿，没人指示，没人说？

高：谁管呢？没有人管。他们根本就不问那事，所以你想怎么弄就怎么弄。我跟报社怎么搞关系无人来问，全是我一个人。

陈：您的决策是怎么做的？哪些影片要做？

高：我按国家和世界形势来判断，其实拍什么片子已经告诉我该怎么弄了。比如像古巴、阿尔及利亚的解放，登山健儿首次登上珠峰，这样的片子如果你不大力宣传，要你宣传发行科干什么？当然发行影片和文字资料也是宣传，但舆论阵地为什么不去利用呢？这一块也是很重要，很有意义的。我就这样想，也就这样做，我把文章弄好，给杨昌凤、丁浪她们

---

① 指的是《战斗的古巴》，纪录片，中央新闻纪录电影制片厂 1960 年出品，苏河清是这部影片的摄影。

就行了。我们与报界的渠道很畅通，经常往来，我经常请她们来厂里看片子。

陈：那时在《人民日报》发一版文章，是新影厂给报社钱，还是报社给稿费？

高：作者拿稿费。宣传影片，报社巴不得，那时绝无有偿宣传一说。有偿宣传是舆论界的堕落；当然做广告除外。我们只管把文章写好，够报社要求的水平，就好了。

陈：不算广告费什么的？

高：没有，我只管收稿费就是了。我的工资比较高，稿费也很多，所以我的儿子们回忆童年生活时，都觉得很好。为什么好？因为吴青经常有人请她在业余时间去教课①，我在业余时间写稿子，所以孩子们觉得童年日子过得比较好。

陈：您的两大本剪贴本当中，有多少篇文章，还记得吗？

高：现在记不清了，太多了。那两大本剪报，大大小小算在一起，几十篇是没问题的。

陈：上百篇也有可能？

高：如果各报大小文章全都算上，也差不多。

陈：是否愿意找回来，编一个集子？

高：我写的是纪录片，新闻性很强，把它找回来，我也曾经想过，但要花的时间太多了，不如去做点更有意义的事。我找过一篇文章，就是《大地》上发表的《在激流中》②。那是一个短片，拍福建闽江金溪河上木排过十八滩的险情，热烈歌颂了放木筏工人的智慧和勇敢，拍得非常经典。那位摄影师，是把身子绑在木头上才能拍摄，要不然他就很容易跌下水去了。摄影师叫范厚勤，很勇敢，业务能力也了不起；编辑也很好，叫雷震霖，他所选的题材和确定的主题都非常好，从平凡中发掘伟大。

陈：雷震霖是编导，还是摄影？

高：是编导，《在激流中》是他的代表作。我为什么重视这部短片？因为当时为这部片子发生了争论，有个领导说他们不拿撑木排的工人生命当回事，在那么惊险的激流中拍来拍去，一点也不关心撑木排工人的安危。我写文章就是为了反驳这种观点，因为现实生活本身就是如此，理应去歌

---

① 吴青老师业余教课，是指在电影学院以外授课，有讲课费。

②《在激流中》，纪录片，中央新闻纪录电影制片厂 1962 年摄制，编导：雷震霖，摄影：范厚勤。该片于 1963 年获第 2 届大众电影百花奖短纪录片荣誉奖。

颂劳动人民的勇敢与智慧。难道拍摄在崎岖路上的摩托车比赛、摔跤、拳击等运动，也是不关心运动员的生命？拍这些比赛，怎么不说是不关心运动员的生命呢？拍《在激流中》你倒关心起人命来了？因为那位领导刚拍了摩托车比赛，十分惊险。邓拓同志是福建人，字写得也好，是我的老领导，我请他专门为《在激流中》题了诗，作为奖品，一直挂在新影厂会议室墙上。

陈：题片名，还是为影片专门题词？

高：为影片题诗。大概是为新影建厂十周年，他专为这部影片题诗，给他[①]发奖，奖品就是裱在镜框里的邓拓的诗。他[②]是福建人，拍的是闽江上游放木排的工人，我还记得诗中有“飞筏龙腾下险滩”一句。用人命安全来挑该片的刺，是妒贤嫉能，鸡蛋里挑骨头，因为生活本身往往就充满高风险。

所以我在反“右倾”运动后调出总编辑部，到宣传发行科工作，挺高兴，觉得没什么不好。在编辑部又怎么样？在宣传发行科搞的事务性工作，我一点都不在乎，反而自得其乐，乐趣正在于我可以为新闻电影开辟一个舆论天地，把影片宣传好，同时也可以表达对影片的评价，这不是很好吗？

陈：新影厂影片宣传做得这么好，厂领导给您评先进或发奖金吗？

高：没有，连口头表扬都没有。但是在创作干部中，我的人缘关系很好，这就足够了！工作中我向来只求对得起党和自己的良心，如果不是这样，在1959年党小组交心会上，我就不会说那“三过分”了。不交真心，我就可以免去60日批斗之苦和后来的“严重政治错误”的结论。但这就不是我高汉了。

陈：您是超额完成任务，打开新局面，没有被评为先进生产者？

高：没有。对我，这些都是无缘的，因为我身背“利用、限制、改造”三大政策。“利用”两字可以概括一切。

陈：这些报纸，领导们都能看见？

高：那当然了。必然要看，每天都看。

陈：他们都知道是您在组稿，把新影厂的影片宣传推广？

高：已把它推得很高了。在《人民日报·大地》上开专栏，仅此一事，试问全国有几？不管那豆腐干块文章篇幅多么小，须知它是经常发，而且

---

① 他，是指影片《在激流中》的编导雷震霖。

② 这个他，是指邓拓，邓拓是福建闽侯人。

《大地》本身总共才占半个版。何况专栏之外，还有大文章。

陈：为什么没有评您为先进生产者？

高：这个就只能说是他们对我的工作视若无睹了。我只求自己心安就好。

陈：怎么能没看见？

高：成果是看见了，那领导对我更重视“利用、限制、改造”三大政策。

陈：您也是共产党员。怎么可以限制共产党员？

高：完全可以的。但是群众看得清楚，“反右”之后的整改中，全厂5个14级干部中，他们只认可我一人。其实我工作根本不计较这些。我做我的，就像吴青经历的命运一样。“左”的思潮，从上到下，各阶段都有，这是一个时期的历史反映，一个人是搞不起来的。知识分子因受资产阶级教育而被划为资产阶级的思潮，不到“文化大革命”是很难醒悟的。“你也是‘走资派’！”这才令那些自认为是无产阶级的人明白其中的道理。其实马克斯、恩格斯受的也是资产阶级教育，恩格斯本人还是资产拥有者，马克思没钱花时还向恩格斯要。于是才知道“以阶级斗争为纲”是错误的。等大家醒悟时，唯一公开出来捍卫新影厂存在红线的人，已被“永远开除出党”，蹲监狱去了；① 有些人一向以无产阶级自居，却不为新影厂的过去公开说一句公道话。这种情形令人深思！至少他们如不是缺乏理论自信，心中无底，就是胆小怕事，或为了保护自身利益，豁不出去。

---

①“唯一捍卫新影厂存在红线的人”是指口述人本人，他因此被开除出党、蹲监狱等。

60年代初期：往事点滴

陈：咱们说三年困难时期，您有哪些经历、见闻和感想？

高：三年困难时期，像我们这一级干部，叫作“糖豆干部”。电影界的俏皮话叫“肉蛋干部”，电影界有“肉蛋演员”一说，有人就借此讽刺或奚落我们。我们自己说是“糖豆干部”，因为每月可买黄豆、糖各一斤，还有油、肉、鸡蛋各若干，专门有地方供应。所以我们的生活还是可以的。

陈：您是“糖豆干部”还是“肉蛋干部”？[①]

高：两个是一样的，异名同实。

陈：两个不一样，“肉蛋干部”高，“糖豆干部”要稍低一点。

高：我不清楚。只是电影界开玩笑，才有“肉蛋干部”一说。反正我是属于比较高的一级。当时护国寺口上有个专门供应点，我们每月凭卡去买。

陈：那些东西要花钱吗？

高：当然要花钱。一般人买不到。

陈：您和家人没有饥荒问题？

高：没有什么大的问题，因为我有稿费，加上吴青有业余授课的报酬，可以买那种比较高级的点心给孩子们吃。当时有一种高价点心，一般人很少买，我们没什么问题。可就是在粮食上比较困难，本来按定量足以解决我们的问题，因为我们五人之家有保姆，保姆来自农村，没有粮票，所以必须从我们的粮食里匀出来，解决她的问题。我们吃得不多，她和孩子吃得多，就比较困难了。这位农村来的大娘，原是贫雇农，苦出身，可以把白菜根、柿子皮都做到窝头里去，这样也就对付过去了。当时我看到四周邻居的情况，尤其子女比较多的工人家庭，的确比较艰难。油水少，粮食就紧张。

陈：对，油水越少，粮食需求量越大。

---

① 三年大饥荒期间，中共中央为了保证干部的营养，给十三级以上干部每月供应两斤肉、两斤鸡蛋，所以称为“肉蛋干部”；十四级以下干部每月供应两斤黄豆、一斤白糖，称“糖豆干部”。

高：周围存在这种情况。（“文化大革命”期间）我在监狱里听一位国务院民委办公厅主任王子玉跟我讲——他原是阎锡山的保安司令，后来把12个团的部队交给八路军，他们后来成了陈士榘的部下，他自己到了延安。新中国成立后他先在水利部当办公厅主任，后来调到民委——这个人食量非常大，困难时期定量不够吃，就把蓖麻叶摘来做进窝窝头里吃。可见当时有些干部虽是“糖豆干部”“肉蛋干部”，也是吃不饱的。因为这一点照顾毕竟有限。

陈：您给干部讲音韵，是这个时期吗？

高：是那个时期。因为我在那里没事干，正好这时吴印咸拍了一个片子，叫《黄山烟云》，片子拍得很好。他一辈子搞摄影，黄山风景又好，送文化部审查，通过了。夏衍向来好写条子，这是字据为凭的好习惯。我在厂长室当秘书，字条先到我手里。他的意思是，希望你们的厂长、创作干部，能学习一点四声音韵知识。他以《黄山烟云》为例说，这四个字都是平声，不上口，从声调上讲，不能这样命名。夏衍是有学问的人，其实稍有中国传统文学知识的人都能发现这个问题。钱筱璋来了，我给他看条子，他沉默不语。我因为闲得慌，想找点事干，就毛遂自荐说，如果要解决这个问题，我可以帮他们一下。他一言不发进他自己办公室去了。后来他跟我说：“你太狂妄自大了！”指的就是这件事。

陈：谁说您狂妄自大？

高：钱筱璋。

陈：他是什么时候跟您说这话？

高：过了好长时间，他批判我时，讲了这么一句话。我说这句话当然有根据，对我来讲，中文韵律、平仄四声等问题，是有童子功的。从小就做旧体诗，在北大又跟著名国学家、文学家俞平伯学了一年诗学，平日我常读古诗词自娱。要解决夏公指出的问题，我稍做准备就能对付。他对我这方面的学识和创作实践既一无所知，又不问问我想怎么解决，就沉默以对，却把账记在肚子里。对夏公的正确提示，就这样不了了之。这件事使我对他和我这个职务，完全失望了。在他看来，他不知道的，好像我一定不知道。如果说我知道，就属于狂妄自大。其实在我看来，这件事只是举手之劳，没什么可稀罕的。

陈：这件事对您还是有点伤害？挫伤了您的积极性？

高：我是完全、彻底失望了，所以决心不待这里了，离他远一点。后来就搞“五反”，就是你前面讲的“五反”[1]，我就跟我对面坐的秘书干事，就是马林同志[2]的妻子朱枚同志说，我今天下去开会提意见，然后我就肯定离开这里了。

陈：对钱筱璋厂长提意见？

高：他家里人出来买鸭子，是农民或小贩弄来这些东西，穿胡同卖给大家，在当时是不允许的，所以需要反。

陈：买鸭子？那有什么呢？

高：现在看来，当然不算事，其实当时也不足论。但一反五风，买鸭子或别的什么，就属于违规。

陈：您是说钱筱璋家经常上街去买鸭？

高：不是经常，也许偶然有那么一回。我就是找个理由，提个意见，让他叫我离开那里，谁愿一天到晚再待在那里没事干？你想帮他干点事，他还不高兴，这难受不难受？他看完大家提的意见，果然不出所料，就跟我说：“你回宣传发行科去吧，我们这里用不着你了。”我求之不得，我又回到老地方去了。

陈：您在厂长室前后待了多长时间？

高：大概 1963 年到 1964 年期间。不到一年，我走了。我在“新影”先后总共待了四分之一个世纪，唯独宣传发行科跟我有缘，先兼管它一次；下放回来，正式领导过它一次；反“右倾”以后，又从厂长室退回去一次；出“文化大革命”冤狱后，闲待在它那里一次。可说是四进四出。钱厂长用人之道，由此可知其大略。这就是他对我的所谓“利用、限制、改造”。因此我也就理解韩愈为什么要写《杂说四》了！我愿意回去，是因为新影厂没有其他可容我的地方，而电影局想要我，又不让我去。这时我才开始想搞“郑和”的剧本。

涉及他私人的事，我不想谈。有关我国新闻电影事业，我觉得首功应该记在整个新闻电影摄影师及其助手队伍的头上。他们的文化水平不一定

---

① 历史上有两次“五反”，第一次“五反”，是 1952 年在资本主义工商业者中开展的运动，反行贿、反偷税漏税、反盗窃国家财产、反偷工减料、反盗窃国家经济情报。第二次“五反”实际上是“反五风”，即 1960 年年底开始的反“共产风”、反浮夸风、反命令风、反干部特殊化风、反瞎指挥风。

② 马林（1930—　），电影编剧，原名马文麟，天津人，天津保定高等工业学校肄业，1948 年赴晋察冀解放区，入华北大学学习，后任华大文工团、北京电影制片厂演员，1952 年后在文化部电影局工作，1977 年后调回北京电影制片厂任编剧，作品有《戴手铐的旅客》（与纪明合作）、《邻居》（与朱枚、江达复合作）、《闯王进京》（与高汉合作，未拍摄）、《党小组长》等。

很高，但是真正与广大官兵在一起战斗的是他们。战争年代与部队冲锋在前、流血流汗抢镜头的就是他们。为当时条件所限，他们没有机会很好地学习，这是历史造成的，不是他们自己的过错。但是烈士都产生在这支队伍里。东北解放战争中张荫梧等三烈士，抗美援朝中的杨序忠，进军西藏时的关志俭，亚非会议途中的郝凤格。负伤致残，或落下病痛的，也在他们身上。没他们这支队伍，就没有我国的新闻电影。建立新影厂以后，如果仍不重视人员素质和文化水平的提高，那就是领导的责任了。比如，像夏公那条指示就没有人执行。我自告奋勇要来讲平仄声律问题，为什么就不让我来试试呢？我能不能讲，一试不就清楚了吗？宁愿搁置夏公的指示不执行，也不去提高队伍的文化素质和业务水平，这对事业的发展有利吗？反而认为我这自告奋勇者是狂妄自大，否认同志互相学习的常识和“尺有所短、寸有所长”的真理。这个平仄声律问题，我只是举个例子。对那一时期的新闻电影，总的意见是功劳很大，文化素质平常，优秀的影片较少，一般的质量不容易提升。比如解说词里讲，艺术体操那个地毯“是12平方米”，我听着就觉得不对，12平方米只是一间平常小屋的面积，怎么能表演艺术体操、翻跟头？后来我一查，这地毯是144平方米，地毯边长12米，12乘以12是144平方米，是12平方米的12倍。这低级错误居然通过层层审查，把它录在影片上。初中文化水平的人都知道的事，一个起码的数学概念，总编辑部竟无人发现，这岂不是属于领导要负的责任吗？后来电视兴起，要把新闻电影合并过去，他把着不放。包括王阑西在内，他们要拥有三支队伍，科教片、新闻片、故事片。这个时候很多人都已经看到，电视将来一定要大发展，其受众将是千家万户，他们就是把着新影厂不放，只出少数人支援，精锐全留厂内，新影厂窝着一大批很有经验的人，随着电视的日益发达而“失业”或“半失业”。对国家和这些精英个人来说，那是很大的损失，直到最后国务院成立广电部，把新影厂整个划走。但是窝着的精英们无不发出“廉颇老矣”的无穷感叹！这当然也是领导的问题，没有远见。

陈：现在新影厂和中央电视台不是合并了吗？

高：是合并了。但他们都已经老了。只能在那里抱怨待遇不高，电视台怎么对他们不好，发牢骚。我经常跟他们在一块聊天。这帮精英如果当时都过去的话，对当年的电视新闻那真是及时雨、顶梁柱！像现在的副台长赵立凡，当时在新影厂还是刚脱离助手不久的“小年青”。

陈：1962年3月，文化部有一个关于调整电影制片厂的报告，撤销各省市的新闻纪录片电影厂，只保留记者站，您有记忆吗？

高：我有记忆。我在北影厂当副厂长时，有一次出差广州，特地在郑州停下来，去看新影厂分到河南电影制片厂的同志，他们的状况很不好，有的后来回了“新影”，有的就不知道干什么去了。

陈：1958 年“大跃进”的时候，各省都成立了电影厂。

高：后来实际上是撤了，但是名还在、人还在。北影厂也有从地方厂调回的干部。

陈：您指的是 1962 年以后？

高：就是这个命令下达以后。

陈：新影厂厂史说，1963 年 9 月到 12 月，“五反”运动中，职工给领导居然提了 2379 条意见和建议？怎么会有那么多的意见和建议？

高：这就是刚才我说的，我对朱枚[①] 说，提完意见肯定就会从厂长室滚蛋，就是在那一次运动中。这些意见，大概也包括我提的那一条。

陈：您提了多少条意见？

高：很少几条，我记不清了。这许多意见，是发动群众来提，每个单位都开会。我下楼去参加那个会，看很多人都在提意见，最后就集中到党委。

陈：您提了钱筱璋的意见，不就更得罪他了？

高：我为了要离开那个地方，才去提意见，本来这种琐事我可以不提。但是我一天到晚坐那干什么呢？我想做的事他又不让干，还有什么意思呢？所以我才这样做。

陈：1963 年 10 月底，有一部纪录片叫《罪恶的地主庄园》，就是刘文彩庄园，您看过这部纪录片吗？

高：看过。我觉得刘文彩真不像话。我也出生于地主阶级，我的亲戚朋友里面，很多也是地主，都没有这么坏。刘文彩已经是一个恶霸，私设水牢，那确实是吓人，当时我就这样想。

陈：丝毫不会疑心有艺术加工？

高：这不会。不可能做出水牢来。

陈：当年新影厂的纪录片或新闻片，有没有摆拍的那种？

高：这个也有。我们厂里面经常发生批评这种违反新闻道德的事。

陈：占上风的还是反对做假？

高：反对新闻做假是必须的。这肯定不允许，只要发现就取消那些东西。

陈：您认为摆拍新闻形式和做新闻照片，性质不太一样？

---

① 朱枚，即口述人前面所说的那位在厂办的女同事，马林的妻子。

高： 都须做具体分析，笼统说不行。如果为主题所需，而事实确实如此，适当补拍也无妨，但不能滥。

就好像上次说解放军夜袭总统府，拍《中国人民的胜利》，没有那个镜头说不过去，可是当时是半夜打进去的，我们的随军摄影师在后头，那就只能补拍一个。还是找原来那个部队，按真情实景，只不过是从晚上移到白天，重拍一些镜头。

陈： 这个您觉得能接受？

高： 我能接受。为什么？因为这个事太重要、太有象征意义了，打进总统府，说明多少问题。所以我们认可。苏联友人和我们都研究过，他们也觉得应该。陈毅同志点头才能动用原部队来让我们补拍一次。

陈： 但是真实历史是发生在半夜，现在变成白天了，就不是真正的第一现场，不是新闻发生的时刻啊？

高： 你要这么说，这事就办不成了。但这只是改变了时间，地点、人物仍是“第一现场”。《史记》也不是现场笔录，是司马迁广泛调查后的实录，能因此否认其伟大意义和真实性吗？不能。补拍后用于《中国人民的胜利》这个镜头，现在是历史的、经典的、公众认可的、无可替代的历史记录。

陈： 但是我们过去不知道它是补拍的，以为当时真有一个新闻记者跟着那后面去。但是我听您说这是为补拍而重来一次，夜里搞成白天，再看会感觉……

高： 实际不可能拍那战争现场，我们摄影师也不能这么跟着去，不可能的。他们冲得快极了，一下子就进去了，像旋风一样，你哪里跟得上？跟不上的。事实是这样的。我相信哪部正史都不会是史作者亲眼所见的笔记，这也是考古之为科学的道理。几万年，几亿年前的事，只能凭挖掘到的某一足以为据的物件来立论。何况这次补拍只不过是把半夜挪到了白天，而且仅仅只限于极少数几件事。

坐牢最宜学“马列”

陈：1966 年您被送去文化部集训班，去了多久？

高：大概有个把月。回来以后很快被关“牛棚”参加劳改。

陈：1968 年到 1975 年，您先后在功德林和半步桥监狱度过了 7 年冤狱生活。您在狱中写了很多诗？

高：入狱第一天 3 月 6 号，农历大概是月半前后，月亮很早就起来了。隐约中看见一轮满月，不觉诗兴大发，我很惦记我家，就填了一首《菩萨蛮》。

陈：这词当天晚上作的，您怎么记录下来呢？

高：凭脑子。我作了很多，每一首都反复修改，反正整天闲着没事干。不过也忘了不少，只记住十之三四。《诗刊》1980 年 7 月第一次发表我的诗词，题目就是《未被忘却的诗》五首，为什么叫《未被忘却的诗》？就是忘却的诗太多了，记不得了。因为牢里不许囚徒身藏片纸，无法记录。没事干，就作诗。有时候，把过去学过的平面几何旧题想出来，重解那些难题，或者背诵古诗词。一切都聊以自娱而已，消磨大好年华。

陈：作诗、做题，是有意锻炼，不让自己脑力荒废？

高：那倒不是，当时没这个思想，主要就是没事干。我念过很多古书、古文。当时还不许与家里联系，后来可以了，就让家里送马克思主义经典著作来。我把列宁的《哲学笔记》、梅林的《马克思传》、恩格斯的《反杜林论》和《自然辩证法》等都翻来覆去地读，不说韦编三绝，也到了面破页残的程度。

陈：狱中的阅读，看书、看报是什么样的情况？看了哪些书？

高：我进去时，身上只有一本《毛主席语录》，别的什么都没有。那时候，天天读，离不开“红宝书”[①]，没有什么事，就背林彪的《序言》，那个《序言》也不长，天天念。过了一段时间，许按书目表买书，我买了梅林的

---

① 天天读，是“文化大革命”中学习《毛主席语录》的一种仪式，每天都有人组织学习，集体读一段《毛主席语录》。“红宝书”，即指《毛主席语录》，因为有红色塑料封皮，被称为“红宝书”。

《马克思传》。监狱没有图书馆让我们借书看，后来可以向家里要书，这就好多了，我要了列宁的《哲学笔记》和《唯物主义和经验批判主义》，恩格斯的《反杜林论》《自然辩证法》，还有《毛泽东选集》，苏联出版的《马克思恩格斯选集》两卷本，还要了普列汉诺夫的一些著作。

陈： 监狱里还可以买书？

高： 每过一段时间，给你一个单子，可以照单选购。但我带钱不多，首先要保证生活日用品，我还管着另两个人的，所以不敢多买书。

陈： 让家里给您送书，不能说您在哪儿？

高： 他们只让你填表，我也不知道他们怎么把书拿来。监狱可以说是最好的学习环境之一，尤其有利于读书。因为那里禁止喧哗，你可以不理睬任何人。监规规定不许交头接耳、相互谈论案情。例行的学习就是每天读“红宝书”，报纸和广播不是每天都有，监狱让你看或让你听才能看或听，这样的机会很少。它供你吃喝，到时候饭来张嘴，衣食不愁。未决犯也不许劳动，放风也很不正常，几乎是所有时间都属于读书和思考。开始时，我没有别的书，只有一部精装的四卷本《毛泽东选集》，就背《实践论》。我很喜欢这篇文章，从头到尾读得烂熟于心。因为看得太多，就试着背诵。同号中有个工人会背《实践论》，我们就对着背，果然一字不差地全文背出来。接着我就开始背《矛盾论》。

陈： 有意背书，是干什么？是锻炼脑子？

高： 锻炼脑子。当时那个工人就会背《矛盾论》。我受他启发，觉得这个人挺好，既锻炼身体，又背《矛盾论》。《矛盾论》比《实践论》难背得多，很长，我深知背书是很好的学习方法。小时母亲教我唐诗、古文都是靠背。背多了自解其中意义。后来家里送的书多了，当然改成看书。那位背书的工人就改成背我的诗词。我有几首诗词就通过他的调号，传到别的牢房里。读书必须记住重点和警句，狱中无笔，无法标注，那工人教我把用完的牙膏皮撕开、洗净、反卷，可当铅笔用。一试果然行。所以我从监狱带回的书上都画满了牙膏皮所作的标记。

随后就看《反杜林论》《自然辩证法》等家里送来的这些书。我曾经提过，我高中毕业以后，在老家曾经拿到一本《唯物论与经验批判论》，在家里搁了两年多，始终看不懂。因为那时，一方面幼稚，没有哲学基础；再一方面，书翻译得也不好。这一次，我专门拿了这本书，重新读一遍，许多地方反复琢磨。我非常欣赏列宁的头脑，逻辑思维严密，知识渊博，真是了不起！这本书使我在监狱里补了当年初见它时的错失。

我最熟悉的，就是恩格斯的《反杜林论》《自然辩证法》和列宁的《哲学笔记》。

陈：您当时读书，是坐着看，还是躺着看？什么姿势？

高：时间有的是，只能坐着看书。也没有凳子，每个人就靠在自己的被子上。这有规定，排好位置，座位不能乱。有的坐在炕沿上，有的靠着被子，也有靠着墙的。要看书，最好是靠着被子。

陈：书摆哪儿呢？那么多的书？

高：书摆在枕头下面或旁边，没有别的地方放。

陈：监狱里会有人偷书吗？

高：绝大部分人都没兴趣看书。我大概是唯一的一个。别人要看的很少，传抄诗词的倒有几个，因为诗词比较短小。

陈：您阅读的主要收获是什么？除了打发时间，锻炼思维之外，在哲学观点上，在思想精神上，您的主要收获是什么？

高：因为我原来已经笃信马克思主义，在北大跟许德珩学社会学，我们的读书会也是学辩证唯物主义、历史唯物主义、唯物辩证法等为主，没有别的东西。我自信已建立了马克思主义的世界观和人生观。通过在狱中这几年的学习，我深感有两个问题没有解决好：一个，对传统正确思想的继承远远不够；另一个，对资本主义社会的看法过于偏激，对其积极面认识不足。恩格斯的《自然辩证法》写得实在高明，比如零的一分为二，就得之于《自然辩证法》；像“生新羽”的脱毛过程也是。我老家养过鸡，小时候看鸡都脱毛，但生长新羽毛还是这只鸡。我觉得他研究这些问题说明，真正的真理就在普通事物里面。当你真正把这些道理搞通以后，大事小事都是一样的。这更增强了我对“新影存在红线”观点的信心。那些奔赴前线记录解放战争伟大进程的摄影师拍电影、编辑们编辑这些影片镜头，说是受资产阶级文艺黑线控制，分明是颠倒黑白、指鹿为马。这是对新中国新闻电影的极大污蔑。解放战争是什么？就是旧中国的“脱毛”新生“羽翼”的过程。忠实记录这一过程的影片，与资产阶级文艺黑线有什么关系？

真理本来就很具体，很简明，没有什么玄妙。凡是把这些事情搞得非常玄妙，好像很高明、很深沉，或者为了哗众取宠、搞得花里胡哨；这就值得怀疑。我学了这些著作，最大收获之一是加深了对“真理永远是具体的”这句话的理解。在监狱里阅读这些著作，我发现，所说共产主义，和孔子所说儒家理想社会，大同世界、天下为公、讲信修睦、选贤与能也没有多大区别。只是孔子受时代和社会局限，说不出社会主义、共产主义。但是他说出了“小康”“大同”“天下为公”，实质并无差别。这就是我在诗中要写“何损寰球仰仲尼”的思想基础。同时我也在《共产党宣言》中发现资产阶级民主革命的历史贡献，这一点往往为后人所忽略，马克思恩格斯却肯定并描述了它。我读了他们的著作，深感：资本主义是历史的产物，推动了社会发展，生产工业化、贸易全球化、政治民主化、社会管理法制化，导致科学大发展。不然，何来马克思主义、社会主义、共产主义？许多人往往对它的正能量认识不足，只知其负能量，这科学吗？符合一分为二吗？恩格斯本人就是一个工厂的经理，他经常支援好友马克思的生活，但这并不妨害他们俩志同道合，真正做学问，懂得要找出历史、社会、人生发展的科学道理。八年监狱生活，给我提供了深耕马克思主义的条件，这也是我又一次“脱毛”的过程。所以我在诗里贯穿的，基本上就是这种思想。

陈：在监狱里的体育情况呢？

高：我只看书，没有什么体育锻炼。人家做俯卧撑，我也做两下，不过很少。刚才说的那个工人，他保健做得比较好，俯卧撑做得很多，本来是用整个手掌，后来用五个指头，后来逐一减少，减少到最后只剩下两个大拇指做俯卧撑，就是这么锻炼。他的意志很坚强，会背《矛盾论》的就是他。

陈：您自己呢？

高：我也跟他学做俯卧撑，不过做不了那么多。我更大的兴趣，是研究这个天地之间的“文化大革命”合不合乎马克思主义，到底算是怎么回事？我主要是动这个脑筋。

陈：您比同监的人多一点出去活动的机会？

高：那就是我在 1969 年预审员宣布我仍是共产党员后，成了劳动号，负责通道和厕所的卫生，经常出去扫地、搞卫生；叫去大院扫地、拔草则是另外任务。

陈：我想说的是，有没有保重身体的意识，不能垮掉？

高：这个没有。因为它的条件就是这样，吃的就是这些东西。不过有一个明显的变化，在功德林时，一天吃两餐，到了半步桥，一天吃三餐。林彪死后，菜汤里出现芝麻酱的渣子，有时还有肉末。也有白面馒头，主要是窝头。你无法挑选，监规里面有一条，精神会餐也不许。

陈：精神会餐也不允许？中秋作诗不就是非法的了？

高：精神会餐，是指空谈吃喝，在精神上会餐。

陈：不能讨论萃华楼好，还是烤肉宛好？

高：就是这意思。比如那一天争论油饼怎么做，就是违反监规的。当然这条监规，实际上执行不了。因为人在极端困苦时，都要想吃想喝的。可以举两个例子。一个例子，我那一次调去对付姚中元时，我身旁的是个新侨饭店的青年厨师，他跟我关系非常好，他文化不高，初中，后来进了厨师训练班，就成了科班出身的厨师了，在机场、新侨饭店、北京饭店都干过，手艺很高明。他主动每天给我讲五个菜——这属于典型的精神会餐——他几乎把他所知道的菜谱都给我讲了，怎么切、怎么烧，每天五个；他说讲多了你也记不住。其实五个我也记不住。讲了很多天。后来因为我把姚中元问题给解决了，姚中元疯了，我也走了。下文是出狱以后的事了。当时精神会餐，只限于我和他两人之间。

陈：您刚才说有两个例子，另外一个例子呢？

高：另外一个例子是，有一天忽然牢门打开了，进来一个小伙子，从来未见过的，进门就一直往里走，边走边问我们对伙食有什么意见？这简直是破天荒的大怪事，监狱向犯人征求意见来了！我们都坐在通道两边的木炕上，还没有回过神来回答他的问题，他已从门走到尿桶那里转身就出门去了。只留下这么一句话："你们对伙食有什么意见？"他没有听我们讲什么，人不见了，意见算征求完了。我只觉得太可笑了！不过我们也在猜测他的来意，表示要改善伙食？

陈：问一下就走，纯粹是走形式？

高：可是那一天晚上，吃韭菜包子。这是空前绝后的一次。不是窝窝头，是韭菜包子！这当然很好。早上加一次早点，发一个小窝头，有咸菜，有玉米面粥，就是从韭菜包子吃后开始的，以后一天吃三顿饭。可是大家不知道这是为什么。后来我才知道，因为林彪"折戟沉沙"了。也在这期间，在监狱支左的部队[①]38 军，有个干部，看样子岁数比较大，四五十岁了，专门找我谈了一次话。他说我们这里现有条件比较差，对你们这样的干部，生活没有照顾好，只能跟大家一块吃，是解放军每月 13.5 元的伙食。他的意思是，本不应该这样，但是现有条件做不到，希望能够理解。话讲到了，实际也有所改善，形势向好，明显感受到了。

当时我在 K 字楼 1 筒当劳动号，发现 1 筒也有几个单身牢房。有一天狱警叫我去一牢房打扫卫生，发现那里的墙壁是软的，地板也是软的，都是黑色橡胶片围成，四壁、地面都有弹性。屋子很小，里头却有厕所，在地板上有个盖子盖着。以前我常听到有人在大声地自言自语，声音听起来洪亮而苍老，纯粹湖南口音。天天在那说，当年我见斯大林时是什么样，

---

① 支左部队，1967 年 1 月 23 日，中共中央、国务院、中央军委、中央文化大革命小组作出《关于中国人民解放军坚决支持革命左派群众的决定》，实际上是要防止造反派内斗。3 月 19 日，中央军委又秉承毛泽东旨意，作出《关于集中力量执行支左、支农、支工、军管、军训任务的决定》，派人民解放军到各地"三支两军"，实际上是由军队接管地方领导权。1972 年 8 月 21 日，"三支两军"人员撤回部队。

现在你们为什么这样对待我？这个地方肯定关过一个大人物。这人的声音，跟我解放初期在会议上听李立三作报告的声音非常相像。不过后来我又想，如果是李立三也不应该关在这里。可谁又能面见斯大林呢？后来这个人没有了，才叫我去清扫这屋子。我发现屋里很干净，只扫出一些新鲜的橘子皮，我断定原来住这里的人每天有水果吃。我把这些橘子皮中比较好的揣在兜里，拿回号里，分给同屋的人，每人分一点，他们搁在鼻子下面闻了很久。当时我觉得这实在可笑，其实也真可怜，都是多年不知水果滋味之故。

陈：您在监狱中，最难受的是什么？“十梦九驮儿”肯定是一个？

高：前五年，我不知道儿子的消息，只凭吴青一人抚养，她工资又不很高，肯定很艰难。还有我老母，一人在家乡，一定更困难。

陈：您的工资被停掉了，是吧？

高：永远开除出党，人关监狱，工资肯定被停。人已经跟野兽一样，关在铁笼里了。“国念家愁都几许，一似楼前、镇日潇潇雨！”这里传达的就是我当时的心情，还有为儿子写的那首诗也是。当然最关心的还是国家的事，我觉得这个国家要老是这样下去，怎么得了？！我为什么要写那些诗？就是为了宣泄这些忧思，所以我说“卧薪无别望，静待杀狼豺。”将来只要长出新羽毛来，我要破壁腾空而去，找他们算账。

陈：这些思虑，无法跟别人交流吧？

高：这是我内心最深刻的忧虑。没法与他人交流，只除了叶选宁。

陈：特别难以忍受的经历呢？有吗？

高：特别难以忍受的，对我来讲，我都要比他们好得多。比如说，有一次改善生活，吃油饼，八年只此一回。吃油饼当饭，对我这个胃就很不合适，要拉稀，一拉稀，只要我一打门上报告牌，看守就知道我要上厕所，开门让我出去。青海来的那个飞机工厂总工程师得了便秘症，几天也拉不出屎来，他就不可能随意到厕所去，只能在牢房里，坐在尿桶里拉屎，还是拉不出来。老去坐尿桶，尿桶是铁的，坐的次数多了，屁股磨得受不了，他就把棉鞋脱下来，插在尿桶两侧。所以坐屎桶时，两边生出两个短翅来，这种奇观你可能都想不到。到后来实在是不行了，就用自己手指头抠，那真惨，一块一块往外抠，所以身旁地上，堆满了擦手纸。你想这有多么痛苦？一个满头华发的飞机设计总工，过的是什么生活，这个社会正常吗？面对这种情况，也是我内心最难以忍受的痛苦。我认为，即使他罪大恶极，该判就判，不该这样无止无休地总关着他。这极不科学，也极不人道。

陈：这个人多半也是政治犯吧？

高：他从来不说，熟了以后，他只讲是在“三线”[①]，青海某工厂当总工程师，一看这个人也不一般，很有修养，从不多话。

里边曾经有一个公安局的处长，沉默寡言。跟我格外好，他告诉我，他是山西人，工人阶级出身，北京老地下党，1937 年还是 1938 年入党的。搞地下工作的地点在我们北大三院旁边的银闸胡同，他名义上的职业是小学的训导主任，实际上是打入旧公安局的。他曾经问过我一个问题：“我看你怎么一天到晚很高兴，一点也不发愁？”我说我这个人没心没肺，所以我挺高兴的。其实我是忧国忧民，只是我不能跟他讲而已。因为他跟叶选宁不一样，他是公安局干部，我搞不清他是怎么一回事。我无法想象自己将来的结局，但是我有一个信念，只要与真理同在，就什么也不怕。所以我无所畏惧，用看书来排除一切无谓的闲愁。我觉得，如古人所说“闲愁最苦”。对我一生来讲，这无休无止的牢狱生涯，就是我精读马克思（主义）经典著作的最佳机会。虽然不能全部读光，但就这几本书而言，的确已是精读深思了，我自认为得个博士学位也应该了，因为我看得太熟了，使我理解了许多过去从未想到过的问题。例如恩格斯在《反杜林论》里说，资本主义内部已有社会主义因素存在。所以在他看来，社会主义是历史发展的必然。

---

①“三线”，指的是从 1964 年起，中国政府在中西部 13 个省、自治区进行的一场以战备为指导思想的大规模国防、科技、工业和交通基本设施建设。那些工厂被称为“三线工厂”，简称“三线”。

出狱回家的日子

陈：请您说说 1975 年 4 月，您出狱的情况？

高：我到那个关死囚犯的牢房休养了一个来月。有一天，队长跟我讲："你回 K 字楼去吧！"那个邢队长送我，帮我拿一脸盆书，行李放下不久，12 筒陈队长就找我谈话，陈队长关心地说，你身体好不好？我说身体还可以。他又说，你有什么病吗？我说，我觉得也没什么病，有一点，也没什么。他说："你写一个报告，把你的病写一写。"我觉得非常奇怪，为什么我刚一到，他马上叫我写病的报告？他给了我纸笔，我就写了一个，自入狱后眼睛得了一种病，那是在功德林得的。六月天那么热，也不开窗户——窗户犯人自己不能开——觉得眼睛跟冒火一样，不通风，屋子小，真是够受的。从此这眼睛，热天一来，就像挡着一层灰蒙蒙的东西，到底是什么东西，我也不知道。报告交上去了，这位陈队长又要找我谈话，说你这个人怎么连有病的报告也不会写？我说，我不是都写在这里了吗？他说："你写的这个都是在监狱得的病！"他的意思就是说，不能写在监狱得的病。让我回去重写，又给了我纸和笔，叫我重写有病的报告。这时我才领会，他是要借口我有病，让我保外就医。但是我不愿这样出狱，所以我写了更加强调我在监狱得的病，别的病一概不说。拿去一看，他对我说："你真是越写越回去了！"表示很失望。从此再也不让我写了。因为我已经摸透了他的心思，他也理解了我的意思，反正他也不能把我放了，保外就医我不接受。可能这时他也已经知道，毛主席已经批了邓小平那个报告——邓小平复出后，就在这 1975 年初，给毛主席写了一个报告，有许多共产党员和人民内部矛盾问题的人关在监狱里，这是不行的。毛主席批了字，"五一"以前全放。

陈：等会儿，您当时知道邓小平的报告和毛主席的批示？

高：这我不知道。我是出来以后才听说的。不过当时，我已明显感觉到，坐牢的日子快要到头了。这正是我写《问鸟》那首诗的时候。从我回到 K 字楼 12 筒，不光是写报告的事启发了我，他们也不关着我，让我和另外一个人天天出来洗被子。监狱里脏被子有得是，每天抱出二三十条，我们不干别的，从早到晚洗、晒、缝被子。为了这些被子，他们开了一个大号，里面全空，让我们把缝好的干净被子都叠好放在大木炕上。被子在三楼洗，晾被单要去楼下大院里，他们也不看着，随便我们自由自在地干活。楼下大院里有一长铁丝，是他们警察自己晾衣服的，我们就把洗净的被单全晾在他们的铁丝上，他们也不说什么。我跟那个人只在晚上回各自原来的囚室睡觉，白天就洗被子、缝被子，我的最高纪录是一天完成24条被子。我们把那空牢房都快用被子堆满了。

这时，有个队长找我到会议室谈话，他从楼上指着楼下的那两扇大铁门说：“你看在这大铁门里头，我们对你只能这样；只要一走出这个大铁门，咱们就是同志，咱们可以握手。”这跟1969年预审员单独告诉我是共产党员一样，显然是一种暗示，我待不了几天了，被子也洗完了。队长后

1975年夏，合家首次团聚，三个孩子不是农民就是工人

来突然把我叫出来，满面笑容，把我领到会议室，那里站着一个人。队长说，你在这儿理一下发吧。本来狱中理发，都是把推子送进牢房，犯人自己互相推光头。可是这一回，那位站着的人有工具箱和白围颈布，还把我单独叫到会议室理发。我看他一上手，就是行家。我问他原是哪儿的？手艺这么棒！他说是四联[①]的，这就难怪了。“四联”是北京老字号，最棒的理发店，开在王府井。我只在做新郎时，特地去那里理过一次发。本来当

① 四联，是北京一家著名的理发店。

犯人，都是光头，也谈不上理什么发。可是我不同，从入狱到出狱七八年时间，从来保持原发型，从没有推过光头。曾经有过一个中央乐团的歌唱演员在押，他要援我之例不让人推光头，但是狱警不许，明白告诉他，不能跟我学。只我可以留，别人不行。

陈：居然有一个四联的师傅到监狱给您理发？

高：我想他可能也犯了什么法，被关进了看守所，可是又让他出来给他人理发，可能问题不大。我也感谢看守所狱警的良苦用心。大概看守所也感谢我这几年帮他们做了许多工作，无以为报，最后为我找了理发师精心给理次发。理完发，我就知道我要出去了。这个头理得很像样，跟原来由犯人给我理的大不相同，毕竟是四联理发师的水平。我回到了监号，所有同号都吃了一惊，纷纷祝贺：说这是好兆头，有的说，你出去替我抽支烟；有的说，你出去先好好撮一顿……第二天中午，即 1975 年的 4 月 25 号，队长开门叫我收拾行李出来，说："把东西都带着！"我知道，我肯定是要回家了。我把脸盆里面的肥皂、牙膏、牙刷、毛巾都倒在炕板上，留给那些缺这缺那的人用。同时我的书已越来越多，没地方放，我也没有袋子，只能全部搁在这个脸盆里。我的衣服也不多，胳膊一夹，抱着这一脸盆书就下了 K 字楼，就这么样离开这个几度关押我的 12 筒道。到了大门口，进了一个很大的地方，就是犯人入狱的接待室，西边有一个很矮的小柜子，据说里面放的都是手铐跟脚镣，东边是一个高柜台，木板的，柜台里面坐着一个女警员，从未见过。我就坐在那个矮柜上。她跟我讲，你们单位来接你了，你回去吧！她拿出一个牛皮纸大档案袋，我的眼镜、手表、腰带，还有没有花完的钱，都从那里倒了出来。女警员说，你拿上这些，走吧！我说结论呢？她说没结论。我说这就不对了！你们关我七八年了，审查我，怎么也得给我一个结论啊！我回去也好有个交代，说这段时间到底是怎么回事。她说："没有！"那个人很凶，只说"没有！你走吧！"我说这不行，那我就不走了。

陈：放您回家，您不走？

高：蹲监狱的人是这样的，只要经过半年，他都无所谓了。因为那半年是最难受的，失去自由。半年之后，就无所谓了，也习惯了。而且最后我的自由度很大，也没人跟着我。所以我说，你不给我结论，我就不走。那个女的大概还从没有见过叫走还不肯走的人，所以很奇怪，因为不想走的人极少见。她后来一看来硬的不行，就跟我讲道理了。她说，你在这里也待那么多年了，你应该知道，现在你还能进哪个门？门都锁着，你能进得去吗？到我们这里不容易，你现在想再进去也不容易，放你，你就得走。你再进去，谁能为你开门？我一想也对，整个都搬出来了，我到哪里去啊？

她还说："我们不能单独给你再搞一个地方关你，你只能回去了！"我一听，明白了，现实就是这样，我必须承认，所以只好走了。

陈： 是谁来接您？

高： 这时，我们组织科科长早等在门口了。直向我招手，他说："高汉，走吧！"他看我还跟她磨叽这结论的事，就在那里给我扮鬼脸，意思是跟他们无关。我装着看不见，公安局那女同志把那牛皮纸口袋一倒，还有没花完的零钱中有几个硬币滚得老远，我伸手一抓那几张钞票就走，硬币不管了。这个女同志就大声喊起来，很凶："回来！"我说干什么？你不是让我走吗？她说改造你那么多年，怎么你都不爱惜自己的钱！指那几个滚远了的硬币。可是我想，人自由了，还要那几分钱干吗？就懒得去捡了。这女的一喊感动了我，她的意思是，必须把自己的钱拿走，改造你这么多年，你要懂得节约。她的好意感动了我，我又回去捡起那几个硬币。陈栋[①]就帮着我把那一脸盆书和一些衣服装进汽车，离开了半步桥。

这时，我才开始注意，到底这个半步桥是在北京的什么地方。这地方的环境我很陌生，虽然我在北京生活多年，以前好像没来过这个地方。我想不到在这里住了那么多年！这时，他[②]就不停地跟我讲话，因为我们是老熟人了，他显得很热情，给我讲厂里的情况，我觉得这些事听着就烦，当然我没有拒绝他讲。车过菜市口，我才知道半步桥原来是在菜市口的西南角。当时我就想到谭嗣同等"戊戌六君子"就在这里斩首，以前我曾来过这个地方，寻访并凭吊处决他们的刑场。我研究过戊戌变法，深感慈禧太后还是不简单的，只杀了这么几个人，关了光绪皇帝，赶跑了康有为、梁启超，下放了一个翁同龢，就把变法问题解决了。

陈： 您是说，当时在车上琢磨这个？

高： 我就没听他讲的那些事，我脑袋里老琢磨戊戌政变的问题。很快，汽车就到了我的新家了。

陈： 你们俩坐在车里，还有一个司机吧？

高： 那个司机叫小王——现在也已经变老王了，都是老熟人。汽车就停在我生三个儿子的老宿舍门口，把我又搬回那里去了。我抱脸盆和书，很重，他们就帮我拿着包裹，经过我原来住的房子，进到里头的一个小四合院里的东厢房，共三间。我原来住三间楼房，现在还你三间，当然这三间跟那三间质量上没法比，这是一个小四合院东厢房中的一间，加上北房

---

① 陈栋，就是来接他的新影厂组织科干部。

② 他，即来接当事人的陈栋。

的东耳房一间，和两者之间的空地构成的一小间凑成。从最南头，一眼就可以看到北窗户，就跟那通道式公共汽车似的。我当初住的房子，就在这房子的北窗后。东厢房的另一间是别人住的。

陈栋把我送到家，他手里带着钱，给了我500元。他说："你先花着，要钱，到会计科领去。以后的事再说，你在家先休息一年，恢复恢复健康，我先走了。"吴青已在家里，让他进屋坐坐。他说："该你们说话了，我先走了。"就这样，我算回家了。审查七八年，结论也没有要到手，为了几分硬币，还挨了一顿训。监狱生涯到此结束。

陈：您进监狱，一关就是七年，到底是什么原因？

高：这个原因说来也很简单，在一个法制很不健全的社会，人权很难保障。说关你就关你，说放你就放你，在"文化大革命"中，这一特点表现得尤为明显。集训班、"牛棚"，不都是如此吗？我被扭送就因为有这样的社会背景。我的主要问题是我在大字报上提出"新影厂存在红线"的观点，于是全厂开大会，一派要斗我，那一派不让斗，新影厂明显分裂了。

陈：新影厂怎么斗都很正常，因为是"文化大革命"，跟公安局有什么关系呢？能命令公安局来抓人？

高："扭送"这两个字，是法律上的专用名词，不是普通的含义。比如说，我在现场看见你要杀人，我们就把你扭送公安局，这是预防犯罪，这不是抓捕。我入狱属扭送，江青联络员向"四人帮"打报告说，在新影厂发现反革命了，所以姚文元这么批，要把我批透、斗臭，作为反面教员扭送公安局，这样新影厂就能大联合了。这就是我入狱的原因。

陈：开大会宣布永远开除您出党，这个应该写进档案吧？

高：那我就不知道了。

陈：出来之后，您有坐牢后遗症吗？

高：没有后遗症，我觉得没有。

陈：吴老师说过您有，经常抓一根针……

高：这是她的感受。

陈：您不觉得有后遗症？

高：因为我被休假，无所事事，就想做裁缝。在牢里，20个人七天才分到三枚针，我学会了做针线活，回家来我就想做一个痛快。这个不算什么后遗症。那时天下大乱，你能干什么去？读书就那几本，都读到书破页残了，别的书又没有，还能干什么？这一点，我跟她看法不一样。当时我有补爱于她的心理，要替她做点什么事。这么长时间离开她，她一人管孩子很辛苦，我想给她做点事，决定给她做一件新棉袄，这算什么后遗症？

陈：我们要换一盘带子，您不活动一下吗？

高：不用。我这七年监狱练的坐功，大了去了。

陈：您不承认有坐牢后遗症？

高：我不承认这是什么后遗症。因为那时我别的不能做。儿子都在农场、工厂，我没有力量把他们弄回来，即使弄回来也无处去上学。我向厂里要求，给我发一公函到我儿子所在单位，证明我是一个共产党员，是一个国家干部。

陈：一出来就恢复您的党籍了吗？

高：马上给我补发工资了。我成了我厂第一个万元户。我的工资本来就比较高，七年多加在一起，超过万元。不过当时还没有万元户一说。

陈：补工资是因为您是国家干部，但是党籍是另一回事吧？

高：他们当然知道。但是党委给我开证明，分别发往三个儿子所在单位，这说明什么？党籍的事，根本无人再提。我出来后，除了没事干、被休假之外，别的跟原来一样。

就在我被休假期间，我接待了几位特殊的朋友，这是我始料不及的。①

第一位是叶选宁，不知道他从哪里知道我已经出狱了，而且他还知道我住在哪里。我新搬的这个地方，一般人是很难知道的。有一天，我忽然听到敲门声，开门一看，原来是他，惊喜无限。他穿着一身旧军服，我跟他握手时，发现他抬不起右胳膊来。我说："这是怎么啦？"他说："你就让我站在门外吗？"赶紧请他进屋坐下。他以极平淡的心情讲了这只胳膊的故事。原来我们在1969年调号分别后，他就去了一个部队劳改工厂，是用芦苇造纸的工厂。让他在粉碎机上操作。一天，他在往粉碎机里输送芦苇秆时，滚轴咬住了他的棉手套，一时拽不出手来，结果把整个胳膊连棉衣袖筒管都卷进去了。滚轴被卡死，机器停了。等别人来救，他的右胳膊已被机器从肩膀拉断，只有肩膀的皮肤还连着，皮肤已被拉得一尺多长。工厂领导知道他的社会背景，马上让他赴沪抢救医治这只胳膊。当时上海正是"四人帮"的党羽掌权，给他耽误了两个月。最后这只胳膊虽然保住了，但是神经、韧带都拉断了，再难恢复了，成了终身残疾。他让我用大头针扎他右手，不管怎么扎，他都毫无痛感。扎他右手时，我觉得好像扎我的心一样，他则漠然视之。这只右手能写非常优美的草书，现在就这样给毁了！我无法表达安慰之意，找出一瓶藏了多年的五粮液，对他说：可惜没好菜，不然咱俩可以一醉。他问有黄瓜吗？我说黄瓜倒是现成的。他说那就是它罢！于是清洗黄瓜，一拍，加蒜末、香油、酱油、醋，我们两人对

① 以下数段，是口述人审稿时补写的。

饮，一瓶五粮液被消灭了。他告诉我他母亲也回来了，他跟母亲一起住，在王府井。

第二位是老同学、老朋友艾知生父子俩，我也不知道他怎么知道我的住址。他也刚从三门峡劳改回来。他是我二哥高中同班同学，在清华同住一宿舍。我从北大去清华时，就住在他们宿舍里，所以很熟，很要好。后来他当了我的部长，电影局划归广电部领导。

第三位就是那位在新侨饭店当厨师的。他来到我家，这回不是口授怎么烧菜，而是亲自操刀为我示范了。从他来了以后，我的厨艺大大提高。只要他来，我们就大快朵颐，可惜一段时间以后他又走了，不过他的厨艺却留在了我心里。

到了中学放暑假时，我让小侄女来陪我，天天带她上饭馆吃饭，从新街口积水潭那里，一直吃到西四，挨家吃过去，一直吃到西单商场辽阳春就停止了。当时饭馆里的饭，都不如自己做得好吃。新侨饭店的那个大师傅的确改变了我的口感，而这个时候“文化大革命”也把中国饮食文化水平基本毁掉了。饮食是一个民族文化的一大部类。所有那些饭店都不好吃，而且服务员从没有为顾客拿过碗筷。这时，北海公园的仿膳[①]，因公园已被江青他们占了，仿膳的职工为了生计，在北海门口广场里摆了一片大排档，卖仿膳的简易食品。

陈：“文化大革命”那时候可以摆摊吗？

高：那没有办法，你叫这些职工怎么活着呢？我最喜欢吃仿膳的肉末烧饼，我一去就买一大口袋烧饼，回家自己做肉末，用烧饼夹着吃。当时我发现中南海与北海之间桥的栏杆已经升高了许多，原来是很低的。“文化大革命”期间升高桥两边的栏杆，桥两端都派解放军把守，不许行人在桥上停留。明显表示对群众不相信。

就在这期间，公安局送来结论。这个结论说，审查我哪年生、怎么回事，“文化大革命”期间写反动诗、反动日记。

陈：反动诗您说过，送母亲的那首诗，反动日记是什么？

高：反动日记指我哥哥给我看母亲来信所谈旅途经历，她这一路挨红卫兵斗争，剪她的头发，不让她去我姐姐家，到了老家又斗争、又游街，几濒于死，被我表弟背回家等事，我在日记上写了两句话：“历史之债，丝毫不爽。可怜她是临老吃猛锤。”

陈：历史之债、丝毫不爽，这也算是反动？

---

① 仿膳，是北京北海公园里的一个著名饭馆。

高：我就写这么两句话，就算反动日记了。

陈：反动诗词、反动日记，没提反动大字报吗？

高：这个没有。因此做了一个结论，说我是“严重政治错误”。这跟反“右倾”时给我做的那个结论完全一样，反“右倾”也说我是“严重政治错误”。这是经北京市公安局审查做出的结论。

陈：严重政治错误，在监狱住了七年？

高：这都不提了。反正就是“严重政治错误”。别的都不提了，更无判刑一说，却有“恢复他的组织身份”之词。

陈：恢复组织身份，那就是承认党籍了？当年开除出党，宣判无效？

高：那就等于没有那回事了。当时我的老大[①] 正好从东北插队回来探亲，他说，这个结论不能签字。它说的这个诗不是反动诗，你的词也不是反动词，反动跟你挨不上边。他的观点很明确，我后来一看，我觉得公安局写这个结论还是有分寸的，它是说，送去的材料上用的是“反动诗词”，公安局的结论只说“诗词”,“反动”两字没有了。这就是经审查后去掉“反动”。所以公安局对这件事是有区别的。

陈：后来您签字了吗？

高：我对这种事已有经验，一看，是“严重政治错误”，这不是和当年反“右倾”运动所做结论一样吗？这“严重政治错误”和那“严重政治错误”，最后大势一变，全成废话。我自信没有错，应赔礼道歉的是写“严重政治错误”这几个字的人和主使此事的人。我自信在这次“文化大革命”中，我不但没有政治错误，什么错误也没有，而且我还帮看守所做了许多事，仅仅被子就洗了、做了整整一大屋子，没有功劳也有苦劳。所以我决定要签字，把这个案了了。但我必须给它找出几个毛病，以证明所做结论很不严肃，与事实不符，为以后否定这个结论留下根据。所以我写了两条意见：一、结论说我当时是 45 岁，其实是 49 岁，连我的年龄都搞错了，这七八年是怎么审查的？二、我母亲回老家，结论说是被红卫兵给轰走、撵走的，事实根本不是，是我母亲自己要走，也是我跟我哥哥两个动员她走的，因为我们两人自顾不暇，无人可以照顾她，让她先回舅舅家住些时候，再把她接回来。

陈：确实不是红卫兵赶走的？

高：红卫兵根本没有碰见她，也不认识她！是在火车上才碰见她，红卫兵问她是什么阶级，她说是地主，这才挨斗。把这说是红卫兵驱逐她出

---

① 我的老大，指的是口述人的长子高山。

京，与事实完全不符。我签字就是为了指出结论与事实不符。

厂里给我补发了一万两三千块钱，会计科说，公安局扣走了一千多块钱，是你在监狱里七年的饭费。听说扣了我的饭费，我就给公安局写了一封信。我说你们不应扣这笔钱，从古至今，没有听说犯人自己付饭费的。如果你们是开旅馆的，一天到晚把我关着，请我去我也不会去。请你们查查，古往今来有没有这样的事：坐牢自掏饭钱！？我要求一分不少把所扣饭费还给我。我准备跟它打官司，哪怕把一万块工资全花了，我也要讨回被扣的一分钱。这是信的潜台词。过了几天，他们通知我，回半步桥领钱。我马上就通知那位姓高的，当过赫鲁晓夫保镖的人，他也出来了。我写信告诉他，去把饭费要回来。他领回饭钱后，专门请我到他家里吃了一顿饭。

陈：饭费要回来了，然后呢？

高：我以前已经要求单位写信，告诉我儿子所在单位，不能把他们作为反革命子女对待。我那个老二，就是现在在外交部的那个，当时外国语学院要收回那批从初小三年级就开始学外语的学生，他妈给他买了一个收音机，他天天自学那"英语 900 句"，保持了英语水平，一考就考取了。这样的孩子当时很少，可是一政审就过不了关，因为我还在押。那个老师跟他说，你也不要着急，明年我们还来招生。我出来了，当然要通知他们单位，以免再受我的牵连。

红梅朵朵上高枝

陈：然后呢？[①]

高：这时单位就问我，你还有什么要求？我说我想调回一个孩子，因为在京只有我们两口子，要一个孩子回来理所当然。我就想把老大调回来，因为那两个在北京远郊区，老大在黑龙江农场。但是这个事办不到，农场不放。

陈：谁不放？农场不放？

高：农场不放。反正当时我有时间，出去旅游，第一站就是黑龙江。我妹妹在北大荒当工程师，先看妹妹，再到嫩江看大儿子。我先到总场，一个副场长接待我，因为他来北京时我接待过他。他把老大高山从分场叫来。东北人是很热情好客的。他陪着我到处参观，我想跟他谈调儿子回京的事，他闭口不说这事。后来我就想通过我厂在黑龙江省的摄影站，给他[②] 200多元活动费，让他买点礼物走后门——我生平第一回用这种手段办事，让农场把我儿子放回北京来。因为我去找过那一把手，他避而不见。这个摄影师真的去跟那个领导谈了，他还是不放人，却把这个摄影师的小姨子放了。

陈：我没听明白，高山还在那里？

高：就是不放高山。我看这个摄影师能耐有限，但我一定要把这个事办成。我在黑龙江有一个朋友，是省物资局的，朋友就托（物资局）党委书记帮忙，党委书记到农场列席他们的党委会议，让他们放我儿子回家。

陈：物资局的党委书记，怎么可能参加农场的党委会？

高：人家是物资局的首脑，列席党委会，把这件事捎带着说一说。农场跟省物资局工作关系很密切。结果农场还是不放我儿子回来。有人传出话来说：他们给高山提出三个条件：一是让他入党；二是马上调干；三是，他看上农场里哪个女孩子，有人负责为他保媒；总之人不能走。因为高山

---

① 为了分节，这一提问是编纂时增加的。

② 他，是指新影厂住黑龙江摄影站的摄影师，给他200元钱，是请摄影师帮忙，送礼给农场领导。

很能干，会写、会说，会主持运动会，搞什么事情都行。当时已把他调到总场宣传科去了。最后这事惹恼了物资局的领导，他觉得跟你们要一个普通知青也那么难？就采取了一个措施，凡是那个农场来买东西，一个钉子也不给！为高山搞到这个程度。嫩江农场很大，要的各种物资很多，一个钉子也买不出来，这怎么得了！后来没办法，只好放人。这时离 1977 年大学重新开考只差两个月，他终于回到了北京。我希望他上大学，人没文化不行。

陈：1975 年去东北，中间隔了一个 1976 年呢，高考是 1977 年年底的事啊？

高：就是一直这么磨，磨到 1977 年农场才放人。他妈给他找了所有中学的书，让他日夜苦读备考。他当时有一个想法，数学交白卷。我说你不能学张铁生[①]。他说就写一首诗。我说不行，数学最容易拿分。他小学时数学极好，因为我利用暑假给他补数学课。他日夜复习，到快临考时，他提出的数学问题我已经无法回答了，他学得很快。

我出狱后，要做的第一件大事，就是补爱于家人。对于吴青，为她亲手缝制一件新棉袄就可以了。对于孩子，我必须让他们有文化。一旦恢复高考，我必须竭尽全力让他们上大学。没文化的人是愚蠢的人。恢复高考是英明之举。我必须抓住这个机会，补“文化大革命”为孩子们造成的重大缺失，尤其此事与我坐牢有关。小儿子初中毕业后，一般孩子都可以升高中，唯独他不能，因为我；二儿子考取外国语学院，政审不过关，还是因为我。三个孩子都是好样的，通过高考，老大考进了北师大，老三、老二先后都进了北大。我的这个任务总算圆满解决。所以在 1978 年我作了一首诗，以纪其事：

正是东风送暖时，红梅朵朵上高枝。楼台昨夜分烟景，无限春光入小诗！

陈：您跟高山、高风、高观三人，父子相对的情形是怎样的？[②]

高：因为彼此情况都知道，所以没有什么隔阂。我出狱回家，他妈就告诉我，三个儿子什么情况，我就觉得我也要补爱于他们，因为这些年，

---

① 张铁生（1950—　），1973 年被推荐考大学时，物理化学卷大部分题目不会做，就在考卷上写下了《给尊敬领导的一封信》，后经《辽宁日报》《人民日报》宣传而成知名人物，如愿上了大学，俗称“白卷英雄”。

② 这一段到本章结束，原是后面谈的，口述人在审稿时增加了一个标题，专谈父子关系，故调整至此。

他们都因我之故受了许多罪。所以在谈他们的许多事时，没有什么障碍。

陈：谈话的方式，跟过去不一样了吧？

高：那是不一样了，因为整个情景全变了。高山是1953年生的，那时他22岁了，他的主要问题是离开农场我帮他办到了。高风这时在房山石化烧电焊，他每周末回家看我们，周一一早赶回房山上班。我就尽量早起，给他们做早饭，他拂晓就要赶回房山去。

陈：高风在房山工作，还住在家里？

高：不是。他住在房山石化，只在周末回来。高观先在北京延庆插队，后来到工厂当电工学徒。我当然鼓励他将来上大学。这时，家里居住条件很不好，但我们见面，谈思想、谈学习、谈马克思主义、谈文学、谈美学。

陈：父子在一起谈马克思主义？

高：这个谈得多。因为我经常讲这些东西，他们也都很喜欢看这方面的书籍。高观上初中时，有个驻校工宣队成员曾经跟吴青讲，你要让孩子多读马列的书籍。我儿子就回答："我马列水平比他高得多！"对那时的工宣队他很藐视，不过他确实很好学，也很优秀。

陈：您出狱回家之后，跟高山兄弟三个没有隔阂吗？

高：没有隔阂。因为吴青把情况都告诉我了，他们也都到半步桥看过我，我也去黑龙江和房山石化看过他们的生活状况。可以说父子之间毫无隔阂，他们深信我是好人、好父亲。

陈：他们不会怨恨你？

高：没有什么怨恨。那时像我这样的人多了。他们很同情我。因为当初，在"文化大革命"开始时，叫他们天天记日记，我每天对他们要求很严，错别字、标点符号都严要求，有错必须改，至少在政治思想和语言文字方面是经过严格训练的。我和吴青回家，第一件事就是检查他们的日记。引毛主席语录、思想观点、文字语法等，稍微有点不对都不行。假期每天他们都按字帖写大字，很规范的。有的懒得写，就抄几天以前的日记糊弄我们。我用大红字批上："抄袭可耻！！！"三个惊叹号。必须补做，还要挨训。他们说我们没什么可写。我们就让他们到邻居苏奶奶家去做好事。苏奶奶就是先烈苏兆征的太太、苏河清的妈妈，让他们给苏老太太服务去，服务完了，就有东西可写了。或者写对某一句毛主席语录的理解，总之，每日必须记日记，锻炼他们的写作和表达能力。

陈：去做好事，然后再写，一举两得。您家三个孩子的教养非常好，这在"文化大革命"中是难得的，"文化大革命"让很多孩子都成了狼……

高：他们都不是这样的。高山，人家给他提干、入党、做媒，他认为这样得来的东西没有意义，一样也不要，就要回来升学。这就是我们从小给他们灌输的思想。终于在重开大学招生时，他们分别考进了北京师范大学和北京大学。这是我们许多朋友和同事所羡慕的。他们的孩子很多达不到这个目的；有的依然去当厨师或开汽车。其实这也怪不得孩子。

少小离家老大回

陈：这期间您还回了一趟老家？

高：回去了。这时候我从黑龙江回来，先去了二哥陈汉冕家，在成都，他也没事了。后又到了我大姐陈琬琰家，她在上海。我们又把在北京的大哥陈干也叫了来，三个人一道回趟老家。路过绍兴时，我叔叔和一个堂姐在那里住，就顺道去看看他们。到他家时，看到的是叔叔的尸体，他就在那天晚上去世的，他为我们到访布置家里人怎么接待我们，烧什么吃的，布置完了咽气了。我们送殡完了就回老家。回老家我们没有住的地方，祖屋土改后没收了。要找个比较好的地方安顿，最好是县委招待所。可是我们此行任何介绍信都没有，就进去了。我会讲纯粹的老家土话，我一讲土话，说我们离开家乡 27 年了，想在你们这儿住一宿。他们一听我口音，纯粹本地人，就等于介绍信，都很客气，马上就接待我们，任凭我们选了两个房间。我们此行目的，主要是寻找母亲的坟，我们不敢去找亲戚，因为当时还在“文化大革命”中，亲戚都是地主，找他们双方都不便。

陈：为什么不敢找亲戚？您已经出狱了啊！

高：我姐姐家，造反派把地板都撬了，查有没有敌特电台。姐夫是区卫生局副局长，送长兴岛劳改。家里还住进两家人。大哥因坚持北京市规划是为中央服务的，不是为彭真叛徒服务的，也送去劳改。我则“严重政治错误”的帽子还在头上，没有平反。1975 年“以阶级斗争为纲”仍笼罩全国的社会氛围下，去找那些仍属于地主阶级的亲戚，双方都很麻烦，所以一切都免。

陈：您大哥、大姐，他们有帽子吗？

高：他们倒是没有。可是不能谈家事，一谈就触及“文化大革命”，那还了得！况且，我这些亲友，都是地主。我们三个人如果一找他们，当时他们所在基层组织高度敏感，不知道会生出什么事来，一上纲上线，彼此都无好处。所以我在回家的诗里，有一首谈到这种极不正常的恐怖心理状态：“少年负笈游燕赵，老大思归别首都。借得秋光同一路，横穿巴楚到三吴。赤城霞蔚红颜旧，隋寺疮痍金像屠。为有无形高帽在，遮颜倚扇过通途。”

陈：仿鲁迅的“破帽遮颜过闹市”？

高：是有这意思。但全诗，我写的是一个极不合理的社会氛围。我们知道母亲葬在赤城山，它是我们老家的一个风景区。东晋孙绰《游天台山赋》[1]警句："赤城霞起而建标，瀑布飞流以界道。"前者指的就是这座山。我们27年没有回去，对家乡山水古迹，当然感到很亲切。可是当时著名隋寺国清寺的佛像都遭涂炭。赤城山虽然风景依旧，到底是一座山。母亲葬在西边，我们却在东边南边寻找，从山腰到山顶，来回找了两遍也找不到。当时天还下着小雨，累得够呛。住了两夜就走了。哪家亲戚也没敢去探望。我们只特地走过我们的老家，在门外、墙外匆匆瞄一眼，不敢进门去看看。"以阶级斗争为纲"造成的恐怖，就达到这种地步。通街走了一遍，什么生气都没有，一片萧条景象。只在小东门外看到有个小摊，在卖石莲豆腐，这是很好吃的土产。摊子很脏很破，为乡情所动，我们各人喝了一碗，就走了。

陈：口味跟小时候记忆是不是一样？

高：那就不堪回首了。为什么？缺两个东西。一个，那个时候的摊子，很干净、很整齐，红色油漆木台子，给人感觉很干净，很诱人。这个时候却把石莲豆腐放在一辆破烂不堪的木头手推车上，盛在一个旧木桶里。再一个，没有薄荷油。吃这个东西时在热天，薄荷油是很清凉的，只要在一个放薄荷油的小瓶子里拔出支小签子在石莲豆腐中一搅，薄荷油的香味就扑鼻而来。我们就问摊主，你怎么不弄点薄荷油啊？他抱怨，这会儿上哪儿找去？总之风景煞是凄凉。

高汉1975年出狱时与爱人吴青合影

陈：您上班之后，到图书馆去借阅《清史稿》，原因是什么？

高：因为歇够10个月后叫我回原单位，但没事可干。科长也不当了，科里面原套人马只有个别做了调整。新科长领着这些人干得很好。我愿意去，就帮他们装装片子——把片子装到箱子里，然后运走。我可以不去，因为它也不是我的职责，有专门发片员在那里负责。所以我就想借《清史稿》，研究戊戌变法的失败。我原想恢复研究郑和下西洋，但资料都被抄

①《游天台山赋》，是东晋文人孙绰所作。

没了，无处可找。那时候也没有这个环境，哪有书摊？（书店）卖的都是红宝书。

陈：北京图书馆还开放？您是在北图借书吗？

高：是在北图借的。北图当时是开放的。北图里面，有一个我们新影厂去的摄影师，他在那儿当干部，我跟他很要好。

陈：您可以走后门？

高：走后门，要不然我借不出来那么多书，拿汽车去拉。

陈：您把《清史稿》全部借出来了？

高：没有，我就要同光年间[①]的。同光年间的《清史稿》，也得用汽车拉，我一个人也抱不回来。用自行车怕把书弄坏了。这些都是开本很大的线装书，纸也很薄，我得保证不能损坏它。所以我就请发片员帮忙，把车开进去，把它装在车里（拉回来），我就整天埋头史海，研究戊戌政变。

1977 年，就通知我了，文化部要借调我去搞专案，问我干不干？中间有一段，就是 1976 年，我作悼念周恩来的挽联。

陈：先说您阅读和研究《清史稿》，有哪些收获？

高：我出狱过菜市口。谭嗣同等六君子就在那里被杀，我想为什么他们变法不成？康、梁是书呆子，不懂中国历史，政权变革必起于真刀真枪造反夺天下，他们却手无寸铁，只有一个懦弱无能的光绪帝，根本就做不到。所以慈禧玩他们于股掌之上，说让你死，你就得死，除非你跑出国境。

陈：您当时研究戊戌变法，是要做什么？

高：写一个悲剧。我要写康、梁变法为什么会失败，解释君主立宪制为什么不合我国国情问题。我要从咸丰这个人说到慈禧怎么进宫、怎么得势，同治怎么死、光绪怎么进宫，光绪上台为什么要搞变法，以及他为什么与慈禧同日死。

陈：那您要写多长时间？从咸丰到同治到光绪？

高：我重点写慈禧弄权和戊戌变法失败。

陈：后来是因为要去工作，就把这个事放下了？

高：因为文化部要我负责清理“初澜、江天”[②]这帮黑笔杆子的专案，研究戊戌政变的事只能先搁下。

---

① 同光年间，指的是清朝同治、光绪年间，即 1861—1908 年间，亦即“戊戌变法”前后。

② 初澜、江天，是“文化大革命”中文化部写作班子的专用笔名。

先搞专案后平反

陈：去文化部搞专案之前，您工作过吗？

高：没有什么固定的工作。只是出于兴趣，偶然也跑去装装片子。这不是我的事，有发片员专门在做，我去也是为了锻炼锻炼身体。主要时间，用于研究《清史稿》，准备把戊戌变法的来龙去脉弄清楚。我要把大刀王五跟谭嗣同结合起来，准备写电影剧本。大刀王五原是谭的好朋友，准备写他由来已久，我在高小时候爱看武侠小说，其中就有《大刀王五》，只把王五作为镖客来写，丝毫未涉及他的社会政治背景。

陈：您是说《近代侠义英雄传》里面有大刀王五？

高：我小时候看过的书是薄薄的一本，不是什么《近代侠义英雄传》。我在研究谭嗣同时，发现王五是谭嗣同的好友，他确实想去劫走光绪帝。一排太监跪在那里，不让光绪走，他们说皇上一走，我们就全都完了。光绪那个人成不了大事，心肠太软，太监下跪，实际不许他走，太监后面还有人，王五也劫不走他了。

陈：1977 年，您去做专案了？

高：到文化部贺敬之那里。

陈：您没平反，怎么能去搞专案呢？

高：那时候，事情已经明摆在那里了。部里向厂里调人搞专案，必须是跟“文化大革命”那些烂事无关的人。最干净的就是我，何况当时我又是闲人一个。我的平反是迟早的事。（只不过）在平反前，头上还顶着公安局的结论——“严重政治错误”，厂里就把我给了贺敬之负责的专案组。

陈：是直接点名让您去那里？

高：是厂里专门找我谈了一次话，说现在文化部想叫你去搞专案，借调你，去不去？我正好也没事干，文化部是“文化大革命”的重灾区，专案工作压力很大，正需要人。我们当时直属文化部领导，我当然去。因为我也不愿见到过去整我的人。这样我就去了，当了这个专案组五个负责人之一，我负责的这个专案人员复杂，是部长于会泳御用的写作班子，有 72 个对象。开始这五个负责人还没来齐，主要是我跟一个姓徐的，教育部的一个处长两个人管。后来又来了阮若珊，后来到电视台当台长的那位；还有一个写剧本的刘朝兰。因为对象多达 72 人，而且分散在全国各地，一个人根本管不过来。参加工作的人也多,都是从各处借调的。我写了《为〈三上桃峰〉平反》一文后，贺敬之就把我调到文化部理论政策研究室当文艺组长去了。专案组收尾工作我没有参加。文艺组成立时，连我总共四个人，刘梦溪、郑伯农，后来又来了一个段更新。那时，我们办的专案基本上都已经结束了。这时，贺敬之很看重我，想留我在他领导的理论政策研究室工作。

陈：那时候在理论政策研究室，主要工作是什么？

高：当时每一个部都有政策研究室，文化部的叫理论政策研究室。我就在那里负责文艺研究组。贺敬之想把我彻底调去，后来文化部一位副部长说，不要一调人，就到我们电影口来找，他不同意，所以我走不了。他们跟我讲，只要是电影口，你随便挑，你想上哪儿上哪儿。当时《大众电影》想叫我去当主编。我选择回北影厂，反正不回新影。

陈：新影为什么不去呢？

高：打我的、骂我的、唾我的，都在那里，我不想再看见他们。

陈：组织上会按您要求重新任命？

高：我讨厌看见他们。后来新影我也很少去，根本不想去。我不去。《大众电影》又来找我，我也不去。回北影厂后，龚涟就要我到她那里去，她觉得有愧于我，要我去资料馆再跟她一块儿干。

陈：如果她早一点跟您说，您会去电影资料馆吗？

高：我也可能去。因为我对龚涟印象很好，当年我与她是近邻，我们关系很好。她原来就已经给电影局讲好了，把我调到资料馆去。有人告诉我，我的办公桌她都给弄好了。汪洋原来已经同意了，后来他跟龚涟讲，算了吧，还让我留在北影厂。龚涟对汪洋有意见，说他说话不算数。

陈：您彻底平反是在什么时候？

高：1978 年 12 月。这中间，我曾经去找过叶选宁。他不在家，他母亲接待的我。我们谈及平反问题，她安慰我：这事不能急，是迟早问题。

陈：怎么会等到 1978 年 12 月才平反？

高：我是 1977 年年底开始平反的，但是开大会宣布却是 1978 年 12 月。拖了一年光景，事情就是这么麻烦。其实老早就开始为我重做审查结论了，那时我人还在新影待着，没有去文化部。本来这个事跟公安局没什么关系，但公安局毕竟关了我七八年，还在 1975 年已经做过一个结论，给我戴了一顶“严重政治错误”的帽子。后来形势发生天翻地覆的变化，公安局自己就要否定这一结论，老来找我，给我一个审查结论。他们拿来一稿让我看，我不同意；又给我一稿，我还是不同意。那时候，主动权在我手里。因为我几次都不同意他们的稿子，公安局为了赶快改正这件事，就找我们党委一个同事，问：“他到底想要怎么做，这个事情才能解决？”这个同志就来找我，问我：“你到底想要怎么办，这个事才算了？”我说，我的要求非常简单，只要把与这件事相关人的真名实姓给我写出来，是谁把那个黑材料送过去的，是谁批准、谁设计这个方案的，只要把这些具体人的姓名一写出来，问题就一目了然了。我没有别的要求，只有这个要求。后来他们就按我的要求做了。不过，公安局也按我这个要求，把他们要关我那么长时间的根据也加上。什么根据呢？就是我送别母亲的诗，以及我在监狱里写的关于这首诗的材料。这样就好像一报还一报，你要我写这些人姓名，我就把那些东西给加进去。其实他们这样做并不好，为什么不好？你把这诗加进去，等于承认公安局继续了封建时代的文字狱，那个诗完全是一个人母子之情的自然流露。第一个结论里没有加这个，只说了一个反动诗、反动日记就完了。第二个结论，因为我要求把案情由来具体化，他们就把那首诗也具体化了，这一加就显得公安局更惨了，就为这么一首诗把人关七八年，又不判刑，这算什么法制？这对公安局来说光彩吗？有法律依据吗？我要求加这案情由来及相关人名，作用完全不同。

陈：晚一年才宣布平反消息，对您心理上有影响吗？

高：毫无影响，我万元户早当上了。凭自己力量把那孩子也弄回来了[①]，三个儿子都考取了名牌大学，我自己也没什么事，正努力在部里搞专案，组织恢复了对我的信任。平反不平反不是我个人的事，是“说清楚”的组织行为。

我这是新影厂的第一大冤案，也是最大的冤案。全厂开一个大会，把公安局第二次结论一念，平反，就完事了。1975 年，我出监狱后，他们要恢复我的组织生活。公安局做这个让我恢复组织生活的结论是很不妥当的。公安局的第一个结论为什么会把我的岁数搞错？后来我才想明白，那个结论其实是在 1971 年做的，当时我是 45 岁。可是当时做了结论，却无法放我出去，因为没有接受我这个人的单位。所以预审员跟我单独谈话，告诉我仍是共产党员，（可是）江青还活着，继续在弄权。又关了我四年。等我真要出狱时，1971 年做的结论没有改年龄，忽略了我又坐了四年牢，所以把我年龄弄错了。

对我来讲，当时比较遗憾的就是房子问题，我的原住房叫造反派强占了。出狱后，让我住到一个大杂院去，那里住着 60 多人，共用一个自来水龙头，大伙儿经常在那里排队接水。

---

① 指的是把大儿子高山从嫩江农场调回北京。

陈：您在这个房子住了多少时间？

高：没有住多长时间，到 1978 年，就搬家了。有一套三居室新楼单元房分给原新影厂党委书记的，在月坛北街。他觉得离单位太远了，不愿意去，就把它给了我。我就搬那去了，因为那里离我哥哥家很近，有厕所、厨房。那时月坛北街的路还没修好，还都铺着石子，是唯一的美中不足。不过这是新盖起来的单元房，比大杂院好得多。我给你讲一个细节，搬到那里，吴青看着厨房里有两个自用的自来水龙头发呆——到了新居，厕所也有龙头，厨房就有两个水龙头。这说明人的心理变化，这回好了，用水不排队了。到了那里以后，我通过文化部介绍，到供应外国驻华使馆的家具店买了一批家具，像柜子、写字台，等等。我家里原有家具由于“文化大革命”强迫搬家，都弄光了，到了新居，房子变了，家具焕然一新，当时我们家马上就成为那个小区里对外开放的居民户，居委会多次让我们接待外宾。外宾有来自非洲、欧洲、美国的。

陈：真的开放了？

高：真的开放了，其中有一个来自纽约的女记者，从谈话中知道她认识我们厂的领导徐肖冰，我就专门为她做了家乡的八宝饭，请她吃了一顿饭，她说这个太好吃了，从来没有吃过这样的美食。

写电影剧本的经历

陈：您回北影厂，当时主要工作是什么？

高：我就是为写剧本到“北影”。原来在新影厂时，就写过“郑和”。“文化大革命”抄没了所有资料和初稿。后来想搞《戊戌变法》，又被调去搞专案。

陈：从理论政策研究室回到北影厂来，是到文学部？

高：汪洋问我干什么，我说写剧本，别的我不愿做。当时张洁跟我们在一起，她也是文学部的。当时我就想写《大刀王五》。

陈：当时编剧要每天上班吗？

高：不用上班。你愿意上哪儿深入生活，你就去。顶多就是有什么会，去参加一下。没什么会，你就自便。我还想过“七君子”，就是沈钧儒他们。我拿了厂里的信，到全国人大去了解章乃器能不能写？他们说章乃器不能写。大概留下五个还是七个人不能写，[①] 其中有章乃器。我当时还没有决定要写什么。

陈：《大刀王五》是您的第三预案？

高：《大刀王五》是因为我在家没事，研究了《清史稿》，我就开始写了。没结果。当时好像大家伙儿对历史戏不感兴趣。因为“文化大革命”刚过去，大伙儿还有点晕菜，不知道该搞什么。到1982年，《少林寺》出来，情况变了，武侠是个热门题材，大家都来抢了。《大刀王五》这个剧本的草稿，可能还在家里，我也没拿出去。因为我自己觉得内容太单薄，需要重新构思。

陈：后来《大刀王五》不是拍了电影吗？

高：拍了电影，我一看，不怎么样。跟我想的完全不一样。

陈：然后您写了《珍珠大王》？

高：上次我关于此事的叙述存在重大的时序缺陷[②]，现在我要重新叙

---

① 留下5个人，是指1979年右派平反时，留下了章伯钧、罗隆基、储安平、彭文应、陈仁炳5人不能平反。

② 以下这一大段，是口述人审稿时重新写的。

述。还要从我移居月坛北街的新居说起。当我的居住条件改善以后，三个儿子都进了名校，他们在每个周末都回家各自说自己的新生活，我家开始过上了全新的、正常的、理想的新生活。突然发生了一件我意想不到的事。有一天，我忽然收到一张邮局包裹通知单，有人给我寄来一个大包裹，要我自己到邮局去取。一看是我在1958年下放江苏（兴化）的记工员崔广根寄出的。这使我更奇怪了。因为这时是1980年底，离1958年整整过去了22年，中间我与他没有联系。我在坐牢，他在种田，可以说毫无联系。拿了包裹，我打开一看，是一条破开的鲤鱼干，仅这条鲤鱼干就有8斤重，你想，如果是鲜鱼的话，这条鲤鱼有多重？这把我完全给震住了：怎么会有这么大的鲤鱼？底下还有一大包虾干，已经全给它烤红了。当时我特别感动，所以我想去兴化与他们叙旧。为了了却这个心愿，我找汪洋说了，还说顺便去体验生活，建议为兴化拍部电影。汪洋全力支持，还说他也是下放兴化的，他也有为兴化拍部电影的心愿。两人一拍即合，就由我先去,他还要亲自再去。这样我就在1981年初去兴化过春节。回来写了《江北水乡行》的长诗，因为去了一看那生活，简直吓人一跳。那时候承包责任制刚开始搞，兴化就不得了，那条件太好了，吃的穿的用的全改变了，跟我在1958年看到的完全不一样。沼气也用上了！我这首长诗在《诗刊》发表后，马上被《新华文摘》转载，扩大了影响。它以我亲身经历，描述了苏北农村从"大跃进""公社化"到生产承包责任制所经历的翻天覆地的变化。我热烈歌颂了这一伟大的变革。因此兴化特聘我为兴化文联的什么名誉职务，我已记不得了。这表明他们对此诗的感激之情。人民出版社社长张惠卿同志来信，许之为"真可以和杜甫的有些诗相比美，写得真挚感人"。因为他也是和我同时下放兴化劳动锻炼的，有过共同的体验。

在这个前提下，1982年春，汪洋约谢铁骊和我一道再去兴化考察。兴化县里知道后，成立了一个由县委领导班子牵头的接待组，欢迎我们。

陈：为什么没搞完？

高：接着我和马林同志去采访，由我写了《珍珠大王》的本子。跟着我又陪朱今明和邢榕两位正副导演一道去兴化深入生活。朱今明也是1958年下放兴化劳动的。这个事没有搞完。中间有一点变化，我跟汪洋讲，兴化的事不忙，反正跑不了。现在应先搞一个对现在的形势来讲比较重要的事。他说搞什么？我说搞《闯王进京》，一个到手的政权为什么会丢了？我说这个问题要比兴化的题材更重要，而且规模也大。把《珍珠大王》先搁一下，拍完《闯王进京》再拍《珍珠大王》不迟。我自己主意变了。他一听，也觉得《闯王进京》的题材要比那个意义大得多，所以就派了陈怀皑任导演，秦威任美工师——秦威是我们厂美工最老的权威——连摄影师都配齐了。周七月是副导演，他是王昆的儿子，我的狱友。还有马林，我们一道去热河避暑山庄，搞《闯王进京》。《闯王进京》剧本搞好了，在《电影创作》上发表，陈怀皑一看这个剧本，他不想拍了。

陈：为什么不拍了呢？

高：这就是陈怀皑的事了，我就不知道了。

陈：您觉得是因为什么呢？

高：可能是因为里面的问题太尖锐，也太敏感了。闯王为什么会失败？我写的是一个悲剧，闯王最后把天下丢了，自己也消失得无影无踪。传说是到湖北当和尚去了，也有人说他是被杀的，传闻不一，记载也不一。我写的是他杀掉知识分子李岩，加上那个刘宗敏，霸占了名妓陈圆圆，又把明朝的宫女分给那些将领，不够分，就把前门外的妓女找来凑数。还把明朝官员的金银搜刮一尽，在故宫里埋锅熔金化银，铸成大饼，运往米脂——他是陕西米脂人——当时这一条道上，车辆络绎不绝。所以明朝官员都反对李闯王，吴三桂山海关一开门，清朝一进来，留用所有前朝臣子。这个力量多大！当了42日皇帝的李闯王被打跑了。我就写了这个过程。

陈：陈怀皑导演不拍，也没去找别的导演来拍？

高：有一个导演多次找我，他想拍这部戏，后来始终没有拍成。我去管企业经营，不管这件事了。这事的流产，我深以为憾。

陈：《闯王进京》没做完，也没有再做《珍珠大王》？

高：没有做。因为这个时候，汪洋已经让我去当他的企业管理顾问了，什么事都问我，我也就没时间了。宣布我是副厂长以前，很多事情都已经开始操作了，经常找我参加决策厂里的企业运行，我也无心考虑创作问题。

陈：《珍珠大王》剧本最后完成了吗？

高：有一个草稿，没有最后完成。因我后来又去趟苏州采访，发现兴化当时的珍珠养殖典型性还不高，苏州的经验比它成熟，就停下来了。

陈：《大刀王五》呢？

高：《大刀王五》，我写着就搁下了。发现王五涉及戊戌政变不深，重点放在王五身上不足以全面反映这一次政变。

陈：《大刀王五》没有公开发表？

高：没有。因为我觉得，这场政变的中心人物不可能是他。《闯王进京》，我觉得可以发表。思想性、艺术性都比较强，而且对当时的形势也是很有意义的。可能就因为太敏感，他不拍了，改拍《双雄会》[①]。

---

①《双雄会》，故事片，北京电影制片厂1984年出品，编剧：李準，导演：陈怀皑，主演：许还山、杨在葆、王惠、黄宗洛、智一桐等。

担任“北影”副厂长

陈：1983 年 6 月 14 日，文化部电影局体制改革小组在北影厂开会，汪洋、张尔瓒和您都参加了会议，并且做了发言，您还记得当时的情况吗？

高：这个，现在我已经记不太清楚了。我记得，好像是朱穆之部长、丁峤副部长都来了，在我们摄影车间开的会。反正我谈了自己的想法。后来根据这个想法，写了一篇文章，在电影局的《电影通讯》上发表。发表这篇文章以前，我觉得有一些事情可以讲：就是电影局有些同志对我这个发言好像有点害怕，说要慎重，还说“用马克思主义的利润分配原理套用在今天的社会主义电影制片厂和全民所有制影片发行公司是不准确的。我们的发行公司不是资本主义的‘资本家’，它是完成国家分配的指令性计划，不存在剥削制片厂的权益”，等等。这不就是不要为制片厂的利益考虑利润分配问题吗？

1979年重回北影时

陈：我没听明白，您说谁害怕、谁说要慎重？

高：当时这些话是胡其明同志的意见，季洪同志同意他的意见，主张发表我的文章“要慎重”。他们都觉得，制片厂只能按发行公司统一计划收购影片，说这是“指令性计划”，是“国家分配”的。不许制片厂自己按质论价，保护自身利益，以刺激生产优质影片。否则就是有害于社会主义，是资本主义经营。因此他们说，发表此文要慎重，意思是不好说不发，只好说要慎重。这个批件，我还给它搁在那里。

陈：还有一个批件？说要慎重？

高：最后石方禹还是发表了此文。我引这些批文，是为了说明，时至 1983 年，电影厂（虽）是一个企业，它仍要受制于国家指令性计划，不能自主，不能直面市场，必须把命运寄托在中影公司身上。为这个问题，我经常跟他们在开会时吵架，我们要自己经营这个企业，制片厂必须面向市场才能直接面向观众，不是面向中影公司的指令性国家计划。否则，还有什么改革开放可言！这是一个问题。第二个，我们拍电影没钱，搞不到钱，银行也不给贷款。国家总理到菲律宾访问，跟菲律宾总统达成了一个协议，要拍明朝时一个菲律宾国王来华访问的电影。这位国王回国时，在山东病逝，就埋在德州。所以，我那个《帝王陵》① 里面，有这么一个外国皇帝的陵墓在中国的故事，后来出版社编辑把这个故事删了。可是北影厂拍成了影片。因为这是国家总理跟外国领导签的协议。菲律宾文化部长来华，还请我们吃了饭，预祝合作顺利。我们拍片时，却贷不到款。因为该片成本比较高。

陈：国务院总理答应的事，居然也缺钱？

高：北影厂是国营企业，要办国家的事，人民银行不贷款。我们自己更没钱，这指令性计划管事吗？我分工管企业经营，导演向我要钱是应该的，我向人民银行行长陈慕华贷款也是应该的。对方却说贷款太大，不批。区区 400 万元，中国人民银行行长也弄不出钱来。我当时觉得太丢人了。跟菲律宾的协议都签字了，摄制组也都成立了，相关的人员都要来了，我们这里没有钱！要造大木船都没法开工，这叫电影厂怎么弄？没有资金链，企业没有市场，就连指令性国家计划也指望不上，这样的制片企业，徒有企业之名。这正是把制片厂捆死在发行公司的恶果。几个月的实践告诉我，当时的体制实在不行。所以我就准备在北影厂楼前空地上盖楼，跟河南省谈好，我们出地，他们出钱，盖两幢大楼，我厂开一个五星级宾馆，河南省在京成立驻京办事处；双方签了意向书，自己开辟生钱的门路拍电影，同时我要把我厂庞大的汽车队改成出租车公司，对内用车要付钱，不能靠批条子；对外可以为社会服务，以免闲置国家资源，解决司机忙闲不均问题。这样我就可以自主利用北影厂自有资源，解决制片资金，发挥职工更大的劳动积极性。

陈：文章发表了，后来呢？

高：发表也是瞎掰。这时那位强调国家指令性计划、质疑马克思主义利润分配的胡其明副局长到北影厂来当厂长了。一个厂长会议就把我改造汽车队为出租公司的建议否定了，一切照旧。与河南省合作开发楼前空地的计划，因已签了意向书，他就报到文化部，部里来了一位副部长实地考察后，对我说，盖楼可以考虑，但投资方只能是找文化部以内的单位，不

---

①《帝王陵》是高汉先生的一部著作。

能与河南省合作。文化部以内单位谁有钱？除了电影系统有点钱，别的系统根本没有钱，莫说盖大楼，就是盖一个锅炉房也要问部里要钱。实际上也是否定了我的设想。总之，一切还是照旧。

陈：您说“也是瞎掰”，怎么讲？

高：因为没有人让你搞院线和资金链。有次我在厂长会议上，宣传这个思想，胡其明还在电影局当副局长，他老打断我的话。我最后跟他急了，我说你让不让我说话？你要不让我说话，我就不参加了！结果他说，你说，你说。其实，说了也没有用，人们那时不懂市场对企业的重要性。

陈：这个也像《大刀王五》一样，到 1994 年就行了，早了十年！

高：我跟中影公司丁达明他们关系不好，因为我老反对统购。胡健就告诉我，咱们别吵架，吵架没意思。这话也对，因为这个体制有问题，也是苏式计划经济的影响问题。有的对改革开放不理解，有的根本不懂。

我们盖高级宾馆这个事，仲秋元[①] 副部长虽然说可以盖，但必须跟文化部范围以内的合作，这充分说明“部门所有制”思想，这对企业经营是重大障碍。最后只能泡汤。给河南、“北影”拉线的人，是马洪[②] 的儿子马林，马洪当时好像在计委当主任。当时文化部同意的话，走马洪这条路，批准是没有什么问题的，最后什么事也做不成。因此我干了五个月，就不干了。

陈：您干什么，干五个月不干了？

高：就是那个管行政的副厂长，我说我不干了。我之所以同意当那副厂长，是因为汪洋说让马林接他的班。马林后来改由胡其明副局长来接汪洋的班，我就不想干了。而我的改革方案又都难以落实，更使我不愿当这副厂长。

陈：我正好要问这个，1983 年 8 月 16 号，北影厂大会宣布汪洋当顾问兼党委书记，马林为厂负责人，您和朱德熊为副厂长，马林是怎么回事？

高：这个事情，很难说清楚。

陈：马林实际上也是汪洋信得过的人？

高：他原来是荒煤的秘书，在电影局多年，好像也当过夏衍的秘书[③]。

陈：他没当厂长，您和朱德熊照样当副厂长吧？

---

① 仲秋元是当时文化部计划财务司副司长，后曾担任文化部副部长。

② 马洪（1920—2007），经济学家，山西定襄人，长期从事经济管理和研究工作，第七届全国人大常委会委员兼财经委员会副主任委员，并兼北京大学、清华大学、上海交通大学、中国人民大学、复旦大学教授。

③ 此处记忆有误，据查，马林没有当过夏衍的秘书。

高：我是电影局长石方禹到“北影”全厂大会上宣布的，事先找我去局里谈了分工。我干了五个月，就觉得这活没法干。按分工要我管行政、企业、经济这一摊，不管别的。我要按我的观点来运营企业，企业却受制于已有体制，没法运行。连400万元制片经费都弄不出来，还要依靠非常规的私人关系走后门，企业自己没有可运用的资金链，这真是大笑话。这哪是企业，不过是个政府机构的办事处，毫无企业的独立性可言。

陈：您在任职之初，怎么振兴“北影”经济，您有一个蓝图吧？

高：刚才说的，就是我的蓝图。企业要有自主权。你电影局管审查剧本、影片，这是当然的，国家应该管；但是其他的事，得由企业依托市场和法律来办，整个企业的经济运行，应允许它自己依靠市场，依法依规经营。

陈：当时在“北影”盖两栋楼，干吗要惊动文化部呢？

高：批地、立项的问题，这事首先要立项。

陈：立项也不应该找文化部啊？

高：问题是当时这个制度，必须通过文化部提出来，我们不能提。企业没有自主权，就表现在这个地方。那是20世纪80年代初，上上下下许多人还没有走出所谓“指令性国家计划”的梦境。企业不经部门批准，计委不让你立项。不立项，你还盖什么房？体制造成企业成为部门所有制，名曰“把关”，视市场为乌有，视资源浪费为常规！

陈：当年您要在“北影”院里盖两座宾馆，“北影”出地皮、河南出钱，现在您来评判，这是个好主意吗？

高：当然是好主意。你看，我们隔壁盖了一个星球大厦，我每次从星球大厦前面经过，总是望洋兴叹！要不然，我这里是一边一栋，多好！？我手里要有个五星级宾馆和出租公司，何愁拍电影没有资金！？想当年为400万元愁眉打结、一筹莫展，还是总理跟国外签了协议的任务。真是笑话！

陈：如果盖了，“北影”职工宿舍就没了吧？

高：哪用得了占那么大地方，后头空地大着呢！现在这些宿舍，一共28座，这么多楼，大部分都是以地换楼。如果当时按我的计划办，光凭这座宾馆和一家汽车出租公司，至今不知赚了多少钱！反正土地是国家资源，浪费由它浪费，谁也不心疼。实质是不负责任，不懂经济企业经营之道！我当时只不过占楼前面那点地方，即现在咱们在北飘香吃饭那一溜地方，从西到东，我只不过拆几间房子，对“北影”原格局没有损伤，如果有了这样一个自己可以生钱的手段，制片资金完全可以自主。再加上一家汽车出租公司，汽车队的众多车库，广大的停车场都可发挥潜力，变汽车使用无度为精打细算，把没有任务的车子变为服务社会的交通工具，增加企业及职工收入，有百利而无一害。

陈：您怎么会想让汽车队改汽车公司呢？

高：这原因是厂里用汽车基本上无节制，谁都可以凭条子用车，厂里负担不起。养汽车很花钱，经常要修理，一修理好几千元。

陈：汽车公司不也同样要去修理厂？

高：那不一样，每给人开一次，收用车人的钱。再加强对单位的核算，厂里考核单位的服务成本，当头的就要节约。厂里有些人，有点事就派车满处转，行政干掏钱。我主张，你可以坐车，你也可以出去转，你掏钱。把它改成出租车公司，等于你租它的车，就按预算来，事后考核，你超过预算，自己负责。

陈：厂领导坐车呢？

高：厂领导也一样算钱。用厂内预算和考核机制来控制。为了改这个体制，我把这个公司经理都找好了，人事科科长她愿意当这个经理。把车队小楼也盖好了，车库本来就有，里面的场地很大，还专有一个门，可以单独出入。成本单独核算，奖勤罚懒，一切条件都具备。开厂长会议时，他们不同意，就我一个人唱独角戏。结果还是老样子：肉烂在锅里，难分好歹，无从追责。

陈：其他厂长都不同意？

高：都不同意。胡其明不同意，大伙都不同意，结果我的计划通不过。

陈：他们不同意，理由是什么？

高：好像觉得这是不务正业似的，老规矩方便。搞出租汽车干什么？还有一个反对的，司机反对。

陈：司机觉得原来的体制挺好？

高：他们平常无事时坐那里喝茶聊天。要不然就得到处跑，去赚份子钱，这就很辛苦了。

陈：等于说，您这个主意人人都反对？

高：也有人支持，但手中无权。我一人只好算了。后来我就想，算了，我也不干了。

陈：过了这么多年，再回头去看，您对这件事怎么看？

高：我没有怀疑，还是要这样干。现在这些楼房怎么盖起来的？都是我们出地皮，人家盖房子，他盖一栋，送我们一栋。

陈：房子是这样，我们单位也参加了，我问的是出租车公司？

高：出租公司必须得干。什么是企业？什么是现代化？社会不能养懒汉，社会主义原则是各尽所能，按劳取酬。每一个司机，每一个企业管理者，每一个用车的人，都要对自己的行为负责。其经济表现，就是这八个字①，我觉得这完全是科学的，因此是正确的。比如我要去医院，你就要问自己，我是走着去还是坐车去？要坐车就要掏车钱，你掏不掏？企业里任何人都要对自己行为的经济效果负责。可是在那时候，大家坐厂里的车跟没事似的。司机也一样，闲着就闲着，不去发挥车的作用，反正每月领工资。车坏了，都是厂里兜着。如不把这种状况扭过来，建设什么社会主义？现在来讲，前几年的公车处理，规模大得惊人，就足以证明我当时的想法是完全应该的。遭到厂长会议和某些司机反对，问题不在我。

陈：当时北影车队，总共有多少车？

高：你到后头去看，有多少汽车库！

陈：因为要出外景，需要很多车？

高：有灯光、服装要运送，有发电车，各种各样的。我要把它改成一个相对独立的企业，谁要用我的灯光，你掏钱。不掏钱，我们的车可以去拉别的货。那时，没有独立核算，也不自负盈亏，车闲着，人闲着，谁也不着急。反正一切厂里包了。这跟让他们自己独立核算完全是不一样的。不这样办，企业永远办不好。

陈：您觉得美国金融危机的主要原因是什么？②

高：过度的消费。特别是打仗。第二次世界大战之后，负债打仗，到处去打仗，打了那么多的仗，国家要维持多长的运输线？美国在全世界要维持多少军事基地？要养多少人？这就是国家在无度的消费。那个供应线多长？那钱花的都是谁的钱？不是别国人民的，就是本国纳税人的钱！军队都是精壮的劳动力，不生产，光打仗。一场朝鲜战争、越南战争要花多少钱？还要死多少人！最后它又得到什么？

陈：您觉得当时“北影”的车，也是这样？

高：当然这两者不能相比，但道理相通。用车太乱，养车、养人太多。谁都想用车，这是一方面。再一方面，各单位无独立核算，不计成本，管束不严。这两方面凑在一起，必然造成浪费。

陈：当时上下都反对，您在心理上、思想上不服？

高：我认为这样的管理绝非长久之计，最后只能赔账、亏本，搞不好就破产。投资又没钱，大片子拍不了，这部《苏禄王》按正规渠道你都弄

---

① 八个字，即“各尽所能，按劳取酬”。

② 这一提问，原因是口述人说“你像美国经济，为什么会金融危机？”口述人在审稿时把这句话删除了，因而采访人的提问就显得有点突兀。特此说明。

不来钱，最后利用左道旁门。要没有这个左道旁门，我们怎么面对菲律宾？人家文化部长亲自到北京来落实国家领导签的协议，我们却为投资急得团团转，你说这不是笑话吗？

我看国家的预算，开国初年行政费用只占总预算的4%，现在到了23%。具体哪一年记不起来了。

陈：是行政费用占全国税收的比例？

高：占国民经济的财政支出，原来的预算只有4%，那个时候多艰苦？现在到了23%，这是纳税人交出来的钱，差不多有四分之一。所以这个问题，我觉得是一个根本性问题，企业要对自己资产的经营管理负责，每一个人和每个单位也要对自己工作和任务负责，这才是改革开放的根本所在。这样，你真赚钱了，那是你对国家和社会做了贡献，自己也从中享受到按劳分配的所得；真赔钱了，那你也得自己负责，不必怨天尤人。否则大伙儿都吃大锅饭，吃亏的是国家和社会，最后倒霉的还是自己。这不是社会主义。

陈：1983年9月13日到14日，文化部电影局在北京召开故事片厂长会议，您与汪洋、马林一起参加这次会议，您第一次参加这样的会，有哪些记忆？

高：就是我跟胡其明吵架的那次，刚才说的那次。

陈：您发言的主题是什么？

高：我发言的主题是企业要自主。什么叫企业化？企业化就是它自负盈亏，自己管自己，不许不合理的行政干预。你不能捆住它的手脚，当然企业要依法行事。至少你要给它市场。资金已经有了，那我就得合理运用，用最经济的办法来使它增值，主要是创造优秀作品贡献给国家和社会，同时也提高自己的品牌信誉、企业自身的积累和职工的福利待遇。那么我就要拿空余的土地开宾馆，服务社会，同时解决影片投资的资金问题，不是很应该的吗？

陈：胡其明不是从“北影”出去的？

高：当时他是电影局副局长，原来是（“北影”）制片主任，调上去的。

陈：他干嘛打断您说话？他不了解情况吗？

高：他就不乐意听我要让制片厂直面市场，要冲破由发行公司统购的约束。这个也难怪他，他对改革开放战略真正意图并不理解，一个企业应该如何经营？他也不清楚，没有这方面知识和实践。

陈：当时改革开放，很多人都不知道怎么干吧？

高：很多人都是晕晕乎乎，都不清楚。我为什么对这事清楚？因为我在北大学的就是这个，再加上当时翻译了许多苏联的管理企业经验，由东北传来北京，我也看了许多。同时读斯大林《苏联社会主义经济问题》，里边讲到市场和价值规律的作用，他虽然犹抱琵琶半遮面，态度不很明朗，我已经看到社会主义计划经济难以忽略市场经济规律的作用。这是科学！何况我在新影有多年的实践。新闻纪录片统购还有可说，故事片也按这一套制度搞，是不可能搞好的。

陈：那次厂长会，别的厂长发言，和您的区别是什么？

高：我已记不起来了，反正我是孤掌难鸣。当时改革开放已经开始，知道其奥妙的不多，否则为什么要强调解放思想呢？

陈：您的发言不正是切题的发言？

高：我是要企业自主，他们就不像我那么解放思想。中影公司那时还主管着所有制片厂的发行经营权。我为什么老跟他们干仗？就因为我要脱离他们，自主经营。

陈：1983 年，中影公司也要换人了，胡健要上台了吧？

高：胡健不跟我吵架，他说吵架没意思。他明白吵架吵不出什么名堂来，因为整个体制没有动。所以我那篇在电影局刊物上发表的文章要求自己找市场、建院线，我要求开宾馆为了建立自己的资金链，不走老一套。当时主要矛盾就在这里。胡其明副局长不让我说话，也是为这个，因为我唱的调子太特别。

陈：您是有备而来？去开会之前，就有这种想法？

高：是的。当副厂长以前，就跟汪洋谈过这事。他们经常谈这些问题。他明白这些道理，因为他是从 20 世纪 30 年代在上海搞电影过来的人。

陈：汪洋厂长也跟中影公司洪臧经理、丁达明经理，一直吵这个。

高：他当然比我老练，不像我那么愣。我跟他们，也干过几次。

陈：您跟丁达明干仗，是什么时候？

高：他那时候好像是退居二线了。

陈：他是发行协会的会长，您也跟他吵？

高：这是观念冲突。因为他是觉得这个体制挺正常，我就要突破这个体制。其实这是文化部的问题，是他们不理解，像仲秋元，自己是管财经的，他并不理解企业是个什么性质，所以不支持我们与河南合作。在我当“北影”副厂长那个年代，计划经济根子还是相当深的，把它和部门所有制结合起来。“社会主义市场经济”这个概念怎么出来的？来回经过多少次折腾？这就影响我们下面的人很难办事。上述 400 万块钱找陈慕华都解决不了，这不是笑话吗？

陈：找陈慕华行长，是要钱还是贷款？

高：要钱——不，就是贷款。贷款跟要钱不一样，我厂不是叫她白给，到时候连本带利还给她。她就觉得，这不能给。可能是因为没有指令性计划吧！像这种事情，作为一个企业来讲，很不正常的。叫什么改革开放？既不改革又不开放。所以我跟上面文化部和电影局对不上，跟旁边发行公司也对不上，我经常唱独角戏。

陈：连司机也反对您？

高：因为按我的方案，他们吃不成安稳饭，得受累操心。当时我缺少知音，汪洋算一个，但是他离休了！因此我干了五个月，就不想干了。

陈：不想干了还是不干了？

高：当然不能罢工。我跟电影局副局长包同之提出来，我不干了，提前离休。他不让啊！我们俩在文化部，就为这件事辩论了两个多钟头——他把我叫到文化部去的，就为这个问题，他说你不想干也得干，必须得干！

陈：所以您一直干到 1986 年？

高：我说过，干到 60 岁，多一天也不干。这说明当时“北影”的顶层结构，不是一个志同道合的团队。

陈：1984 年的 11 月，“北影”邀请全国各省市自治区发行经理来厂里座谈，这个座谈会是您主持的？

高：在香山开的。

陈：您主持召开这次会的动机、目标是什么？

高：我的意思是，自主也主不起来，搞院线也搞不起来，那你说市场怎么开发？我就把各个地方的发行经理请到北京来，跟他们谈谈，怎么把“北影”的发行渠道开发好。因为院线都由他们垄断。所以我要把这个关系搞好一些，尽量把我们的市场开发好，打开我们影片的销路，扩展市场，企业没有市场不行。

陈：中影公司也是一个企业，也要发行好，才能挣得多？

高：这里面有一个问题，影片发行收入，地方公司先分一份，然后再到中影公司，而我们影片的售价是死的，按电影局规定。所以我们职工对中影公司在新街口外盖那个楼有意见，当时这样的楼就很稀罕。我们只能在那种体制内打通一下与地方的关系，把“北影”片子的市场加以扩大。既然自建院线走不通，只好退而求其次。

陈：这个会，得到了其他厂长同意？

高：那大家都同意。这对全厂有利。

陈：香山这个会，效果怎么样？

高：大效果没有。为什么？旧体制未动。后来胡其明大概受了农民搞承包责任制的启发，让我来管《迷人的乐队》[①] 摄制组，跟它单独订承包合同，如果该片赚了钱，要给主创及制片人员发奖金。想从《迷人的乐队》开始试行，可是它的发行体制没有改变，自己又没有院线，合同订了也是白订，最后也是泡汤，无法实现。

陈：您说什么计划泡汤了？

高：就是将《迷人的乐队》收益超过制片成本的部分分一些给他们摄制组作为奖励的计划。为什么搞不成了？整个影片发行体制如旧，制片厂没有自主的产品销售渠道，肉都烂在中影公司这大锅里，当时无法单独计算《迷人的乐队》收入的机制。

陈：您觉得这也跟中影公司有关？

高：还是整个电影体制和管理机制问题。

陈：好像整个 20 世纪 80 年代，电影厂和中影公司一直在争吵？

高：因为它统购，不按质论价、优质优价。制片厂只能把片子卖给它，无法直面市场，厂内优胜劣汰机制难以建立，试问事业能向好发展吗？

陈：固定价格，好片、烂片中影公司都兜着，不也有好处吗？

高：对啊，但是我不要它兜！我愿意自己来兜！因为我需要建立厂内优胜劣汰机制，奖勤罚懒。没有直接的市场反馈，这办得到吗？作为一个企业，脱离瞬息万变的市场，严格说来像个残疾人，不是健康的正常的企业。

陈：中影公司有 53 万人，是专业发行和放映的啊？

高：这是它的网。

陈：对。电影厂要做发行，赚钱之前您要增加一大笔开支，不是吗？

高：我不会这样弄，我会通过发行拍卖，招揽国内外客商来竞争，谁出价高就授权它发行，然后定好分成比例，这就可以省去许多中间环节，这就是直面市场。

陈：您不跟它总部玩，跟分支玩，它不生气吗？

高：我为什么开这个会？我就准备要改变销售渠道和方式。当时只是一种试探。因为企业如没有市场，就不能活！你想想，如果没有市场，企业内部能有生气吗？能建立起竞争机制吗？

陈：问题是，“北影”那些有市场的片子，能不能养得起没有市场的片子？

---

①《迷人的乐队》，故事片，北京电影制片厂 1985 年摄制，编剧：房纯如、杨舒慧，导演：王好为，主演：何伟、周虹、陈青、米铁增、梁冠华等。

高：这个正是我要利用市场来刺激企业内部建立奖勤罚懒、优胜劣汰的机制，改变当时的内部状况的原因。为什么有的人几年也不工作，照样拿工资；有的人积极工作，也只拿那点工资；有拍出好片子的，有拍不出好片子的，却一样拿那点工资，这公平吗？

陈：中影公司有笔账，每年国产片，总体上是赔钱的。

高：国产片也有赚钱的。总体赔钱我也了解。这个问题正反映了我国电影事业整个体制和内部机制存在问题，而且很严重。为什么不让电影厂自己拍大片？人家外国人拍大片，我们自己不会拍啊？我们也会拍。有这个问题在里面。当然还有创作思想问题。

陈：如果“北影”投拍一个大片，一亿元、两亿元的，要是赚不回本呢？

高：那我觉得，我自个儿认栽。

陈：大投资认栽，这个厂不就完了？

高：绝不可能是这样。你搞电影厂的，哪个片子能赚钱，哪个片子不能赚钱，你投资应该搁在哪里，如果当厂长的连这一点学问都没有，那你就趁早甭当这个厂长！你想对不对？《芙蓉镇》那个本子，当时是先到“北影”的，“北影”给它放跑了，后来上海拿去了。为什么把它放跑了？不值得深思吗？为什么不找几个人商量一下？

陈：再说说承包责任制的管理，《迷人的乐队》承包经过如何？

高：就是我老提这个意见。我们对创作干部也需要引入竞争机制，不能好人、懒人都一样对待，这对创作干部来讲是不公平的。所以要分别对待。要精神鼓励，更要物质鼓励。好片子就应该受优待，不好的赔了本，他得担责任。这就是优胜劣汰、奖勤罚懒的管理机制。当时承包责任制不是在农村搞得热火朝天吗？我们也想在摄制组搞一搞，就从《迷人的乐队》开始，叫我来管这件事。

陈：您管《迷人的乐队》，具体是怎么做的呢？

高：那就是定好成本，做好规划，如果盈利的话，那么厂里与摄制组按比例分成。比如说赚十块，厂里七块，给你三块，就是这个意思。

陈：厂方和摄制组的文书合同，该签的都签了吗？

高：没有那么具体。大意这样。

陈：您怎么去监管执行？还是不用监管，由他们自己去办？

高：我信得过他们这几个人。制片主任孙庆吉、导演王好为、摄影李晨声，彼此都很了解，他们都是很有水平的。制片主任很会管理。

陈：这个片子赚了很多钱吗？

高：这个，后来就不知道了。因为全烂在中影公司那个大锅里，你掌握不了他们。

陈： 您跟摄制组签的分成合同，最后怎么样？

高： 因为制片厂掌握不了它的市场，赚了多少钱制片厂也不清楚，真实利润无法准确计算，分成从何谈起？

陈： 说一千，道一万，中影公司是个拦路虎？

高： 不能兑现这个事，问题就出在整个电影的管理体制不科学，没有脱离计划经济的窠臼。后来终于重组了，“北影”也没了。这是自上而下的改革。我当时提那很多意见，就想自下而上响应党的改革开放。但白费劲，没起到什么作用。

担任“北影”副厂长（续）

陈：您在任期间，为拍《红楼梦》，建起了荣宁府，前后经历如何？

高：为了拍《红楼梦》，给了楼前一块空地和200万元，盖了这个荣宁府，下了老本。片子拍完了，影响不如电视剧，它们在前，夺了先声。有一个日本民间外交家，她父亲跟中国很友好，叫中山什么，这个名字我给忘了，他的女儿叫中山真理。她知道拍《红楼梦》留下荣宁府，就来找我，跟我谈判。因为她是中日友好人士的下一辈，我们当然要很好地欢迎、接待她。她要我们把这座荣宁府给她。我问她拿它干什么？她说她要按总统套间的规格，用来接待外国贵宾。她参观了这几套四合院，觉得搞得非常好。设计的确很好，又有拍过《红楼梦》电影的招牌，这个地方也比较安静。那时候周围还不像现在这么热闹，所以她看中了。我觉得这不行，我们是为拍电影盖的，不能给。可是她又老缠着，你又不能说我不跟你谈，结果磨来磨去，前前后后磨了两年。

陈：您不同意、也不愿意把荣宁府给日本友人？

高：那我怎么能同意？我们是为了拍电影盖的。

陈：电影不是已经拍完了？

高：《红楼梦》拍完了，别的要四合院为场景的电影，如果真让她给弄成总统套间旅舍，这周围整个都变了，我们不能用了，这是不行的。我们盖它只花了200万元，所用门窗木料都很差，只是按布景的要求做的，要当总统套间，那得拆了重来，那哪儿受得了？

陈：您是说，她买过去，肯定要改造吧？

高：那肯定要大改造。一改造，等于我们把这块土地的性质改变了。

陈：她出的条件是什么？

高：我根本就不同意，她先是要买或租，后来见我说不行，她说咱俩合营？就这么一点一点磨。这个事最后是吹了。我不好意思说我不跟你谈，这不友好，所以你只能陪着谈，敷衍两句，就是这样。

陈：1985年3月，水华和谢铁骊等17名北影厂编导，向中央领导写信反映电影界及北影厂的情况，说不应该过分强调影片的商品性，防止皮包公司买卖国营厂的发行权，要整顿北影厂，您了解这方面的情况吗？

高：我不了解这个情况。

陈：您当时还是副厂长啊？

高：1985年，我是副厂长，我是主管经营与行政这块。在我看来，他们这个意见是很不全面的。因为改革开放要求开放社会主义市场，并与国际贸易接轨，影片当然与一般商品不一样，是有社会效益的商品。但在整个经济流程中，不能抹杀或不承认它也是商品的本质。因为生产和消费影片的全过程都应通过市场来运作。编剧的前期投入很大，成品及产权要付高昂稿费去购买。导演要拿工资，白干谁干？请演员也要付工资及其他附属费用，摄制过程一切都要花钱购买。最后电影要放给老百姓看，老百姓要掏电影票钱。整个过程，从社会角度看完全是在市场上运作的。所以必须把电影看作是一个商品，是一个具有社会效益的商品。我认为这种观点——如果真有这种要使影片摆脱市场运作的观点的话——那是对计划经济时代的怀旧思想。制片生产的关键是对剧本前期策划和监管，影片的审查和监督，事后的批评和总结，奖优汰劣，以正风气，确保其社会效益。离开商品属性和市场运作看待制片生产，是脱离实际，因此是违反客观规律的。

陈：改革开放的目标就是把企业当成企业来经营，让企业有自主经营权？

高：这是必须的。确认电影的商业属性，是实事求是问题。要强调它的社会效益，包括思想性和艺术性，既是实事求是问题，更是认识这一特殊商品的本质特性问题。加强创作方面的前期投入和案头作业，是克服水华拍片子拍一会儿、改一会儿，时间拖得特别长的好办法。比起前期投入和案头作业来，拍摄过程的消耗要昂贵得多。精益求精是创作的应有精神，水华这一点极为可贵。但缩短拍摄时间是制片中最大节约，也是一样重要的。毕竟影片也是商品，要注意成本，尽量制止浪费。

陈：但是他出精品啊？

高：那你得两说着，要是所有的人都这么干，那大家都喝西北风去吧！所以这里要强调前期投入和案头作业。个别或少数段落可以。不能无限制地那么做，随便作废，或基本弄完了，又想起来要大改，那样制片厂的经济受不了。毁掉几个镜头和撕掉几张稿纸，在经济上是没法比的。

陈：那也有预算制，比如说他要超了预算怎么办？

高：那得看情况。一般来说，预算都留有余地，实在不行时，只能特批。

陈：据说他自己掏钱去买胶片，有过这样的例子吗？

高：这我不知道，等我上班的时候，他基本上已经不拍片子了。所以我就始终坚持一条，这种状况必须改变，否则谈什么改革开放？

陈：在您眼里，电影界真正懂得电影经济的，有多少人？

高：我也说不清楚。

陈：为什么这么说？

高：在那个时期，整个国家属于草创时期，虽有苏联经验可学，也需要一个过程，还有中国自己的基础。在上海与广州的这些厂，受西方市场经济影响比较大，这些问题容易谈得通，在北京就不容易谈得通。还有人的问题，例如我在"新影"推行车间核算时，彭厚嵘同志就支持，电影局的财务处长就批评我是搞军事管制。他们两人都是在旧上海搞财务工作出身的，表现竟如此不同。文化高低虽有一定影响，但也不尽然。我在北影要推行车间核算时，一个南开大学学经济的副科长批评我"不懂装懂"。我只能一笑置之，他的大学算是白读了。就是为了这样一个很简单的车间核算问题，我上下都受到批评。不过这两者已相隔 30 年。前者在 1953 年，后者在 1984、1985 年。对后者，我除了一笑置之，还觉得他很可怜。难怪我后来让他当审计科科长时，全会计科没有一个人愿意去他那里工作。我只好给他配了一个新招来的女生，为此他对我意见很大，又批评我对审计工作不重视。其实这个科是我把它恢复的，原有的因"三反"运动被取消了。

如何评价计划经济问题？说它是资本主义的死对头，这话是说不通的。列宁说过，我们必须要继承资本主义的文化，要重视它，不对的应该批评，但是好的批评它干什么？所以他特别认同某些方面的美国文化，他说美国讲实事求是、讲效率，这个列宁书上有，原文我记不得了。这你不承认它是不行的，也不能老是模棱两可。这是科学问题，老问姓"社"还是姓"资"？这问题的提出就显得很幼稚，而且很无知。至少说明他没有读过列宁著作，也根本不懂什么是资本主义和社会主义。

陈：当时在北京懂得这个的不多？包括北影厂？

高：应该说从文化部来说就不多，连我那么一篇讲企业要自主经营的文章他们看了都哆嗦，要提出国家指令性计划来吓唬人，就可以看出他们的水平。为什么石方禹同意发表文章？因为他是上海来的，他知道这个问题还是要讲的。有的同志对强调企业管理提出怀疑，强调文艺创作的重要性，也不能责怪他们；像那些仍想搞计划经济、强调指令性计划的人不能责怪他们一样。因为他们没有受过那种锻炼，也没有做过生意，不知道企业和经济这两者关系的严重性。当然重视影片的质量，精益求精地创作，是必须的。可是同时你还必须重视影片是在市场中运行的这个事实。所以邓小平提出经济效益跟社会效益，把经济效益搁在社会效益前头。因为经济效益同时也是社会效益，这两者不是对立的。片子社会效益好，经济效益肯定也好，这是一致的。把两者对立起来理解，是不科学的，犯了片面性。关于这个问题，在我离休后，《中华盛世醒言》编辑部向我征求警言稿件时，我根据自己的实践，总结了这样一句话：“资本主义是历史的产物，推动社会发展：生产工业化，贸易全球化，政治民主化，社会管理法制化，科学大发展，不然何来社会主义、马克思主义？许多人对它的正能量认识不足，只知道它的负能量。”应加一句：“这是不科学的，也是不公平的。”

陈：1986 年 1 月，电影口转属广播电影电视部，您对这个决定怎么看？您周围的人怎么看？

高：这个问题，我觉得不过是国务院内部的分工问题，跟我们没什么大关系。

陈：在文化部也好，在广电部也好？没有影响？

高：广电部部长艾知生是我的一个老朋友。他当部长后，叫我星期天到他家去玩，我也没有去。我出狱时，他是最先来看我的人中之一，还带了他儿子来，私交很好。不过，国务院分工的变更，跟我们企业归谁领导关系不大，这个无所谓。我们电影厂还是拍电影。我只是不同意像以前那么来领导，应该让它自主经营。领导应该监管影片搞得好不好，不好的你该“枪毙”的“枪毙”；好的你大力表扬。你要帮它开辟市场，而不要垄断它的销路；要让它与市场密切挂钩，才能形成它自己的资金链，并在内部形成奖勤罚懒、优胜劣汰的机制，推动电影创作和职工生活的改善。企业有权运用自己的资产进行合理经营，以扩大资金来源，促进主业的提高和职工的福利。老早我就这么想，可是体制和团队不允许你这么干，所以我跟谁也搞不到一起。等到企业实行重组时，“廉颇老矣！”抱孙子去了。

陈：当年划归广电部，北影发生了什么特别的事吗？

高：没什么特别的事情。那是中央的事，我们管不着。没什么差异，只是把电线插头插到另一个插座上。

陈：对您来说，没有实质性的不同？

高：我该离休了，写我的书去。

陈：您当副厂长期间，类似职工家属找您处理垃圾纠纷的事，还有多少？

高：那很多。最突出的是职工住房困难，找我解决宿舍问题。男的，女的，有名的，没名的，大都是比较年轻的。讲的实际情况我都非常同情，但是巧妇难为无米之炊，我也没办法。因为企业没有自主经营权，我不能拆那房、盖这房。我早就主张把那个老游泳池给填了，盖成宿舍，但别人不同意。你没有那个自主权，也没有那个资金来源，立项还必须通过文化部。我如果要搞房地产，例如与河南省合作盖宾馆，别人就说你不务正业。为什么干了5个月就不想干了？道理就在这里，在那个体制下，没法干。

陈：组织上让您继续干，之后和以前，您的想法和热情有变化吗？

高：那还是一样。我的责任心很强，只要我工作一天，我必须负责一天。我做工作很负责的，当然不得人心，经常跟电影局、中影公司领导吵架。主要是理念和观念问题，石方禹对我很支持，可是他只是一个人。

陈：胡其明不太支持您？

高：我跟他老吵架。

陈：后来胡其明回来当厂长，关系如何？

高：当厂长，他给我讲了一句话。他说："我在这儿干，你就得在这里干。离休后，你要滚哪儿就滚哪儿，我不管。"这就是原话。

陈：是开玩笑，还是认真谈？

高：反正他当副局长时，我老跟他对着干。因为他迷信指令性国家计划，代表旧体制，也知道我是一个刺儿头。他知道我是不愿意干了。我跟包同之在文化部吵了两个小时，他肯定知道这件事。

陈：您当北影副厂长三年，事隔20年以后，怎么做总结陈述？

高：按当时的体制，没法干。

陈：就三个字，"没法干"？

高：捆住你的手脚，按我的意思，的确没法干。我为什么干了五个月？这五个月就是尝试一下，实践一下。五个月的经验告诉我，没法干。这根本就是圆凿方枘，一圆一方，根本放不到一块。我对做官一点兴趣都没有，我的兴趣是做事。我按我的信仰，实事求是说话办事。所以反"右倾""新影"拿我开刀，"文化大革命"把我扭送坐牢，这是20世纪50年代末至70年代末。其间，像邓拓、高戈、陈荒煤这样的人很少，石方禹也不错，但时间不长。其他人，你一说实话，他就不高兴。可是要我顺着那些人说话、办事，我又不会。那时，是思路上没法干，就是不对路。

陈：您不是"偶尔露峥嵘"，是经常露峥嵘？

高：其实也不是露峥嵘。我是我的本色本相。我这辈子为什么会经过三次平反？除了说明我正确，还说明我经常受冤枉。受冤枉就是别人当时不理解我，要过许多年之后才能理解我。所以在"文化大革命"结束前的20多年中，我除了写几篇文章之外，干不成什么事业。一个科长，行政14级，当了25年，说明什么？说明在别人看来，你能干的就是这点事。

陈：您当副厂长三年，总结就是没法干？

高：是的，没法干。就是在那一套体制下，没法干。反正60岁离休，到60岁，多一天不想干。

陈：一天也没延长，就离休了？

高：我对这个时间很在意。当然在职期间我从没有偷懒，该我干的都干，不该我干的有时也干。例如有一次审查影片，凌子风拍了一部故事片，没有合适的片名，大家在放映室里穷思苦想，也想不出来。我根据影片内容提出“马铁腿外传”五字，大家一致叫好，就被命名了。其实我完全可以不动这脑筋。我不违法，我只是想突破这个苏式计划经济的老框框，可是我处处碰壁，别人强调指令性国家计划及由此制定的体制。对我这几年的工作，陈怀皑给我一个评价——离休以后，有一天他在路上碰到我——他说：“高汉，你做到一点。”我说我做到一点什么？他说：“不以权谋私。”我可以说，从参加革命以后，从1949年6月到北影厂，不久“三反”，以后就一直做经济工作，从会计科长到副厂长，管的就是钱。从我身上找不出有一块钱的事！任何人找不出来。我们有个同事，调到北京电影学院当副院长，首先给自己搞了一套四居室房子。“新影”在1981年让我住到月坛北街三室一厅的新楼房去，这是新影厂的，后来我到了北影厂，新影厂也没有向我要回住房。汪洋跟我商量，说苏叔阳还住在大杂院里，要去胡同里上公厕，汪洋想让我把房子给他住，我搬到厂里住。他当然知道这是“新影”的，与“北影”无关。我二话没说，就搬家，解决了苏叔阳的问题。厂里有人明明夫妻俩挺好，为了多要房子，离婚，要去两套房。

陈：为分房子，假离婚？

高：真假别人不知道，反正各要了一套房是真的。那时北影厂只盖起两座所谓“高知楼”，像苏叔阳这样新来厂的，没有条件分到房。

谈“新影”的老同事

陈：您离休后，应邀参加了《北影40年》的写作？

高：对。我离休后，就想搞自己想干的事。文学部主任周啸邦——已经去世了——来找我，说要搞《北影40年》，希望我能够参加。他说因为开头那部分，他们这些人都不知道，知道的人不会写，能写的人又不知道。所以他希望我能帮他们搞这事。那期间变化很多，“北影”“新影”“科影”分家，许多人不清楚，这是事实，我就同意了。

陈：您负责早期，是吧？

高：我就负责从接管到“北影”和“新影”“科影”分家，以及汪洋他们从苏联学习回来初期。

陈：1949年到1956年这一段？

高：我负责写这一段。书出来后，我看主要讲影片。没有涉及作为一个企业的“北影”是怎么发展的。它为什么这样？可能与主编及编委思路有关。所以只写40年：1949年到1989年，下面就不写了。

陈：今年是“北影”成立60年，会不会写《北影60年》？[①]

高：那谁知道？我就不知道了。恐怕很难写了。

陈：您当时写这部分，有多大的篇幅，用多长的时间？

高：有几章，大概我写到1956年。我讲了几个片子，本来我说我就讲到他们从苏联回来为止，那也没有什么片子，后来他说您带几个片子。

陈：您自己参与的《中国人民的胜利》呢？

高：也得写。因为那是北京电影制片厂拍的，这段事他们确实不知道，我觉得我也应该对这事负责，所以我就参加了。给了我几个题目，我主要负责绪论与第一章。

陈：作为编委，您统稿吗？

高：我不统稿。统稿大概是周啸邦吧？我也不知道，我写完交稿就不管了，开会、讨论我参加。

陈：您对《北影40年》怎么评价？您都看过吧？

---

① “今年”是指采访高汉先生的年份，即2009年。

高：不看。我听他们谈过，我懒得看这个。离休以后，甚至电影都很少去看，厂里搞旅游，我只参加过一次游三峡。因为我要忙自己的事。

陈：请说说您的老同事，咱从新影厂那边说过来吧？

高：这事不好说，因为我不愿说假话，容易得罪人。

陈：您愿谈多少就谈多少，也可以不发表——我是希望多谈，一是多留下一些线索和细节，因为有很多老人都不在了；另一个，我希望您多谈，是因为您看人有一套很特别的方法，有自己的眼光。谈多谈少，谈深谈浅，由您决定。是否发表，也由您决定——您可以在《授权书》上明确限制。咱们从高戈说起？

高：高戈这人，我觉得他是很负责任的，也有一定水平。最好的一点

1992年1月26日，市委原政研室同志叙会于市委党校。从右至左：李伯宁、张文松、王汉斌、高汉、许顺、郑华

是比较爱才，这一点跟汪洋一样，汪洋很爱才。爱才是很重要的，当领导如果不起用人才，要把这个单位搞好，那是不可能的。高戈这一点很突出。他对我很爱护，我很怀念他。他现在老了，听说眼睛看不见了，我想去看他。因为我一直都很忙，想了多次，约了也想去看他的老同事，没有成行。他去世了，成为此生憾事！

我当副厂长时，曾把他请到“北影”来议事，我要派车去接，他说不必，自己来。当时他是北京市政协副主席，他来了，风采依旧，一介书生，

毫无官场习气，一点也没怎么变。谈完了事情他就要走，我留他吃饭，他也不干。他的清廉和操守，令我肃然起敬。电影界里，这样的人比较少。

陈：您觉得高戈的操守，主要是八路军的操守，还是文人的操守？

高：我觉得他身上主要是文人气质。老八路风格，我国知识分子传统风骨，两者兼备，后者更突出。

陈：他对别的人才也同样爱护吗？比如我到新影厂去做一个调查，问高戈是否爱才，是否大部分意见会跟您一样？

高：我估计差不多。他从新华社调来许多人，充实新影厂的队伍，有几个人是很精干的。同时，他处事公平、公正、公开，这说明他无私。比如像留苏问题，当时电影局点名有沈容与我，要党委讨论。龚涟问他，要不要让我避嫌？因我是与会者。他说不必，高汉不必去了！他在党委会上说，高汉和沈容大学都读过了，不必去留苏，让别人去吧。对此我毫无意见。相反，觉得他决定正确。

陈：您觉得高戈是新影厂的好领导吗？

高：好领导。当然他对电影不是行家里手，不像钱筱璋、徐肖冰他们从小就干电影，他是干新闻出身的。对新闻纪录电影而言，懂新闻也许更重要。

陈：他只要会领导拿摄像机的人就行了？

高：对，就是这样。

陈：他能不能领导好拿摄影机的人？

高：完全可以。因为他搞新闻出身，有这方面修养。可是有些人说他不懂电影，这个对他来讲，或者是误解，或者是不公，或者别有用心。

陈：那就像刘邦，他不会带兵，却会领将？

高：对，具体操作电影，不是他的事。

陈：关于高戈，还有要说的吗？

高：有一次他叫我跟他一道去北京市委开会，邓拓不知道有什么事情，找“新影”参加，我们就去了。会散了，他就领着我去找邓拓，他问邓拓，说你还认得他吗？邓拓说，我怎么会不认得他呢？这个印象很深。邓拓是我参加革命的第一个领导，也是把我推荐到电影界的人。

高戈生活作风很正，道德情操很高。这在干部里面不太容易，在新影厂领导人里，无人能超过他。

陈：下面您先说钱筱璋，还是先说彭厚嵘？

高：我先说彭厚嵘吧。彭厚嵘是大好人，宽容、厚道、正派，运动中常受冤枉气，所以以“运动健将”闻名。大好人一个。有运动来就找到他，最后证明他没有问题。他家庭负担较重，但品性高洁、作风正派。他长期从事地下工作，锻炼得谨言慎行。在“文化大革命”中，受的罪特别大。什么道理呢？因为发现他肩膀有淋巴癌，把右膀子连手臂都给卸了。这帮造反派揪他时，就揪这刀口上，痛得他龇牙咧嘴。我们都不忍看，他自己还是很坚强，不怎么在乎，练习左手写字。劳改时左肩扛把扫帚，右袖管飘着，真是惨不忍睹！新影厂领导里面，他是难得的好干部。

陈： 他是一个行政干部，不是业务干部吧？

高： 先是行政处处长，后来当行政副厂长，最后当党委书记。对一个制片企业来说，行政其实是不准确的概念。应当说，他负责的行政处是分工负责企业经营的。他的业务主要有二：企业经营和后勤保障。原国民党“中电三厂”管理一片混乱。北影厂接管后，经过“三反”运动，我被调去当会计科长，就在彭厚嵘的支持下，搞了一个“三集中”改革，即把全厂的钱、物、核算都分别集中于会计科和资材科（后称供应科）管理，不许分散由各单位自己管理，便于企业集中监管。电影局的财务处处长批评这一改革是“实行军事管制”，彭厚嵘却大力支持我的改革，北影厂的管理面貌焕然一新。会计科因此被评为“学习苏联先进集体”，这说明他办事是有魄力的，不保守，也抗压。

陈： 再说钱筱璋？

高： 钱筱璋这个人，当然，编片子这门业务他很熟悉、很熟练。他从学徒出身，一直搞电影，家里生活也很清平，负担较重。他不各处奔走跑官、要官，很难得。他在“新影”的时间最长，是我进去的第一个直接领导，我跟他的关系应该说很好，也很密切，他跟我讲心里话，说对我是“利用、限制、改造”。他不知道这样的话让我有多么伤心，这说明他的水平：这话是对一个共产党员，还是党委委员说出来的，怎么可以把我等同于一个资本家呢？其实我不在乎，因为我的工作摆在那里，群众都看在眼里。他这样说，是限于他对政策理解的水平。我意见最大的，是他在“反右倾”运动中，整我的材料，这是丁峤跟我的好友讲的，是钱筱璋点我的名，作为首位重点批判对象。要不然文化部钱俊瑞为什么在文化部干部大会上点我的“三过”观点？

陈： 高戈走后，钱筱璋就是厂长，他没有去兴化吧？

高： 没有去兴化。

陈： 所以他对您提意见的背景，不太了解？

高： 他自己跟我讲过，他在重庆看到卖“口烟”[①]，这要上起纲来，岂

① 前面曾提及这个话题，这里重复的一段在编纂时删除了。

不是“恶毒攻击社会主义”吗？但我听了也只当作新闻。可是他对我在交心会上说的真理却当作“恶毒攻击社会主义”的“三反”言论，报到文化部去。最后钱俊瑞就说我这是“三反言论”，是典型。对此我觉得可以理解，因为当时中央要搞这件事，也不是钱筱璋、钱俊瑞个人要搞这个反“右倾”运动，我完全可以理解。

陈：您不理解或不原谅的，是什么呢？

高：我不原谅的是，在平反过程中，整个平反结束了，我跟他办公是里外屋，宿舍是同院住着，他却从来不跟我讲一句抱歉的话。党委集体向我赔礼道歉，徐肖冰都流泪了，他却不参加。文化部党委书记徐光霄[①]开大会赔礼道歉，陈荒煤专门找我厂三人（我、刘德源、张庆鸿）到他家谈心。他作为始作俑者，居然毫无歉意，这实在令人惊讶！

陈：您是说1962年那时候？

高：我觉得作为他跟我的关系，时间已经很久了，（连利用、限制、改造）这一类的话都跟我说过了，平反时居然一句话都没有！我的确耿耿于怀，无论作为同志或朋友，都太不够意思了！

陈：即使他让您去做厂长室秘书，也不谅解？

高：他可能是有这个意思在里面，可是他并没有给我什么实际工作。这是工作，跟思想感情是两回事，不能代替。因此我认为他的政治觉悟实在不足道。这只能表明他对我仍有保留。那难道是全党平反搞错了？

陈：他在厂里人缘怎么样？能不能团结同志？

高：团结一般同志还可以。比如像我，他就团结不住，因为他视我为资产阶级知识分子，不能发挥我的效用和积极性，不像邓拓、高戈、汪洋。

陈：请您说说徐肖冰？[②]您觉得他是什么样的领导？

高：我跟他接触不多，只在对短片《在激流中》的评价上有分歧。他发表意见说，影片不拿工人的生命当回事，指责这个片子。我在《人民日报·大地》上发表短文，反驳这种观点。

陈：龚漪也当过“新影”领导，您也说说她？

高：龚漪很好。她非常热情、真诚、敬业，她的水平限于她的条件，但是很愿意学习，学习也很好。最好的一点是她为人真诚。真诚的人可以保证她有良好的同志关系，这是最可贵的。她观点鲜明，从不含糊其词，所以很负责。她收到我在离休后写的书时，给我写过一封信，摘录其中几

---

① 这一表述不准确，徐光霄当时是文化部党组副书记，不是“文化部党委书记”。

② 此处有删节。

段，可见她的这种负责精神："高戈同志生前，我与他曾几次谈到你，我俩也曾想与你相聚，好好谈谈心，但终未实现，十分遗憾！我们共同的感受是想对你表示我们的歉意。在风行极左思潮年代，我们参与了对你的不公正批判，使你那些年的日子很不好过！压抑了你的才学，使党与国家受到损害。想到这些，真是感到很对不起你……这些年，党和国家糟蹋了多少英才，实在可惜了。而一些浑浑噩噩的随声附和者，或是头脑简单者，却平步青云……"。与此一对比，钱筱璋不向我道歉，更显出他的政治思想觉悟水平如何了。难怪韩愈的《杂说四》会传之千古。我每读此文，至"只辱于奴隶人之手，骈死于槽枥之间"，则不胜唏嘘。

陈： 官质斌[①] 这个人呢？

高： 官质斌非常老实，勤勤恳恳，对待本职工作尽心尽责。人缘很好。他原来是老党员，后来可能脱离了，详情我不清楚。

陈： 吴本立[②] 呢？

高： 吴本立，我与他在《中国人民的胜利》组就共事。他资历很老，成就一般，作为领导，容易发火。对我很好，从不发脾气。他不愿意在"新影"干了，要去北京电影学院发展——那时候他爱人吴国英调到电影学院了，钱筱璋先是不同意，后来他一定要去，钱筱璋就同意了。去了以后大概开了一课，往摄影系讲台上一站，眼前一堆眼睛珠子全盯着他，他讲话本来就不利落，几句话讲完，没词了。最后他又要求钱筱璋把他调回厂里来，因为没有合适的岗位，他被调到摄影队当党支部书记了。他也是抑郁不欢，到年龄就离休了。

---

① 官质斌（1904—1978），电影技术专家，四川威远人，1932 年毕业于上海中国无线电工程学校，后任其美广播电台工程师，1937 年任中国电影制片厂录音师、技术课课长，参加《八百壮士》《保卫我们的土地》《白云故乡》《火的洗礼》《塞上风云》等十余部电影的录音工作。抗战胜利后，曾任东北电影公司主任秘书兼东北电影服务所所长，北平清华影片公司副经理。新中国成立后历任北京电影制片厂录音室、制片处长、副厂长，中央新闻纪录电影制片厂总工程师、副厂长。

② 吴本立（1919—2003），纪录片编导、摄影师，安徽怀宁人，1935 年入南京中央电影摄影工场当练习生，后任摄影助理，1938 年赴延安，1939 年参加延安电影团摄影队。1950 年后，先后在北京电影制片厂、中央新闻纪录电影制片厂、北京科教电影制片厂工作，任摄影总队队长、导演、副厂长。拍摄纪录片《东北民主联军英模大会》《民主联军军营中的一天》《四下江南》《淮海战役》《百万雄师下江南》《中国人民的胜利》（中苏合拍）、《宋庆龄副委员长访问缅甸、印度、巴基斯坦》，导演纪录片《中国民族大团结》《延河之歌》《泥人张》《苏联芭蕾舞艺术》等。

陈：您再说说高维进[①]？

高：是个大好人。反“右倾”第一回率领群众来围攻我的，就是她，因为我老跟大家辩论，不检讨。最后反而批她的“右倾”了，认为她斗争不力。她沾了我的“光”了。她不像石梅那么“左”得厉害,她很温和老实，她可能相信我讲的是真的。也不会像石梅那样给我施加各种压力，甚至于说出一些非常离谱的话来。她很厚道，跟彭厚嵘有相似之处。

陈：她做过“新影”副总编，作为一个领导呢？

高：副总编辑。上头布置下来，她都负责完成。你让她有什么创造，也比较难，限于她的水平。新影厂就整个队伍而言，文化基础比较薄弱，不像现在从电影学院科班出来的。一般的都是从部队里来的，经过培训，就投入工作，在实践中成长，整个队伍基本是这样的。所以在“文化大革命”以后，叫我回到“新影”，那时候我还没工作。钱筱璋他们有一次开审片会，把我找过去谈一个问题：如何提高新闻纪录电影的质量？他的意思想要我加入这个集团。既然请我来了，要我说话，我就说：要提高影片水平，首先要提高审片人的水平。我说完了，大家伙儿都不高兴，我也走了。你说真理是不是这样？审片人水平高低，决定产品质量高低。有问题你提不出来，怪谁呢？

陈：事是这么一个事，但是话不能这么说？

高：我向来实话实说，我不会拐弯。

陈：实话实说好！

高：所以这话就得罪人，得罪的不止一个。“新影”这支队伍，尤其那些摄影师及其助理，都非常可爱，绝大部分都很英勇，舍己为公，出了多个烈士、英雄，牺牲在东北前线、进军西藏路上，抗美援朝前线……个个都是好样儿的，那都是没得说。

陈：您说说苏河清？

高：苏河清是大好人一个。他百无禁忌，谁也不会去碰他。他业务水平当然高，苏联电影大学科班出身，当时在我国他是唯一的。可是他也有

---

① 高维进（1920—2003），纪录片女编导，河南邓县（今邓州）人，1936 年参加中华民族解放先锋队，1937 年加入中国共产党，后参加新四军，1940 年入延安鲁艺戏剧系学习，1945 年后在华北文艺工作团任演员、导演，1946 年入延安电影制片厂任场记，1948 年起先后在东北电影制片厂、北京电影制片厂、上海电影制片厂任编辑，1953 年调中央新闻纪录电影制片厂任编辑，翌年任副总编辑。编导纪录片有《长白山》《安东工业》《解放天津》《毛主席、朱总司令莅平阅兵》《淮海战役》《七一在北平》《新中国的诞生》《新人村》《1952 年国庆节》《湖山含笑迎嘉宾》《生活的凯歌》《中国工农红军生活的片断》《延安生活散记》《卡尔·马克思》《毛泽东》等，参与撰写《中国新闻事业通史》等，著有《中国新闻纪录电影史》。

一个缺点，中国的历史文化方面比较欠缺。因为他从小在苏联长大，俄文当然很精通。他在“文化大革命”中，非常同情我，凡是我挨斗一次，他晚上九点钟就送给我一杯热咖啡，他说：“我是送给吴青的。”只要我哪一天挨斗，晚上他就给吴青一杯咖啡，他的意思我完全明白。因为我跟他住一个院，他的厨房离我的厨房很近，他等别人都休息时才送，为了避人耳目；为什么是给吴青呢？为了表示与我无关。用心之良苦令人感动。厂里重要任务常由他来完成，他却远离名利。要他写什么文章，他就找我。

陈：摄影师王德成，您了解吗？

高：王德成好像是从“满映”接收过来的，业务水平很高，拍故事片、新闻纪录片都是好手。

问：刘迺中是一个什么样的人？

高：刘迺中是原“中电三厂”厂长徐昂千的秘书，非常能干，善于察言观色，字写得也好，什么他都会，能力很强。特别是在人事关系上，做得八面玲珑。人家对他意见比较多的是，岁数很大，不结婚。[①] 后来打成右派，到东北劳改，他就在那里结婚安家了。

陈：李元这个人呢？

高：李元这个人，现在跟我交往很多，他原来是刘迺中手下的一个科员。

陈：他也是“中电三厂”的吗？

高：不是的，据说他是周扬的秘书，1942 年入党，在北京打游击，当过区长，是老干部。他是“三反”后调到“新影”来的，我估计可能在什么岗位上发生了什么事情，要不然这样的干部不会调到那里当科员，这对他来讲可能是不公的。后来打成右派，就更不公了，劳改 20 多年。“文化大革命”以后，新时期到来，把他改正了，让他到中国摄影家协会当办公室主任，正好这时摄影家协会主席是徐肖冰。原来在“新影”时，两个就对上了，因为徐肖冰在厂里的表现，一般群众不喜欢。所以在协会，李元跟他弄不到一块，就这么一种关系维持到离休。李元原来是学美术的，后来重拾画笔，80 多岁决心为长城写生，行程万里，从山海关一直画到嘉峪关，画了《长城万里图》，全图长 200 米，幅高 1.3 米。画图成，人已老，86 岁了。他为了画万里长城，七上山海关。足迹遍及北京、辽宁、河北、山西、陕西、宁夏、甘肃、内蒙古，直到嘉峪关。有车坐车，大多是爬山走岭，以三年半的时间，完成这么一幅气势磅礴、笔触精细、非常

---

① 这段采访后面，编纂时有删节。

好的画。在中国画坛上创造了一个空前的奇迹。

陈：一幅画长 200 米？

高：长 200 米，非常壮观。这个画现在正在山东泰安县给他裱装。前有图题和序，后有跋语，我替他捉刀。他要我给他题字，我拟的内容是“千古风云岁月，无边锦绣江山”。可是我写的字不够大，因为他的画太大了。为了祝贺他临老完成如此巨构，我作词一阕为贺，《西江月·长城万里图》：

廿二春秋苦度，卅年画笔重拈。人生磐礴似层峦，莫叹命运多舛。天道酬勤不朽，丹青岂厌登攀。长城万里上毫端，画得中华一片。

（李元的画）其中《桥沟风光》平型关故址，获抗战胜利 50 周年全国书画展金奖，被军博收藏。

我之所以特别着重说了李元临老的作为，为了证明当年定他为右派是荒唐的。22 年劳改使他受尽折磨。这对于 1942 年就投身革命的老党员来说是极不公平的。当年“反右派运动”开始，我被全厂支部书记联席会议推选为领导小组的一员，分工负责资料组工作，我选择李元来帮助我处理资料。把他定为右派后，资料组解散，我也被分配去乐团参加“反右派运动”。《长城万里图》完成，李元最终表达了自己的爱国情怀和坚强毅力。所以我在他的画展上接受记者访问时，说了这样的话：“他继承又突破了中国山水画传统，为我国画坛创造了世界吉尼斯纪录。”

陈：钟惦棐也在新影厂做过第二总编辑，是吧？

高：他是在丁峤以前当第二总编辑，总编辑由高戈兼，他等于是事实上的总编辑。高戈不可能天天去管片子，他要管全厂，还兼管北影那一摊子。所以钟惦棐常到高戈这里来请示问题，那时，我在厂长室，与他有点接触。不久他就调走了。1957 年发表《电影的锣鼓》，成了“右派”，后来他到了资料馆。他儿女比较多，出了阿城这个作家，是可告慰于他的。他妻子张子芳是我们厂办主任。他原来就住在我们北影厂的宿舍里，他是很令人同情的。他有学问，很用功，很刻苦。他也是对不平事常有愤慨之心的人，说话易惹祸。我很同情他，所以我以一副挽联对他作出评价。

陈：钟先生去世的时候，您送的挽联，是吧？

高：挽联是：

锣鼓一声，沉冤如海，亮节如山，长为人间留榜样；文章百万，沥血化珠，呕心化玉，拼将生命铸银坛。

我听他妻子跟我讲，所有这些为钟惦棐作的挽联里，阿城最欣赏这一副，她叫我给她重写一副，挂在家里。我觉得把挽联放在家里好像不太合适，我没有再给她写。

陈：还有一个“新影”人，跟您非常好，您家高风犯了什么事，造反派要斗他。他说是他儿子干的，那个人是谁？

高：张庆鸿①。

陈：这是什么样的一个人？

高：他原在部队里面搞宣传，搞摄影。他父母都是老革命。他母亲被抓了去，受尽各种酷刑。所以他根正苗红，是你们安徽跟河南交界处芒砀山一带人。此人能言善辩，足智多谋，非常人可比。他吃亏在于文化基础薄弱。不过他很好学。我们是近邻，关系很好。他妈经常到我家来，用我家缝纫机给孙子做衣服。有一天，我儿子高风跟他儿子一块玩，因恨“东方红”那帮人老批斗我，两个孩子就在地上捡了一点废胶片，点着后甩进他们住的宿舍窗户里，想要熏熏他们，结果把一个人的被子和床单烧着了，他们一看冒烟了，很害怕，就把门一推，进去每人一泡尿，把火浇灭了。小孩子这么一闹，“东方红”就要揪斗我，要我带着高风到厂里去，先斗我，再斗孩子。高风那时还是小学生，我把他带到厂里，坐在我的办公室里等着，我先去挨斗，让我站在一个夹道的高台上。这时张庆鸿过来了，一把将我从台上拉下来，说：“我来！”他对造反派说：“是我儿子干的，有事找我！”他把我推到一边去：“你们斗我吧！”这样的事，我从未遇到过。我跟吴青赔了那人床单、被子和褥子。

陈：他怎么有那么大的勇气，在这个时候挺身而出？

高：就说明他有侠义肝胆，愿为我父子俩两肋插刀。反“右倾”时，我和他一块儿挨批，平反时，陈荒煤找我们谈话，他是其中之一。

陈：“反右倾”也一块挨批，是什么意思？他也挨批了？

高：我是首批重点批判对象，他是批评对象之一，我们同病相怜。“文化大革命”中我们经常一块儿商量怎么写大字报。这个人非常聪明。

---

① 张庆鸿（1929—？），纪录片编导、摄影师，河南永城人，1944年在淮北解放区任文化教员，1945年加入中国共产党，1946年在晋冀鲁豫野战军政治部学习摄影，1948年任华北军区政治部画报社摄影干事，1949年入北京电影制片厂，1953年转入中央新闻纪录电影制片厂，历任摄影师、新闻片室主任、国际部主任、副总编等职。拍摄纪录片有《伟大的土地改革》《在荒地上》，编导兼摄影作品《南斯拉夫科罗民间歌舞团》《中国京剧团在日本》《万隆精神万岁》《三江秋色》《颐和园》《黄山奇观》《大江截流》，编导纪录片有《地下宫殿》《草原钢城》《第二十六届国际乒乓球邀请赛》等多部。

陈：他不光是聪明，还有气节。

高：那很难得。他为什么要这时候救我一把？因为他知道，这事他儿子也在其中，他来救我最合适。人家要斗他，没什么可斗的，顶多批他哪个片子搞得不好。我的情况则不同，头上被扣有11顶大帽子。这样的人在当时的干部中，可说绝无仅有。工人中有敢于为我出手相助，甘冒矢石的，在创作干部里面，只有他。

陈：这个人具体是做什么的？

高：编导，本身是摄影师，他做过很多大片。像梅兰芳到日本访问演出，就是他去拍的。当时，这是很大的题材。他拍的片子很多，可以查到。因为他政治上跟苏河清一样，绝对可靠，业务也拿得起来。有的人不太喜欢他，因为他好说公道话，谁也不怕。他就是这样一种人。对张庆鸿之丧，我写过一副挽联，对他的评价尽在其中：

生平扬民族光辉，华表奖、梅花奖，堪称中华国士；
年少踵父母壮志，新四军、解放军，不愧芒砀英雄！

谈“北影”的老同事

陈：下面请您谈谈北影的老同事，从汪洋说起？[①]

高：对汪洋，也可以通过我对他的挽联来说明。一般说来，人道是盖棺论定，我为他写了两副挽联。这个人最大特点是爱才、事业心强、豁达大度，所以他在电影界威望比较高。他去世后，我要作挽联。第一副：

风横雨恶，艰苦人生，依然潇洒自如，公无愧健者；
筚路蓝缕，辉煌事业，一向从容豁达，我何用悲欤！

性格决定他容易捅娄子，所以经常挨批。整个“文化大革命”期间，他日子不好过。但他衣冠楚楚，谈笑自若，向来如此。没有一个相当坚定的政治信仰和健康的心理因素，是抵不住的。像黎莉莉丈夫罗静予，就自杀了。

意犹未尽，我又作了一副挽联：

佳片联珠，银幕题名君有几？
明星璀璨，鞠躬尽瘁公已然！

就是说北影的好片子，一个接一个，银幕上没有他名字。为我国电影事业的发展则鞠躬尽瘁，死而后已，他已经做到了。

陈：下面说谁，顺序您自己排？

高：（拿着诗集）我就挨着挽联讲。《挽电影艺术家王人美》，我们并非朋友，但我觉得她为中国电影事业贡献了一生，并留下了光辉业绩。我在她去世后，要用挽联形式表达自己的敬意。就用她拍过的戏，拍过的电影，跟她导演过的戏，给她作了一副挽联：

春光关不住，铁蹄下，敢为渔家鸣苦难，少不愧风云儿女；
壮志可凌云，日出后，与谋国事议新筹，老可堪脚步青春！

---

① 为了分节，这个提问是编纂时增加的。

上联讲的是《渔光曲》《关不住的春光》《风云儿女》，还有《铁蹄下的歌女》[1]，年轻时无愧为风云儿女。下联说，新中国成立后，她在北影当导演，导演过《日出》，又当政协委员，参与商讨国家大事。脚步青春是她创作过一部片子，叫《青春的脚步》，肯定她活到老，干到老，参加新中国建设。在她那一辈人里，这是很难得的了。

陈：您跟王人美打交道多吗？

高：在厂里，我跟她交往不多。因她去世，厂里要送挽联，我也敬佩她的事业，所以就作了这副挽联。

陈荒煤的挽联就不说了吧？

陈：请说。

高：陈荒煤的挽联：

两袖清风担道义，巴山夜雨哭荒煤！

这从对联艺术上讲，它很不工整。我在《文艺报》上发表悼念陈荒煤的文章中说过这一点，但我宁愿把不工整留给我自己，也要把“巴山夜雨”写进去。我觉得，他这辈子实在是深受委屈，这样的人，值得巴山夜雨来哭他。“文化大革命”后，工作还是照做，他的为人的确很不简单，党性很强。

跟电影界有关的，还有摄影大师朱今明，去世后，我作挽联：

北影大师，银坛柱石；
南通名士，兴化农民。

他曾与我一起在苏北兴化劳动锻炼，为人平易近人，朴实厚道。

还有一人是巴鸿。我要特别讲一下巴鸿。他原来是一个（话剧）演员，后在香港拍电影，他妻子李露玲也是一个演员。他在香港时，曾为传播我解放区纪录片立过大功。在反“右派”中却被打成了反革命右派，蒙冤20多年，受尽折磨。“文化大革命”后平反，加入中国共产党。我为此曾著《巴鸿入党》一文，尚未发表。他去世以后，我送他一副挽联：

孤胆建功，含冤廿载，忠魂应居天上宫阙；衰年入党，报国一生，真

---

①《铁蹄下的歌女》，是王人美主演的影片《风云儿女》的插曲。

理恰似泥底莲芽。

头四个字指他一个人从香港到东北去，深入黑龙江兴山，搬运几大箱解放东北的新闻纪录片和大量宣传材料及图书进入香港。这一趟可真是不简单。如此忠于党的事业者的英灵应该住进天上宫殿。下联指他入党前的遭遇却跟污泥底下的莲花芽头一样，要经历重重磨难，才能最后开出花来。

陈： 您写的挽联，好多人署名？

高： 好多人署名的只有为挽一个"话聊队"成员王守湘，"新影""话聊队"离休干部都署名了。

陈： 您也有挽王守湘联？请您先介绍一下这个人。

高： 他属于晚来的。是 1964 年跟着肖望东一起来的。原来是舟山群岛守军司令部政治部主任，师级干部。他很安分守己，忠于职守。我觉得他很好，没什么坏心眼儿，群众关系很好。他去世后，"话聊队"让我写挽联，代表大家为他送行。挽联是这样的：

抗日杀敌，建国有功，从影尽职，不愧山东一好汉；
与人为善，处世无悔，谋事竭诚，堪当华夏大丈夫。

他是山东人，山东不是出好汉吗？不愧山东一好汉。他临终前跟同事讲过，他这一生没有什么可后悔的，也没有什么跟自己过不去的，或者跟别人过不去的，他都是秉公办事，处世无悔，就是他的临终遗言。一个人能做到这一点，也是很不容易的。他老伴对这个挽联很欣慰。"话聊队"都签字了，为他送行。

陈： 还有送给其他电影人的挽联吗？

高：（查阅《诗集》）这里面没有了，大概是没有了，这里有两副是挽洪雪飞的，她不是电影人。

陈： 洪雪飞是京剧名角，您也说说？

高： 那也有点意思。洪雪飞是我高中（杭高）的校友，她死于车祸，很惨，所以校友会要我给她送副挽联。她是为了到石油基地新疆克拉玛依作慰问演出，司机在沙漠里出了车祸，她不幸牺牲，戏当然也没演成，年仅四十几岁[①]，很年轻的，很可惜。挽联是这样的：

‘铜壶煮三江’，已和英雄留人世；芳魂存一缕，长随‘明月出天山’。

她不是演阿庆嫂吗？前五字是《沙家浜》剧中阿庆嫂的戏词。一听见这唱词，她所扮演的英雄人物形象已经永远留在人世了。这表示人们永久怀念她所创造的艺术形象。她的香魂，会和天山的明月一样美丽，永垂不朽。上联用了一句现成的戏词，所以下联就用了李白“明月出天山”句，因为她死在天山的怀抱中。我确实被她的事迹所感动，又加了一副短联，这是用不着做任何解释的：

生为艺术；死为人民！

挽联我还写过很多，因与我们电影界无关，就不说了。

陈：我这儿还有一批名字，还有胡其明、谢铁骊、吴兆基、张起、李曾生、林修齐、李百万、陈怀皑、朱德熊、张尔瓒……您能谈谈吗？

高：我觉得朱德熊可以谈一谈，其余就免了罢，有的已经说过了。朱德熊最值得谈的是他的漫画画得很好，修养很好，是个大好人。他比较传统，重视孝悌，欺负人的事没有，占便宜他不会。特长就是画漫画，他离休后出了一本漫画集，很精彩，很幽默。在我们厂里他管生产。他跟我一道下放兴化，跟我说过两个真实笑话。一次，起早修水利，怕肚子饿，先在嘴里塞进一颗水果糖，天黑走路看不清，磕在一个土堆旁，不小心把水果糖从嘴里磕掉了。那时一颗糖很宝贵，他就在路边草丛中乱摸，一直到把糖捡起来，塞进嘴里去。后来他向老乡买鸡蛋，早上先煮个鸡蛋吃，剥鸡蛋壳需要先磕一下，又怕被隔壁的人听见，就不停地咳嗽，在咳嗽声中磕蛋壳，乱人听觉。这两个真实故事说明，面临饥饿时，下放干部的狼狈窘境。

陈：还有一个人您要谈一谈，张子芳老师。

高：这个人我很熟。我当副厂长的时候，她是发行处长，后来是厂办主任。她为人很好，文化不是很高，但人缘好。她是一个贤妻良母，勤俭

① 此处记忆有误，洪雪飞逝世时已有 52 岁。洪雪飞（1941—1994），昆剧、京剧演员，安徽歙县人，生在上海，长在杭州，1958 年考入北方昆曲剧院，1966 年入北京京剧团改唱京剧，以出演京剧《沙家浜》中阿庆嫂而知名。

持家。工作上很负责任，质朴无华。钟惦棐同志长期劳改，她跟吴青情况一样，工作必须做好，家庭也要管好。既勤勤恳恳，又忠心耿耿。当然在钟惦棐这个问题上，她会有看法，这难免。

陈：怎么讲？

高：她很难受，她也不会发什么牢骚。

陈：您当副厂长，她当厂办主任，钟老师已经平反了。

高：回来了，住在我们厂她的宿舍里，后来在北太平庄又分了一套房子，她家人口比较多。

陈：钟惦棐老师重新成为新时代的风云人物，电影理论界的一个核心人物，那个时候有变化吗？

高：那她当然很高兴。但也是平常心，没有什么特别的。这个人很好。

陈：您聊电影老人，话多话少都好，何不多说些？

高：在老干部里边，艺术家中，像赵子岳同志就特别受人尊敬。他与众不同之处是从不张扬，而在银幕上却为观众留下了难忘的形象。他逝世后，河北省特地要将他的骨灰埋入将军陵园。《文艺报》约我为他写篇悼念文章在头版发表，我就以《配角大师，身后“将军”》为题，歌颂了他德艺双馨的一生。在北影，乃至整个电影界，他都应属于大师一级的人物。所以平日，大家都以“赵老师”称之。这不只因为他资历老、年事高，还在于他品格高尚，演艺朴实而精湛。

诗人是怎样炼成的?

陈：您离休以后好像比以前还要忙，出了很多的书。您的写作计划是早就制定好了的还是随缘而作？

高：相当一部分是在监狱里构思的。因为在监狱里没有事干，除了读书，我也琢磨，如果还活着，将干一点什么？第一作诗、填词，在这之余，我想就我所知道的诗，写点关于诗的文章。然后我想，如果可能，我要把这些文章集成一本书，把我关于诗的思考留下来，这是当时在监狱里想过的事。为什么我的诗话题名《半步桥诗话》呢？就因为很多想法是在监狱里形成的，以此作为纪念。《三话》本来是“四话”，我孩子建议把“影话”去掉，以诗、联、书三者连在一起比较好。我觉得他的话有理，“四话”就成“三话”了。既然诗话以半步桥地名命名，联话就用我的住址蓟门命名，书话就用我的祖居命名。我故乡的房子名“品石山房”，我把它改为“品石斋”，作为书房的堂号，《品石斋书话》也就产生了。这里，我想特别解释一下，我为什么要继承我父亲为故居命名的品石山房，而我在京的居处无山，而改称品石斋的原因。品石，因为我家里摆了许多石头，喜欢石头理由有三：一、石头从不说话，沉默是金，我这个人经常因说话惹祸，所以要以石诫我多言。二、它永不变样，原来什么样就是什么样。当然大自然会风化它，可是跟人生比，它相对永恒，我厌恶瞪眼就变的行为。三、它是智慧的象征，每一块石头的质地、结构、形状、色泽，都包含着许多耐人琢磨的学问，如果你懂得，你就有很大的学问。石头无论大小，它是智慧、科学、艺术的结晶。比如像茶几上那块石头，是我儿子到冰岛去开地球气候变化会议时，从冰岛特地为我带回来的。它是海底火山喷发出来的岩浆在海边形成的。它除了记载儿子的行踪和孝心，还传达出地球最内部的信息：一旦压力形成，不管海多深、水多重，熔岩都会以雷霆万钧之力喷发出来，任何力量都难以阻挡。所以，我喜欢对石默坐，听它无言的学问，它是智者。我之所以要品石，主要就是为了这三个（理由）。我国有个专门研究石头的协会，他们请我写一篇关于品石斋的文章，还给我的石头照了相。这就是我论“书”以品石斋命名的原因。

在写作《三话》过程中，我还要写一些零星短文给老家，因为老家常年寄我报纸，付费他们不收。我就经常给他们写些文章，作为回报。最后我集成一部《天台山诗话》出版。

陈：《天台山诗话》还没有出版，是吧？

高：已经出版了[①]，只要我有工夫，会永远为家乡做这项义工。

陈：您最早写诗是什么时候？

高：我妈教我写，就写了，什么时候开始已不记得了。我小时，母亲教我背诗，我一面就学着胡写。长大以后，我在《高汉诗选·自序》里有一句话："诗就成了我构筑内心世界的手段。"我觉得，人生离不开喜怒哀乐，发为吟哦，在我早已成为习惯，藏在心里，不如把它记在纸上，那就是诗。

陈：长大以后，包括您上大学以后，一直写诗吗？

高：一直写，当然搞《北大半月刊》和《清华北大联合报》时，没有工夫了。地下工作很紧张，也很隐秘，以不留文字为好。

陈：去解放区也没写，回来以后接管北平，肯定也没有写？

高：那时也太忙了，我跟你一样，工作起来很投入，没有工夫。

陈：去玉门的时候又开始写？

高：那时能写，因为旅途很长，坐车很慢。司机开车，我眼前是无穷的沙漠、戈壁、长空、连绵的长城，我就一路走一路写。我第一次到甘肃武威时，离城还有五里多地，满眼都是用卵石围成的坟墓。武威被这种坟墓包围了。这景象着实令人吃惊！使我想起李华《吊古战场文》中"尸填巨港之岸，血满长城之窟。无贵无贱，同为枯骨！"我在大卡车上，就有"戍鬼多难数"之句。我能体会古人所说诗成于马背上、枕头上，也深信毛主席骑在马背上长征，马走，他就想诗的心情。在汽车上，骑在骆驼上，一样可以写诗。不过我觉得，写得比较有意思的，还是在"文化大革命"的冤狱里。环境更刺激人，时间则更充裕。好诗不厌千回改，此正其时矣！

陈：《高汉诗选》是您出的第一本书，请您说说出书的过程？听说要出增订本，增订会有哪些内容？

高：因为我有很多诗，在荣宝斋买来毛边纸订成的红格簿子，专门用来写毛笔字的，把诗记在里面。这种本子有三四本。我那几个儿子，常在家里偷偷看我的诗，那时他们还在上小学。因为我的小楷从小就练，写得还可以，他们就学，完了就看诗。

---

① 采访的时候，《天台山诗话》已经完成，但还没有出版。审稿时已出版，口述人做此修改。

陈：他们很小的时候就偷着看吗？

高：他们上小学时，我们工作很忙，还经常出差；在厂里开会，经常半夜回家。他们在家里偷看我那几本诗，我根本不知道。

陈：他们是看字，还是看诗？

高：这很难分。所以后来他们知道高山要为我出诗选，就建议由他们来作跋文。他们在跋文中说："父亲喜欢诗，经常教我们读古诗，但我们更喜欢读他的诗。可能是因为他于我们比古人更亲近；也可能因为我们希望多一些对他的了解；还有可能我们在他的诗里发现了古人所没有的东西。"这篇跋文使我感动，自愧当时我作为父亲，对儿子太疏于了解，更缺少思想感情上的沟通。"文化大革命"抄家既已公开了我写诗的秘密，我出狱后就决定发表自己的诗。第一次寄到《诗刊》的是《未被忘却的诗》，那是1980年夏。

陈：《未被忘却的诗》五首？

高：以后就不断地在《诗刊》上发表我的诗，也有在别的刊物上发表的，那比较少。数量一多，我大儿子就建议为我出书，认为零零散散的容易丢失。这样就出了一本《高汉诗选》，那是1995年。

陈：什么时候开始策划呢？

高：因为诗都是现成的，我稍加收集便成了。

陈：选的人是您自己？选的标准是什么？

高：我自己。选的标准是紧密结合时代，远离风花雪月，即使写风花雪月，也必须紧密结合时代。按内容分为四种"歌"：一、《劳动歌》①，反映"大跃进"时期。二、《坐牢歌》，反映"文化大革命"时期。三、《旅行歌》，反映"文化大革命"以后的社会面貌为主，也有几首是以前或以后的，借以对比。最后是《答赠歌》，我跟亲戚、朋友之间交往赠答，这部分包含的时代更广。

出书我附上两个东西：我为母亲写的一篇祭文；还有我给亲友写的挽联。因为我不愿丢失它们。这篇祭文，据我一个堂妹讲——她是香港一家轮船公司的董事长——她看一遍哭一遍，她住在香港，上海也有住所，她经常来回两地。她要我给她三本书。给她的第一本被她哥哥看见，拿走了。我又补了她一本。她说要再给一本，她要在香港和上海各放一本。她说晚上她经常看这篇祭文，她很孝顺她妈。我写的祭文，写了我母亲的一辈子。可是我的书早就没有了，我自己只留一本做纪念，谁也不能给了。读者的

---

① 表述有误，实际上是《种田歌》，见下文。

这种反应，使我有了再版诗作的设想。

陈： 1995年以前写的，选了多少首诗？

高： 那我没有数过。人家对这本诗选的评价，主要有两点：一、《坐牢歌》最好，是我厂编剧岳野的评价。二、我初中同学戴介南，是中央人民广播电台文艺组组长，现已去世——他说读你的诗，我更有兴趣的是读你的题解和注释，如不读它们，很多诗就不知道是什么意思；有时我觉得题解和注释比诗还好。他是希望我能够多写一点背景。所以我大孩子说将来再出诗集时，扩充背景文章。我一向认为诗贵含蓄，看来这有点过分了。2010年，我在香港出版了《人生处处青山》，上册《半步桥边月》是散文，交代时代背景；下册《蓟门城畔歌》，把按内容分卷改为编年，与上册的时代背景相呼应，当然也增加了内容。①

陈： 您做增订本的时候，不增加诗吗？

高： 加了。后来香港回归了，发生了好多事情，约我写诗的也多。他们经常给我出题目，内容从1943年延伸到2008年。

陈：《高汉诗选》当时您留了多少本？

高： 这部诗选的出书人特地额外送给我儿子40本精装本，是为了对老爷子表示敬意的，这是送给我儿子的，儿子全给了我。人见人爱，这个拿，那个拿，原来的平装本早都送光了，也只剩最后一本，自己留作纪念。

陈： 精装本40本，平装本有几百本，是吧？

高： 具体数字记不住了。有一点我要补充，关于这个诗的问题，电影学院的教授钱学格，跑到陈荒煤住的医院去看望他，看见陈荒煤病床枕边有一本《高汉诗选》，他正在看。钱学格因此知道有这本书，就跟吴青要书。我原想等陈荒煤病好了，再去请教他，没想到竟成了永恒的遗憾，我再也无缘请教他了。

陈： 您有没有统计过，从小写到现在，您一共写了多少首诗？

高： 我无法统计。蹲监狱时，可以说不计其数，当时无纸笔记录，好多都忘了。我在《序言》里讲，记得的十之二三而已。《诗刊》第一次发表我的诗，为什么题曰《未被忘却的诗》，指的就是这个情况。

陈： 抄到您本子上的诗一共有多少？这个能统计吧？

高： 大概可能要比这个多两三倍。出增订本时，我又删掉一部分意义不大的。

陈： 如果再出的话，应该出《高汉诗全集》？

高： 全集不敢。

① 2010年香港出书事，是口述人在审稿时增加的。

谈《三话》：诗话、联话、书话

陈：大学您念的是经济，怎么会对诗歌理论如此熟悉呢？

高：原因大概是三个。一是我有童子功，上学前我母亲经常口授唐诗、千家诗，会背很多。二是在北大专门选修了《诗学》，正规听了一年俞平伯讲的课，算是他的弟子，当然我跟他没有私人交往，因为学生运动、地下工作太忙。三是我特别喜欢读诗，读诗话。比如像王国维的《人间词话》，我不知道读了多少遍。无论是他的删稿，还是他的正文。其他人的诗话我也很感兴趣。特别像钱锺书的，钱锺书是现代的大学者，他关于诗有很多独特的见解，他自己的诗写得也很好。不过我觉得他的诗还不如他的诗话有意思。

陈：您是说《谈艺录》和《管锥编》？

高：他还有一部《宋诗选注》也很有意思！我还有历代诗话，比如《宋人诗话》《清诗话》《随园诗话》，等等，我也非常喜欢。当然在阅读过程中，发现有的名家，像北大教授吴小如，有个别观点，我觉得不很好，所以在《三话》里提出了异议，不过我没有明指他。

陈：您指的是哪一个问题？

高：诗等于民歌之说，那一首叫"飞土逐肉"，一共八个字[①]，他讲这就是诗，我觉得把它完全当成诗，有点勉强。我看它的内容，是关于远古人生活的记载，留在文字上，把这直接当成诗，有点简单。诗必须能唱，和音乐结合才好唱。这八个字好像有点缺乏乐感。[②]

陈：您真是下了很深的工夫，联话，容易理解，作诗是从作对子开始？

高：这个事情很难讲。旧私塾专门有"对课"，我妈就会，小时候她教给我，我也就会了。我觉得对对子很有意思。挂在我家客厅的对联，我就很欣赏。那是古人写的诗，如果把古人的诗对在一起，叫集句对，更有意思，那是各取精华，另开意境。这也是游戏，我挺愿意做。比如像宋朝寇莱公，即寇准，有一句诗，叫"林花经雨香犹在"，树林里的花虽被雨

① 即远古民歌："断竹，续竹，飞土，逐肉。"

② 编纂时，这段文字后面有删节，口述人审稿时又做了增补。

打掉了，但香气打不掉，这是作者寄托自己命运的一种隐喻，甭管厄运如何，我还是我！欧阳修有一句诗，“芳草留人意自闲”，意境很高。他宦海沉浮，常遭贬谪，却自有一种人生乐趣。这个“闲”字，怎么解释都可以。把这两句对在一起，简直是天衣无缝，绝对！我家老二，有一次外交部派他到联合国驻波恩的全球气候秘书处去任法律局局长，要在德国住好几年。他的住处附近是莱茵河、树林和草地。他要我为他写副对联挂在屋里，以显得有点中国气派。我就给他写了这副集句对。后来他要回国了，有个台湾人看中他全套的国内运去的明式硬木家具和这副对联，要求全部买了去。好对联在室内装潢上往往能起到画龙点睛作用。这也是我喜欢这种文学形式的原因之一。

陈：您后来系统去看对联，也是自己找的？

高：自己找的书，喜欢看。小时没有见到这种书，我们那个地方，书店没有多少，是偏僻的山城。我就看人家红白喜事在大门上贴的对子——我们老家有这个风俗，结婚贴红纸“喜对”，如“鸣雁百年真礼乐，关雎千古大文章。”丧家贴白纸对，如“守孝不知红日上，思亲唯望白云闲”等。上小学时，路上凡是我见过的都会背，看一副背一副。这种兴趣从小就养成，到老也没有改变。

陈：您写“联话”的契机是什么？写作和发表的原则是什么？

高：这要从我读《文心雕龙》说起。这部书可说是世界最早的一部文学百科全书，可读性很强，系统性、科学性也很强。我国现代历史学家范文澜对它作了详解，贡献很大。可惜在《丽辞》一章，他偏于史学家的见解，忘记了辩证法，这使我很不安。因此我系统学习，以补他的失误。正在这时，我又在“民国学术经典文库”《中国骈文史》中看到两个荒谬论点：一、联语是骈文的“支流余裔”“余技”；二、联语属于一种“玩弄”，将不久于人世。可是事实与之完全相反。这样我就必须驳斥这种谬论。这就是我下功夫写“联话”的契机。我的原则是呈现我国文学史有关联语、骈文的真相；揭示联语所包含的唯物辩证特征，纠正史学家的偏见。《文心雕龙》作者有关丽辞的分析，讲得很好。我觉得应该加以发挥，这对于研究中国文学的人和祖国文化的人，是大有好处的，因此我就写了“联话”。“科影”党委书记鲁明，我的老同事，他写了《读〈三话〉，话高汉》一文，不知在哪个杂志上发表，专门提了他也喜欢读《文心雕龙》，也读到丽辞一章，并没有读出里边有什么意思，看了高汉说《文心雕龙》是“中国文艺百科全书”，全世界当时还没有这种书，是全世界没有能比的。这对他来讲，我《三话》中的“联话”，使他大开一窍。我家乡的报纸不知从哪里找到鲁明这篇文章，就全文予以转载，使我看了都觉得惊奇。还有天台商会苏州分会办的杂志《天台人》，还找散文作家胡明刚，写了一篇《闲坐论〈三话〉》的评论。我写“联话”，主要就为了补范文澜的偏见和驳《中国骈文史》的谬论，同时也为《文心雕龙·丽辞》发扬光辉。

陈：您的“联话”主要发表在家乡的报纸吗？还是全国哪儿都发？

高：“联话”是专为《三话》写的，并未在家乡发表，也没有在别的地方发表。出书后给家乡送过一些。写“联话”其实也与自己对联语的兴趣有关。因为这种文学形式，出于民间、成长于民间，经过几千年中华民族独有的语言文字和深厚文化的发酵提醇，它已成为中华文化中的瑰宝，是无可替代的结晶。上至庙堂宫府之高，下至船舱、灶台之微，都离不了它。这是广大人民文化生活的需要，怎么可以无人关注，听任谬说流传呢？后来我想，把它弄在一起，出本书，就搞了“联话”。

陈：请您再说说“书话”？

高：作“书话”是有原因的。我跟老伴两个人去纽约探亲，看到《世界日报》上有人转述新华社报道称，汉字非方块字，实际上是外圆内方。我觉得，这如果真是新华社的报道，有一点荒唐。因此我想等到回北京，一定要考证“方块字”这个词的来由，到底有没有理论根据？这是一。二，我在《中国书法》上读到一篇文章，它说中国书法是黑格尔所说的“象征型艺术”，题为《书法奇观混沌篇》[①]，编者作按语，称其为研究马克思主义的成果。冲着新华社的报道和这篇《书法奇观混沌篇》，引出了我的“书话”来。我就研究汉文字，到底是不是方块字？中国书法到底是不是“象征型艺术”？我查阅许多相关书籍，没有一个人出来解释中国文字就是方块字，都那么讲，可是没有讲出什么道理。于是我写了《汉字“外圆内方”辨》一文。对于后者，我就写了一篇文章。[②]那么两篇孤零零的文章也不成气候。又加上我为纪念齐白石逝世40周年写过的文章:《“不知有汉”：白石治印之魂》，齐白石印谱编者戴山青在后记里说，当时最著名的篆刻大家是“南吴北齐”[③]，可是“南吴”名声比“北齐”高，就今时而言，他又不说到底是谁高。听他的口气，是不服“南吴高于北齐”。看完以后，我就写了一篇文章[④]。我觉得吴昌硕就仿汉印而言，他比较粗犷，不如赵之谦严谨。赵之谦可以说是中国仿汉印这个领域里的翘楚，确实精美。

---

① 安旗:《书法奇观·混沌篇》,《中国书法》1992年第1期。

② 高汉:《品石斋书话》，载于上海《书法》百期纪念文集。

③ 戴山青:《齐白石印影》，荣宝斋出版社，1991。

④ 高汉:《论富，何止“三百石印”？》，载齐良迟主编《齐白石艺术研究》，商务印书馆，1999。

北齐的最大好处，比南吴要高出许多的地方，在于他要用创新突破汉印规范，当然南吴也有突破，但远不如北齐大胆，能自辟天地。他有一个图章，叫“不知有汉”，甚而至于以似汉印为耻辱。这是从思想深处认识到，艺术生命在于创新，这一点是远过于“南吴”处。有人告诉我，我这篇文章已被收入《中华文库》。

陈：您有“四话”，“影话”有哪些内容？为什么被拿掉？

高：“影话”现在扔那儿，始终没有整理出来。我在电影厂毕竟干了那么多年，不能不碰到电影的各种问题。所以我想出“四话”。我的大儿子和儿媳妇建议，“影话”跟那三话联系不到一块。诗、联、书，自成一体，相互关联。电影则完全是另一回事。再说“三话”成书已足够了，如果加上“影话”，就太厚了，拿也不方便。我就交给他们处理。

陈：诗、联、书就是国粹，他们对“影话”本身有不同的看法吗？

高：他们其实都没有看我的“影话”写的是什么。他们很看重《三话》的国学特点、严谨文风和独特视角。电影跟国学的关系的确有点远。

谈《天台山文化丛谈》

陈： 请您谈《天台山文化丛谈》① 这本书，从方言说起？

高： 我 1948 年离开家乡天台，现在那儿的语言已经变了。比如“伟大”，他们已经说伟大了，土话语音是“雨大”。有时我老家有些人叫我讲话，我一开腔，所有人哄堂大笑。因为我讲的是 1948 年的土话，跟他们都不大一样了。可以说是“天台古语”了，他们哄堂大笑，都是因为我的语言土得掉渣，是我们小时候学会的话。加上我又特别爱好土语中的成语，那种方言土语中的成语大有学问。我一说，有的青年居然听不懂，我真有隔世之感！母校中学百年校庆，要我讲话。那里有个标语，号召大家讲普通话——现在同学都讲普通话。我一上去，就用土话讲了：“对弗住！回故里弗讲天台话难过，我只好弗响应标语号召了！”台下听众报以热烈掌声！大家想不到，我这个在北京住了 60 年的游子，居然保持了百分之百的土话。因为家乡现在能讲纯粹的 1948 年土话的人已经很少了。所以大伙儿听了特别高兴。现在家乡有人因土话怎么讲发生争论时，就说打电话问高老，他讲得最标准——这些是题外话。

陈： 这是题内话，语言是文化最重要的组成部分。

高： 我为什么要写这本书？就因为我有上述保留家乡土话的感情。所以我在该书封二上突出标明一句话：“爱国始于爱乡，故乡是祖国的‘袖珍版’——高汉。”家乡生我、养我，从高小到初中，我只付过一元钱学费，从高小第二学期起，我就免费上学。从初中到大学，我一直都是公费生，不但免费上学，还有津贴或免费吃饭。我的文化是人民培养而成的。离休后家乡还免费赠报给我，所以我给自己规定，每月给家乡写一篇千字文章，以不收稿费为条件，这样我心就安了。经常写，年积月累，成书多部，出版赠予家乡和各大学及众亲友，《天台山文化丛谈》是其中之一。其内容包括：序、前言、天台山文化述评、规划篇、旅游篇、人物篇、记序篇、人间烟火篇及后记，约 27 万字。其中有些是在家乡报上连载的文章，有些是别的报刊如《东南文化》《炎黄春秋》等发表的文章，有些是为他

① 高汉：《天台山文化丛谈》，国际炎黄文化出版社，2008。

人著作所作的序文，有些则是在家乡开专题会议上的发言，总之都是与家乡天台山有关的文字。书中有些观点与家乡人是有分歧的，如对南宋宰相贾似道的评价；有些观点得到县领导的支持，有些观点至今仍在干部口头上传颂……我则从不考虑计较这些。只从我是一个天台人，应克尽自己一份公民的责任出发，说自己的心里话。这个事业我还将继续做下去，直到我写不了字为止。

我为家乡写的文章，除了已经出版的《天台山文化丛谈》之外，还编辑出版了一部《天台山诗话》，八万多字。原来写了六十几篇，有的还很长。比较短的就是千字文，因为其中一部分已编入《三话》，只把与天台山关系密切的编入，所以称《天台山诗话》。在他们（当地）报社作自我评价时，旅游版有一项成绩就是连续发表诗话 60 余条。写这些诗话，我也确实花了很多工夫，因为我不能信笔胡说。比如像袁枚写一首游天台山诗，讲到一行僧①，里头有许多故事，一般人很难了解读懂。我有个外甥叫初一，在南京大学天文系教课，他有一次给我写信时，提到过这件事。我从此查考、求证，才发现这首诗的本意。它表明袁枚创作的观点和态度，是很值得钦佩和学习的："作咏古、咏物诗，必将此题之书籍无所不搜；及诗之成也，仍不用一典。"故事涉及唐代著名的《大衍历》修订工作主持人天文、历法大师一行禅师的报恩故事，近于神话。

我写诗话，有两个宗旨，一，提供历史、社会背景；二，把诗解释清楚，好处在哪里。天台有一个现代诗人曹天风②，关于他的诗话，我分好几次发表。后《炎黄春秋》约稿，我就把它们一起给它，讲周恩来在抗战期间广交朋友的故事。

陈：这书也是高山来操持吗？

高：我自己操持。每年都不断有人来信，让我出书，我打个电话他们就来，书就出了。我出书不卖书，全部送给各大学、各省市图书馆、亲友及爱好者。

---

① 袁枚游天台山，作《一行禅师塔》："仰天画策救人死，手捉七星安瓮底。千年历法一分差，身应皇唐圣人起。一朝蜕骨归山丘，五峰回环七塔幽。绝无高僧能布筹，门前溪水还西流。"其塔在天台胜景国清寺丛林中，前有七塔，左有西流水，寺前竖"一行到此水西流"碑。一行僧事迹见《明皇杂录》——口述人注。

② 曹天风（1903—1992），诗人，原名祖建，号国材，浙江天台城关人，1922 年考入上海大学社会学系，在恽代英、瞿秋白等教导下，投身革命。1938 年担任《战旗》杂志社社长兼总编，1939 年周恩来以国民政府军事委员会政治部副部长身份视察浙东时，说该杂志是"万绿丛中一点红"。后任天台中学校长，浙江文史馆研究馆员。一生写古体诗四千余首，有《水平集》《牧狼庵偶语》等集。

陈：天台县委宣传部或县委旅游局对这本书有补贴吗？

高：我跟这个毫无关系，全部白送。他们赠报刊给我看，几十年如一日，来而不往非礼也，我送点书是应该的。要一沾钱就太没劲了！现在出书，总共也花不了多少钱。我只收过一笔钱，完全是例外，老家有一位当副县长的同乡人叫周良云，我们是好朋友。后来他退到政协当副主席，我常常劝他下海办企业。因为他在南京航空学院（今南京航空航天大学）、北京航空学院（今北京航空航天大学）读了七年书，很懂工业技术。最后他真的下海办厂，几年下来，身家上亿。我回老家，他要我住他的寓所，对床夜话，一谈就是半宿。我劝他在厂区搞绿化，他买了厂边荒山来种树，极有成效。为此我在家乡报上写了一篇《周良云的绿岛》宣传绿化。我请他给《天台山文化丛谈》一书作序。那时，他不但把原先的荒山绿化了，又买了一座，继续造林。整座山栽满了树，树长大后，别人看了都害怕，阴森森的，不敢进去。他用铁丝给围起来，大大改变了厂区的生态。这本书上有一幅照片，反映他厂区的绿化状况。我以为请这样的人为本书作序最好。他说行，就给我汇了五万元，一定要我收下。我不但没有给他付稿费，他反而给我出书钱。这是唯一的一次。我在《后记》里感谢他的支持。周良云讲诚信，达到惊人的程度，有一次我有事回乡去，他款待我，说："你在这儿所有的开销我包了！"我竭力推辞。我走时，提前付了钱，就回北京了。他事后发现，居然拿钱跑到北京来，无论如何要把那一千多块钱扔在我家里。我说这不行！他却说，我要陷他于不诚不义，说话不算话。

为天台山万年寺写对联

为什么我要出这本书？除了我怕写的许多文章失散以外，更主要的还在于，关于天台山文化的历史渊源和定性问题。很多人都认为天台山文化主要是宗教文化，又有许多人认为应是名山文化，这涉及文化究竟是什么的问题。还有一个问题是，天台山是中国佛教天台宗的发源地，上上下下许多人把智𫖮[①]，就是智者大师，说成是“中国的黑格尔”，其中包括某些官员、教授。我认为，这三个问题不搞清楚，都大有损于正确认识天台山文化。“丛谈”第一篇文章《天台山文化述评》，所谈问题虽多，目标都在于解决这三点。后来南京有一个刊物，叫《东南文化》，专为天台山文化出专集，2004 年为天台山文化出增刊，把我这篇长文全文发表。编辑原来要删节，认为文章太长，征求我的意见，我说随你们的便，反正我就是这些观点。结果他们还是全文发表了。因为我的文章很难删，内容结构比较严密。我首先从历史上说明，天台山文化起源于百越，这个元素不能忘记。后来越王迁都于诸城，齐人孙武到吴国当将军，子孙住在吴国。汉末，孙武的子孙孙策、孙权封于吴，平百越之乱，实际上使中原文化与百越文化由交流而融合。天台山文化就在这样的基因交互作用下成长。如果不先从历史上搞清楚文化基因，就不能理解这一文化。其次关于定性问题，说天台文化是宗教文化，我说是不对的。因为寺庙之内是和尚，寺庙之外是社会，和尚一天也脱离不了社会。稍稍懂一些历史唯物主义的人都知道这个道理。

陈：当地有一些研究文化的人，应该受到启发吧？

高：那就看这个人的水平怎么样。有一个小伙子写了一篇稿子，评我的《天台山文化述评》，他打好字，寄到北京来，还是讲宗教文化。等于批评了我，他把文章先寄给我。我给他回了一封信，我没有直接批评他，就问了他一个问题。我说你应是最能了解文化的，因为你在县里管的是文化，当你在人大管文化的过程中发生问题时，你是请示国清寺方丈呢，还是请示县委宣传部呢？我说只要你把这个搞清楚了，其他也就清楚了。收到这封信以后，他把这段话给删了，可见他接受了我的意见。可是有人还认为是名山文化。据我了解，关于文化的定义，全世界有上千个，是从不同的角度去观察的缘故。

至于把智𫖮比成黑格尔，我认为无论如何是不合适的。钱钟书讲过一句话，一物有两柄，两柄就是每一个事物都可一分为二。比喻也这样。像以黑格尔比智𫖮，只看一头，也许可以，但也要分主次。这两人，历史上隔着一千多年，一个是高僧，一个是大学教授，根本不好比。恩格斯对黑格尔有一评价，说他长着一根“庸人的辫子”，我们不要把黑格尔这根“庸人的辫子”硬放到智𫖮头上，这有辱中国先哲的尊严。朱光潜和钱钟

① 智𫖮（538—597），佛教高僧，中国佛教天台宗四祖，天台宗实际创始人，俗姓陈，字德安，荆州华容（今湖北潜江）人，一说颍川（郡治今河南许昌）人，世称智者大师、天台大师。

书两位大学者，把黑格尔批评得更深刻而尖锐。他们两人的共同点是批评黑格尔轻视中国文化。在哲学上也不一样，那是客观唯心主义，这是主观唯心主义，无法相提并论。有些人既不懂黑格尔，也不懂智顗，以为把后者称为东方黑格尔，像是在赞誉智顗。其实恰恰相反，是自己在侮辱、亵渎智顗，你这是何苦呢！当然这也损害了天台山文化。

我研究了宗教史家任继愈的说法，他认为天台山文化属于地区文化。我觉得他的观点切合事实。说它属于地区文化，因为它由山而起，山属于地区，两者不能分割。比如说，五岳文化、三楚文化、巴楚文化，都由地区而起。它是这个特定地区内，特定生活方式的表现，离不开这个地区。我的大意就是，中国文化离不开中国这个特定环境内的中国历史。离开了，这种文化就不存在了。这个观点，看起来还有很多人都弄不明白。

陈： 如果您说天台地区文化，什么是它的特点呢？

高： 我说的就是天台山文化，因山而来。和尚智顗为什么当时要到天台山来？历史是这样的，北周要灭陈国，他当时在金陵，金陵是南陈的首都。加上北周要灭佛，智顗必须逃难，他要挑选一个安稳的，一般人到不了的地方。他挑中了天台山，历史背景是这样的。所以他所创建的宗派也以天台冠名。日本思想家池田大作，即以天台称智顗，其著作亦称《我的天台观》。地区之著竟至于此。我是针对当地人对文化问题有许多误解作文、出书，这才有实际意义，不能空谈概念定义。

陈： 您下的功夫真是挺深，方方面面，规划方面、绿化方面、饮食方面，好像都做过一番很认真的思考？

高： 因为我长在那儿，从小就听大人口传身教。同时老家跟我来往的人也很多。他们还给我寄《天台县志》来。

陈： 还有《台州会要》？

高： 有《台州会要》。因为有位教授为我写文章，题为《高汉：文化老人》，给我寄来。这书很贵，一本要七八十块钱，他们就给我送来了。我也觉得受之有愧，我必须回报，所以我就给他们写文章、赠书。

陈： 这就有了《天台山文化丛谈》，您可能会出版《天台山诗话》？

高：《天台山诗话》已经出版了①。还有一些我还没有写。有些东西我觉得不只是对我们地方有意义，就收进《半步桥诗话》里。

---

① 这是口述人在审稿时改的，采访时，这本书还没有出。

谈《帝王陵》

陈：请谈您的下一部书《帝王陵》，这个书的由来是什么情况？

高：我大儿媳妇袁路明在世界知识出版社工作，她出一套丛书，里头有外国的，有中国的，有讲珠宝的，有讲皇帝陵、金字塔什么的。其中就缺一部中国的皇帝陵。她就找我，问我能不能帮她写？我说写也可以，我到过不少皇帝陵，可是有些我没有去过，我不是专门研究皇帝陵的。她说那你不用发愁，我可以给你提供资料。我儿子又给我弄来许多相关资料，根据他们送的这些，加上我的历史知识和我以前收存的关于古建筑的资料，我就写了，后来越写越有兴趣。最难写的我觉得是《序言》，因为其中涉及书的总纲，到底怎么来理解“皇帝陵”这个事物？资料都是现成的，他可以找，我自己也能找。但资料是死的，要让这个题材活起来，就要表达出自己的主题。后来我捋出一条思路：当初，皇帝为了永远保存他自己这把枯骨，从他登基时开始，就不惜投入大量人力物力，营造自己死后的葬身之地。目的是为了死后也要保有生前的荣华富贵和尊严，以此永保自己的江山永固。例如清乾隆，为了要用楠木棺椁，需要用上好的楠木。好楠木长在四川的深山里，为了砍楠木，进去五百多人，出来就只剩下二百多人，三百来人就死在深山里了。数字大体是这样记载的。接着是运输，拆桥、拆房的事屡屡发生。就为这些棺椁木材，如此劳民伤财。其他事项，也就可以举一反三了。可见一座帝王陵需要由无数劳动人民的性命和血汗才能铸成。帝王死了，成了一把枯骨，帝国也没有了。可是为此作出牺牲的劳动人民的这些劳动，却因此而永垂不朽。这是皇帝自己没有想到的。他们所铸造的一个宫殿，永远属于劳动人民，这是帝王原来没有想到的，这才是我们中国文化的无价之宝。我的基本主题就是这样。我写的所有故事，都围绕这个主题。像唐诗杜牧的《奉陵宫人》，如不了解汉武帝对待阿娇及其宫女的历史，是很难读懂它并体会其深刻意义的。当时皇帝死了，他的全部宫女都关到陵园里去，老死在那个地方。意思是这些嫔妃、宫女都是汉武帝的人，汉武帝死了，她们就不能随便出去了。这里用杜牧这首诗来说明，是最合适不过了。因为杜牧感叹：“玉颜不是黄金少，泪滴秋山入寿宫！”意即黄金虽多，泪水更多，泪水即使把山都湿透了，渗到皇帝的寿宫里，也挽回不了多少女性失去的青春岁月！可是陵墓里皇帝的灵魂又会怎么样呢？我就用杜牧的诗来表明自己的主题。《帝王陵》内容很丰富，我可以从它所包含的文化、历史、社会等各方面信息来阐发历史唯物主义、马克思主义，内容非常丰富，所以我同意写。

陈：从同意接受这个选题到出版，用了多长时间？

高：大概一年时间。因为我要调查、考证，过程比较复杂，不能胡编乱造、信口雌黄，我要找很多资料互相比照。我也看了一些别人写帝王陵的书，有一些资料跟我掌握的差不多，或者它比我多一点。但是关于文学、文化方面来评论的就比较少，它没有想到这个方面，只是就事论事。书出版后，我也不知道这个书到底怎么样。后来编辑告诉我说，国家图书馆看上了这本书，要他们加印四千册，发到全国。她在那里编了几十年书，只有这一回，被国家图书馆选中，那是很不容易的。加印四千册，当然由国家来买。

陈：这本书，您拿版税还是拿稿费？

高：我根本没有想这回事，只从兴趣出发。最后给我送来稿费五千多元。我也记不太清楚了。责任编辑是我儿媳妇，事后才补签了一个合同。那个出版社是外交部办的，它也不是什么企业经营，也不知道它赚不赚钱。

陈：这部书为什么用“高一爷”这个笔名？

高：当时她叫我用高汉署名，我说算了罢，这书我也不拿它当正式作品，就取个笔名算了。我的孙女，从小就叫我高一爷——因为她叫高一鹭，她很小，认为我也该跟她一样，就叫我“一爷”，我说用爷爷的“爷”字不太好，改个同音的吧，叫高一业。她说不行，您是我爷爷，还是用“一爷”吧。我说随你们便，不管了。最后给我一些书，我都把它们送人了，送到最后自己只剩一本。后来连这一本也叫人拿走了。有一次，有个卖书的在我们院里摆摊，我发现有几本《帝王陵》，我去挑了几本品相比较好的，买回三本留作纪念。那个卖书的问我：“你怎么买好几本呢？”我说这书是我写的，买几本留个纪念。他一听说我就是写书人，就说：“你给我签一个名，好不好？剩下这两本书我不卖了，我自个儿留着。”

陈：您签名是签“高一爷”呢？还是签高汉？

高：签的是高汉。那卖书的挺高兴，一再说：“这书我不卖了！”关于这本书，我感到遗憾的是两件事：第一件，菲律宾的苏禄王来到中国，归途中得了急病，死在山东，埋在德州。以后他的相当一部分子女就在那儿繁衍后代。我们厂拍过一部关于他的影片。在我国帝王陵的历史上，这是绝无仅有的一例。出版社认为，如加这一部分，嫌书厚，跟其他的书厚薄不一样，所以把苏禄王墓删掉了。第二件，我写了袁世凯墓，他也当过皇帝。他们觉得，袁世凯写他干什么？也给删了。其实他当那个皇帝，特别具有讽刺意义，写上一段可留下一个历史教训。墓在河南哪个县里面[①]。

陈：河南项城，他不是袁项城吗？

高：后来没有埋在项城，在另一个什么地方，搞得规模非常大。有时候想，再搜集一些有关资料，重新写它一回，把这些都加进去。没有时间，就算了。

陈：苏禄王墓也该写，明朝外交史，外交部出版社出这个正合适。

高：删掉这一部分实在遗憾！而且北影拍了这部影片，我来写这故事有得天独厚的优势。

---

① 袁世凯的墓在河南安阳，洹水北岸，陵墓被称“袁林”，占地130余亩。

回首平生：我是谁

陈：您打算写回忆录《从功德林到半步桥》，构思的情况如何？

高：大概是这样，从我离开半步桥以后，就一直想说说在那里头的所见所想。因为我觉得，在这“阴山背后”，完全是另一个世界，许多事情世人不太可能知道。毕竟牢狱生活的体验、感受，常人或许听说过，但听到的不一定有我那么深的观察。所以当时我就想写。从离开那里开始写，写来写去，30 年没写成。

陈：为什么没有写成呢？

高：主要考虑的是，用什么主题来统率这些资料？我写那些细节，或者有情有趣，或者稀奇古怪，或者肮脏不堪……用什么主题来统御它？就这个问题，我琢磨了 30 年。

陈：现在琢磨得如何？

高：现在我想清楚了，想清楚应该怎么来写。原定的书名是《我是谁》，因为他们几次把我打成反面人物，帽子 11 顶，所以我要反过来问：我是谁？到底我是什么人？后来发现，《我是谁》这种书名很多，包括外国的，所以又迟疑起来了。

陈：对，成龙有一部电影也叫《我是谁》。

高：就是这个。最后就把它否定了。以后我又改了一个名:《谁批我谁错》。因为我总挨批，最后都是赔礼道歉、平反了事。后来我自己又觉得，都过了这么长时间了，还用这名字太张扬，不好。“批”这个词，并不是一个不好的词，是我们中有的人把它弄成了一个极左的词，变成了整人、斗争的意思。

陈：本来是中性词，并不是打倒、斗臭的意思？

高：它是研究你，分析你，是分清是非的意思。所以，我又把这个书名去掉了。

陈：据说您家里有人赞成，也有人觉得太张扬？

高：是有赞成的，觉得这个名字有个性。（指在场的妻子吴青）这一位就觉得太张扬了，不怎么同意这个（书名）。

陈：后来呢？是您自己也觉得这个标题太张扬？

高：当时我已经写上了《谁批我谁错——从功德林到半步桥》，后来把正题去掉了，把副题当成正题:《从功德林到半步桥》。打印稿就这样。

陈：这个书名很朴实？

高： 跟我写文章的格调也差不多。功德林这个词本属于佛教，《佛学精要辞典》："施物名功，归己曰德。"林就是丛林，可见功德林原是佛教徒聚合之处。后来大概功德林废弃了，成了一个地名，看守所因地得名。可是对我而言，这三个字却给了我很大安慰。我出于佛教名山，深知佛学本意，用精练的文字来表达，莫过于"自觉觉他"之意。在"功德林"三字的启发下，我下决心借此"坐关"机会，修身养性，如同修佛养心。所以我明知这是冤案，也不多想，想也无用。可以继续多读马克思主义经典著作和《实践论》《矛盾论》。这也是修正自己、提高自己的好机会、好地方。所以我觉得，用功德林这个别号来称呼看守所，从这一意义上讲，也挺好。

陈： 那所监狱本来就叫功德林，不是吗？

高： 叫功德林，已只是个很冷僻处所的地名，说明其地过去曾有佛教丛林而已。"半步桥"在旧北京同样是个冷僻处所的地名。原是旧"北漂"聚居处，荒凉得很。但是对我却有新的意义，它表明做人很难：往前走半步不行，往后退半步也不行；同样，往左多半步不行，往右多半步也不行。那就意味着只有永远站着最正确；那么还要不要前进呢？要前进就必须如少奇同志说过的：左一脚、右一脚；否则永远迈不开步，也就无所谓前进了。可见前进和方向是衡量的标准。这就是说，做人要考虑你的言行，都必须非常严格，必须中规中矩，不能有任何背离方向的错误，只要大方向正确，对于或左或右，或前或后，都需要包容。人非圣贤，孰能无过，不能动辄批斗。我觉得这个含义也很好。

陈：《从功德林到半步桥》，仅仅写 1968 年到 1975 年这 7 年的坐牢故事？

高： 因为他们说，我的"罪行"源于"三反"，即反"右倾"所犯一案。

陈： 那又要联系到 1958 年下放到兴化？

高： 对了！所以实际上远不止那 7 年。因为他们要我交代反对"三面红旗"等问题。这当时叫作"新账老账一起算"。他们说，这是问题，要挖得深。到了"文化大革命"，已经做了结论，平过反的都不算了。

陈：《从功德林到半步桥》，您想写的是？

高： 一句话，就是结合个人历史的狱中见闻录。后来把这部分内容全写进《半步桥边月》一书中，它是我在香港出版的《人生处处青山》的上册，下册就是我的诗集，按编年方式整理，与上册内容相呼应，不过增加了许多"文化大革命"后的作品。这部书在 2010 年问世。[①] 回首平生，若问我是谁？借句老话来回答，我羡慕"劲草标于疾风，烈士彰于乱世。"

---

① 这一章，口述人在审稿时删除了2300余字。

1999年美国见闻

陈：1999 年您去纽约探亲，这一段经历和感想是什么？

高：临出发时，考虑到克林顿炸中国驻南斯拉夫大使馆①，心里特别别扭，有点想打退堂鼓。可是出国手续都办完了，我儿子还专门给美驻华使馆签证官写了一封信，由我们去办签证时交给他。那签证官只顾看那封信，也不怎么看我们的材料，看了半天，说这信写得水平够高的，英语水平也高。

陈：夸奖高风的英语水平？

高：因为他是中国驻联合国代表团的法律顾问和条约法律参赞，用词肯定非常精确，所以该签证官欣赏半天，他一签字，我们的手续很容易就办完了。当时我还有点犹豫。后来儿子说，这事已经过去很久了，手续都弄妥了，就来吧。我想，既然他那么讲，他们又非常想我们去他那儿看看，我们就走了。飞机路过日本东京，要在那里住一宿，这一宿感觉特别别扭，我对抗日战争的印象太深了，饭也不好吃，哪儿都难受。可是有一点给我印象很深，整个旅馆里边没有什么服务人员，一切设备都提供了，要干什么都方便。我觉得他们的服务设备和水平很不简单，至少节约人员。

后来我们就到了纽约。因为过去我看过很多美国的新闻纪录片和故事片，所以我觉得也没有什么。免不了各处参观，到几个城市去拜访亲友。所到各处，给人的印象是，清洁卫生搞得比我们好，城市管理水平比我们高，绿化水平要比我们高得多。后来我们到了硅谷附近，住在吴青侄子家，那里比较荒僻，感受更是强烈。城乡差别不像我国那么明显、刺眼。这一点不服不行。美国社会的组织水平的确很高，比如说，美国大街上各处都有座椅，座椅旁边肯定有一个大垃圾筒。你坐下来休息，很可能产生垃圾，这个垃圾筒很大，看起来不怎么雅观——不像我国有些地方，将垃圾筒做成青蛙、企鹅、熊猫，都让它们张着大嘴，其实这都是多余。垃圾筒就是垃圾筒，它不必是艺术品。那些青蛙、企鹅等的艺术造型，因为口张得太

---

① 说的是1999年5月8日，美国空军对中国驻南斯拉夫大使馆实施导弹袭击，造成中方人员伤亡和重大财产损失。

小，头上、嘴上、四周布满垃圾甚至鼻涕，自己也变成了垃圾，起不到垃圾箱的作用。美国人讲求实用，仰天一个大铁条桶，里面衬着一个大塑料袋，搁垃圾。清洁工来，一抓就换个塑料袋走人了，很实用、很简便。他们管理社会，确实有很多好方法，值得我们学习。如房前屋后草地中布满滴水细管，既省水又不必主人天天浇水，这样的草地甚至引来野兔来啃啮，

1999年12月，在美国旧金山葡萄山谷

大大改善了生态环境。

有一点特别值得我们思考，美国建国历史短，但是他们重视自己故乡的文物。欧洲有人把中世纪的修道院拆了，洛克菲勒用大轮船到欧洲把拆了的修道院全部买下来，运到美国，择地原样造了起来，供人游览，增加人们的历史文化知识。反过来看我们，几百年的古文物说拆就拆，尤其是我们老家那些地方，那些古牌坊，原都是精美的石雕，几乎拆个精光。真是太可惜了！像你们安徽有一个县石牌坊保存得相当完好。而我们老家，原来也有很多精美的石牌坊，早已拆毁殆尽。在重视古文化上，我们有点“饱汉不知饿汉饥”的状况，其实在这一点上，“饱汉”也无权滥拆历史赐予我们的文物，因为这都是民族和国家的光荣，记载着历代劳动人民的智慧与血汗，是国家民族的文化瑰宝。

很多公路之间，都有林树相间隔，这边看不到那边，绿化比我们搞得好。每隔一段路程，都有一个服务处，里边可供休息、吃喝，有洗手间，摆图书的架子里边插着各种各样的旅游指南、地图、说明，很多，随便拿。

搞得很好。纽约街道两侧房屋底层的厕所，全是对外开放的，不管是公司、饭店，或其他什么地方，所以街上行人都能进去应急。手纸、洗手液等一应俱全，都免费。这样就避免有人随地便溺。我们这里马路下的地下通道，往往臭气难闻，难以相比。我特地到一处荒山上造房子的工地去看他们的厕所，也是设有独立的、木制的、全封闭的厕所，里面也很干净，并挂着雪白的、大卷的手纸。可见这一点政府有统一的硬性规定。给我的感觉是，他们全社会对文明都很重视，公共管理也很到位。这一点，我们太应该学习了。我们的公共厕所很少，街道两旁的厕所更不对外开放，所以有些司机就跑到北京元大都城墙遗址公园的冷僻处去方便，也难怪，没有人关怀他们。我们的确是发展中国家，在公共卫生这一点上，跟他们比，差得太远了。

还有社区活动，他们的做法也很好。纽约是个很热闹的大都市，到处是高楼大厦，马路纵横，车流如水。他们就在这中间开展社区活动，把几条相毗邻的马路中间一堵，把车流暂时截断，就在这中间段落开展活动。住在这附近的人，把自己没有用的东西拿来，上那里去交换；有的在那里临时摆摊做生意，很像我们农村赶集似的。也有表演的、跳舞的、唱歌的。只要堵车用的几个铁架子一收（这由警察来管），这个临时小集市就消失，还是走车的马路。这种社区的经济、文化活动，很有利于邻居们的社交、互通有无，调剂文化生活。我们的社区往往是同住一座楼里的，也老死不相往来。同住在一个楼群里的，因为没有什么共同活动，连认都不认识，更谈不到有什么交流和别的更有意义的活动了。虽然同一个电梯上下，彼此却各不相干。所以我觉得，他们的社区活动方式，是值得我们学习的。我们习惯于有事找组织，但组织不能代替社会。人更多时间生活在社会中，邻里社区代表社会的重要方面，现在为什么变成这样？值得深思。我有个同学赵志屏，北大毕业的，在首都财经学院（今首都经济贸易大学）当教授，被打成右派。他同事中有个人发表了什么言论，别人问他："这言论怎么样？"他回答说："还可以吧。"那人成了右派，他也成了右派！这个教授被发配到东安市场门口一家绸缎店，当了13年售货员。我每次到东安市场，都要去拜访他。因为他是我高中同学，大学又是同班。这个人一向稀里糊涂，沉醉于拉小提琴，不问世事。一句话使他成了右派，终身未娶，独居一室。邻居因为多日未见他动静，破门而入，已躺床5日。急忙送医院，抢救无效，就这样弃世而去。

陈：您觉得过去的政治运动影响了现在的人际关系？

高：有这种影响。人们不太敢于多交往。当然现在不搞这种运动了，可是它留下了这种影响，一时难以消除。既然同住一区，在适当的时间、空间里举行一些健康有益的集会，扩大社交，沟通思想感情也很有必要。在美国，我们有一次去参观一个教堂，那里有人正在张罗饭菜，我问他们今天要干什么？回答是，有一个社区要借这个教堂聚会。这种事情在我们这里是比较少见的。原来住四合院时，在一个院子里，大家有什么事情互相帮忙，来往还比较多。一进公寓楼的单元房，这样的事就少多了。

美国的公园管理，显得很粗放，草地可以席地而坐，远不如我们精细。但不收费，人们随便走。百事可乐的世界总部在纽约，设在郊区一个马球场里，有一座不高的楼，楼外有很大的绿地，有草地、树林、池塘，完全公开，谁愿意去谁去。他们还为野餐者提供桌子、椅子，也不收费。还在大空地、大草坪里，请全世界有名的雕塑家搞了几十个大型雕塑造像，供人欣赏。平日只有两三个人来管理，像这种地方，在我们这里就比较少见。

听有人讲，西点军校有我们雷锋的像①，可是我到西点军校去看了，找了半天没找到，可能是误传。西点军校居然也是旅游点，事先我没有想到。这对于我国旅游业的开发也可以起参考作用。旅游者只看看它的外景，并不进入它的教学区，更接触不到它的教学内容。可是对于一个旅游者来说，它的外观就很有吸引力。为什么我国的名校不将它的外观也作为旅游点对外开放呢？

陈：您还去过马里兰州和加州的硅谷？

高：去马里兰州是为了看吴青的亲戚。去硅谷是为了到吴青的侄子家住几天。几处生活的日子，给我一个共同印象，无论大城市、小城市或乡间，美国市民都很自觉注意环境、市容的保护，培养这样的公共意识是不简单的，因为人人都会向警察举报不规范行为。如果警察上门，事情就麻烦了。我们俩洗了衣服，就把它挂在向阳的窗户里面，我儿媳妇就把它们挂到洗澡间去。她说旁边的人如果看见衣服晾在街上看得见的窗户里，就会举报，警察就找你来了。我问亲戚，你们的被单、衣服洗了怎么处理？他们说，地下室有烘干机。问他们为什么不晾在屋边小花园里？回答是一样的：人家看见会举报，警察就上门。重视环境到这种程度，绝非一日之功，非常难得。我们必须明确反对美国的霸权主义，但也应该学习它好的地方。

还有一个问题，就是种族主义问题。儿子开车叫我到一个地方去看看，说到那地方不能停车，即使停车，也绝不能开车门。那是一条街、一个区域。那里有许多青年，也有中年黑人，在路边百无聊赖地靠着墙，坐在街

① 西点军校有雷锋雕像，是一个虚假传闻。

凳上，瞎扯，游荡。有的地方，有个身体很健壮，穿着也很整齐的黑人男子，天天坐在一家咖啡馆摆在街边的椅子上，无所事事。每天去看，每天他都在那里坐着，没有什么事做。有的地方，路边大白天躺着一个黑人男子，从不起来。有一次我故意走过去看他，因为恶臭刺鼻，难以靠近，儿子不让我再走过去。我问他："他们都怎么活着？"儿子领我到东河边一个路边小花园去看，那里有个角落，地上一片污垢，他说这是这些流浪汉来此用饭的地方。他们吃完饭，该上哪儿待着还上哪儿待着。这吃饭的地方虽然事后有人打扫，总是打扫不干净。我有时散步到那里，看着这片污垢，感慨极多。纽约曼哈顿是世界著名的地方，东河沿边是风景优美的所在，联合国大厦就竖在那里。但是周边街区却存在这样的人，这样的污垢和恶臭。我们在电视里有时看到警察粗暴对待黑人的野蛮行径，甚至把他打死，这个是很恶劣的种族歧视。但是没有看到，他们的慈善事业如何养活这些人的一面。作为政府显然存在，如何从整体上解决这些人的教育和就业问题。如果后者不解决，慈善事业搞得再好，也无补于这种社会痼疾。

高汉、吴青在纽约，背景为后来被毁的双子大厦

有一次，亲戚陪我们去参观赌城。途经一片荒凉的类似戈壁的地方，发现远处野牛出没，有铁丝给围着它们，野牛在那儿生活得很自在。亲戚说，没有人去偷猎野牛，或把它们杀了吃。能做到这一点很了不起。

陈：刚才您说到赌城，您对赌城的印象怎么样？

高：赌城的印象？在他们那里，赌城就是一个玩的地方。也是旅游者爱去的地方，更是一个冒险家的乐园。赌博方式很多，我只尝试过最简单的老虎机，完全出于好奇。我塞进一美元硬币，老虎机吐出五美元来。你要再塞进去就不行了。我拿了五美元就不玩了，赢了四美元。那个地方很繁华，赌客很多，很热闹。对赌城我是不以为然的，我看了它的历史，搞那个赌城也有一定的原因。当初在那里修水坝——我们去参观那个水坝[1]——工人很多，四周都是荒地，没有地方可供他们玩乐，也没有什么文化生活，有人就搞起了赌场。这一来，生意越来越好，最后就成了世界闻名的美国赌城。他们要维持这个地方也有一定的道理。可是它的害处更大。我知道儿子有一个同学，到美国留学，已经学成，要回国了，因为好赌，到那里去赌博，以致输钱偷筹被发现，搞得身上一文不名。他骑自行车一头扎进冰河里。当年他走的时候，我还专门请他到家里来给他饯行，虽然不是盛宴，但我对他的希望是殷切而热烈的。没想到结局如此！

陈：我听吴老师说起过这个人。

高：这个人非常可惜。当然这主要怪他自己，但赌城的存在社会政府也要负应有的责任。这是如何正确引导文化娱乐问题，不能唯利是图。

陈：总体来讲美国观感怎么样？改变了过去对美国的看法吗？

高：我觉得这个国家的确富强、文明、自由，也有实干精神。所以它能吸引天下人才为它所用。这与两次世界大战它所受损失较小有关，也与它勇于创新有关。比如，我们去国会山参观，在高台阶上坐着一个老太太，扛了一个牌子，上面写着一些文字，抗议什么，没人去管她，让她待在那里。我们进门参观的地方，收我们票的是两个残疾人，它不忌讳这个。

中国文化受欢迎，也是我亲眼所见：纽约博物馆里的展品说明了这一点。住在纽约的一个墨西哥人也是如此，他娶了一个中国太太，有一次他邀请我们都到他家去做客，一进门，就孤零零地摆着一个中药铺存放药材的木柜，上面有很多抽屉，外面贴着写了很多药名的汉字字条。我以为进错了门，是到了卖中药的地方！后来听他说这柜子的来历，才知道他完全出于对中国文化的爱好。他原在中国工作，后来在沈阳买到这柜子，后来调到日本东京，又调到纽约，这柜子也到了纽约。因为他认为这是好东西，所以要把它放在家门口，让来客第一眼就看到。他自己觉得很得意，除了客厅放着明式桌椅，窗台上还摆上两个中国的彩绘瓷花瓶。这花瓶叫我一看，实在是大路货。他还向我们说了一件很有趣的事，他回墨西哥探亲，吃饭习惯用筷子，不爱用刀叉。家里人说他忘本了，他却称赞中国人的智慧，用两根小棍解决问题。总之，在美国我待了将近 4 个月，到的地方很有限，接触的人更少，所了解的情况也极其有限。但有一点是明确的，每个国家、每个民族都有它的长短、优劣。交流和沟通之所以重要，就在于此。为了适应外国人对中国文化的喜好，我们必须努力提高中国各种产品

---

① 指的是胡佛大坝，是美国综合开发科罗拉多河资源的一项关键性工程。胡佛大坝位于内华达州（即赌城拉斯维加斯所在的州）和亚利桑那州交界处，后来成为一个著名的旅游点。

的质量和自身的修养，也必须努力学习他人的优点、长处，绝不可以故步自封，更不可妄自尊大。改革开放之所以必需、重要，绝不可停步，原因就在于此。不开放不知道自己的长短、优劣；不改革不知道取人之长、补己之短，取人之优、汰己之劣。陷于以往成就，一言堂、迷魂汤、一条道走到黑，最后等着你的只能是断送一切的深渊。美国的环保、绿化搞得是不错，但是听我儿子说，《京都议定书》[①] 美国就不签字。这当然不好。如果它长此违拗、敌视世界人民的利益，到处搞霸权主义，总有一天要破产。

---

①《京都议定书》，又称《京都协议书》《京都条约》，全称是《联合国气候变化框架条约的京都议定书》，是对《联合国气候变化框架公约》的补充条款，是 1997 年 12 月由联合国气候变化公约参加国三次会议在日本京都签订的。美国曾签署该协议，后又退出，加拿大随后也退出。

晚年生活的时间表

陈： 请谈谈您现在的生活情况，从您的作息时间表开始说？

高： 我起得很早。离休前，常常凌晨四点多就起来了。那个时候脑子最清醒，因为我常常躺在床上想问题，一想明白就起来写，从小我起得很早。后来年岁大了，不行了，一般总在五点多、六点钟起床。

陈： 吴老师她说是五点三刻起床，您比吴老师还早一点？

高： 现在要晚于她，因为我夜里看报、看书，睡得比她晚。我这个人生活上比较爱清洁、整齐。在监狱里，因为没有什么事干，每天洗一次衣服，洗脸时，洗手绢、毛巾。出狱后，保持这个习惯，每天洗一次。人是生活在灰尘中的，要求整个环境都干净，个人做不到；要求自己生活的环境，至少要求自己个人干净是可以做到的。我从离开监狱到现在三四十年了，没有一天不洗东西的。有洗衣机，归吴青用，我一直保持手洗的习惯，洗完就擦地板，借此我也可以锻炼身体。

陈： 早餐以前就开始工作吗？

高： 就开始工作。这个时候最好。我除了保持清洁，就是工作。上街购物时候极少，朋友联系、聚会也极少。

陈： 用早点大概是什么时候？

高： 大概是七点前后。我们早饭跟晚饭，都是看电视新闻，吃完饭关电视。晚饭后电视看得比较久，到十点为止。躺上床就是仔细读报的时间，到十二点左右睡觉。工作、读书集中在白天和傍晚。我写作和读书是相伴而行的，单独读书时候较少。不像年轻时，读书就是读书。现在我写什么，需要什么读什么。年纪大了，不结合工作读书，总是过目就忘，读等于白读。

陈： 插一个小问题，您现在写作，是手写还是电脑？

高： 我有一个电脑，大儿子高山拿来的，就一直搁在那儿。我试了一下，后来就不用了。我的弱点是，脑筋好像长在指头上，甚至长在笔头上。这是我最大的缺点，也可以说是弱智吧。

陈： 怎么会是弱智？只是习惯而已。

高： 所以我耗费的稿纸非常多。这些耗费的稿纸都留着它，有时候还有参考价值。我觉得与其去花时间掌握电脑，还不如手写驾轻就熟，更省时间。

陈： 您写好稿子，通常是谁帮您输入电脑呢？

高： 我不愿意为此占时间，门口有打字店，院子里也有，他们就业、找工作也不容易，我这点活叫他们干，不正好吗？我不怕人家拷贝拿走，我不在意这个。我的《帝王陵》是院子里的人打字的，打印完毕，她给了我一份，跟我申明，她要把电子稿全部留下，征求我的意见，因为她喜欢看这本书。我说你留下就留下吧。她跟我坦白，我也就同意她把稿子带走。我是为世界知识出版社写的，有事出版社会去处理。

陈： 您上午通常写作几个小时？

高： 一般大概两个多小时。我现在已修炼成一种工作办法，随时可以放下，随时可以拿起来接着写。因为你不可能一直写下去，总有事。老写，眼睛也受不了，就起来干一个什么事，或者有什么人找你，或者电话响了，回来可以接着写。目前这种生活方式要求有这样的工作方式。我也从不给自己设限。除非是为袁路明[①] 出书。这样不束缚自己，循其自然，兴之所至，便是养生之道。

陈： 您上午通常工作到几点？

高： 十一点半前后吃中饭。我一喝酒，下午就睡觉，睡觉时间也是看报时间，看到睡着为止。一直到下午三点来钟起床。原来我们有个“话聊队”，都是“新影”“北影”的老同事，无话不聊。地点大都在元大都遗址公园。那里有凳子、座椅，有人自己带马扎。我从来不坐，永远站着或在他们旁边散步，一面散步一面讲话。他们说我简直是不可思议，为什么不坐下聊？他们不知道我一回家就坐着，没有时间散步。

陈：“话聊队”通常聊到几点？聊到五点？

高： 不到五点，四点、四点半。那得看季节，像夏天就去得晚一点，散得晚一点。可是“话聊队”已经解散了。为什么？一个一个都弃世而去，如再继续下去，大伙儿感觉物是人非，容易伤感。这里还有一个笑话，张庆鸿在奥运会前几年说：等到开奥运会，我请你们吃饭。这句话表明他对此盛举的期待，所以再三保证。有人就说，要请现在就能请啊，何必等到奥运会呢？结果他等不到奥运会，就去世了。所以大家说，咱们自己来吧，一个月聚餐一次。后来毕竟岁月不饶人，至交半零落，“话聊队”也就不宣而散了。

陈： 您晚餐的时间是什么时候？

---

① 袁路明是口述人的大儿媳妇，也是《帝王陵》的责任编辑。

高：晚上时间都是看电视——过午不食已成习惯。顶多一杯酸奶、一点水果就完了。正经吃饭，不过早点、中饭而已。

陈：晚上时间基本上是看电视，是吧？

高：对。有好的电视剧就看，没有好的就不看了。

陈：是几点钟休息呢？

高：吴青比我早。我大概是到十二点，看报看得晚。上床前一定要洗擦一次身，这就等于一次运动。擦身与做操一样，我觉得这很好。

陈：在您的时间表里面，至少有四点可以列入“健康秘诀”的，一是每天早上起来洗衣服，二是聊天的时候边走路边说话，三是过午不食正餐、只吃水果和牛奶，四是每天晚上要擦澡，卫生和健康一体化了。

高：这样概括很好。至少有二十多年实践证明，这样做很有好处。不过还有一点更重要，要心地干净，不为生活中的烦恼所控制，心存高洁，乐己之所乐，一切烦恼也就难以入侵了。要做到这一点不容易。

陈：还有一种时间表，每年的时间计划和安排，大概是什么样的？比如说，如何安排出游的时间？

高：原来每年回故乡一趟，多的时候两趟——那极少。有时是老家请，或者开会，或者参加什么旅游节，他们请我去。我去了，就在家里多待几天，亲友聚一聚。现在年纪大了，别人也不便邀请了。去年大儿子陪我回去一次，主要任务是看看回购祖居翻修后的情况。因为吴青身体不太好，她也不同意旅游，所以从无什么旅游计划。邀请的人不少，却只能神游天地，徜徉于书刊、电视间。

陈：一年大部分时间，就在北京待着？

高：近几年都如此。

陈：那写作的计划呢？占多少时间？

高：每天都是写作时间。只要在北京。我不写，就没有什么事干，我也不能白耗生命。其实，我想不写也不可能，总有许多事要找到我。比如朋友出书，叫我作序，作序前，我必须读他的著作。这种工作一年总有几起。家乡在什么地方修亭子，要我为这个景区题诗。有一抗日名将要修墓，要我为墓道的纪念亭子作对联。还有一位全国人大代表去世了，他是全国玻璃雕大师，我要作挽联，还要为他的周年祭写点东西……生活永远在发展，我的任务永远做不完。再加上我生性对作品一改再改，永无满意的时候，这就命中注定我的一生要永远与文字、诗词、书法、文章打交道。

陈：会不会编《天台文化丛谈》续集？

高：可能会编第二部，手头已经积有大量作品，有人还给我出了许多题目，还没有时间去写。这些内容和已有的稿子已经够出第二部了。这都是为老家干的。是人都有故乡，有故乡而不为故乡牵肠挂肚的，是缺失人性和爱国主义情愫的。我的乡愁既在青山绿水之间，也在人情交往之间，更在深邃的天台山文化之中。

陈：您现在是同乡会会长，还是副会长？

高：我现在是名誉会长。我哥哥陈干是“振兴天台京津联谊会”第一任会长，他这个会长更多是挂名，实际事情主要是我来做。后来我说不行，几个副会长轮流来干，这样他们就轮流。后来我说咱们都七老八十了，让年轻的干吧！现在主要由天台商会来干。开始比较红火，后来慢慢沉寂了。但这不等于我内心的乡愁也沉寂了。组织活动与内心世界是不一样的，前者可有可无，时热时冷；内心世界则系于各人的思想感情，因人而异。为了说明这一点，我举我们北大同学会为例。我们北大同班同学前些年常有聚会，有一次，我们在一个同学家里聚会，后来聚餐。有一个政法大学教授吃饭时，白沫突然从嘴里、鼻孔里不停涌出，吐了一身，大伙儿都不知所措，赶快来人送医院。大家从此就说聚会还是少搞吧，有的建议到此为止。年龄和健康制约了组织活动。

高汉夫妻游三峡

陈：“话聊队”解散了，同学聚会也终止了，您的活动呢？

高：那我就继续写我的东西。老乡联谊活动已大大减少，我参加的活动更少。现在基本上只限于我的近亲、邻居之间有些活动。老乡来家里看我，送礼物来总是难免，客到请他们吃饭喝酒也是免不了的。仅此而已，大聚会没有了。

陈：您的健康跟长寿的秘诀是什么？

高：谈不上什么秘诀。说实在的，我还没有想过这个问题。总结起来，其实也简单，一定要参加家务劳动，洗衣服、洗碗盏、擦地板，虽有钟点工，不管她来与不来，反正我这一套照干不误。把居住环境弄干净，生活其中心情愉快，保持这个习惯有几大好处：对身体是劳动锻炼，对心理是意志锻炼，对家庭是分工合作，尽其在我。这样大家都高兴。这个对颐养天年帮助很大。小时候临朱伯庐的《治家格言》字帖，就已记住："黎明即起，洒扫庭除……一粥一饭，当思来之不易，半丝半缕，恒念物力维艰。"后来学经济学、马克思主义，更觉得一切劳动产品确实来之不易。所以我生活节俭、简朴，从不为花钱动心思、费力气，我厌恶浮华浪费铺张。所以生活一向很简单，好对付，其实这就是幸福。

陈： 也符合健康理念？

高： 身体健康首先在于心态健康。心态是人的顶层结构，其重要性不言而喻。

陈： 还有其他的健康秘诀吗？

高： 心态中最重要的一条，做人心要平。所谓"心平"最平常的意思就是水到平处就清静如镜了，流动也只是底下。韩愈有"不平则鸣"一说，概指万物而言。这会给人带来伤害。人类是从无数伤害中总结出这一条，名虽异而实相同，总之追求平和心态。

陈： 您说什么有伤害，是心平还是不平？

高： 不平才有伤害。万事做到平很难，跟水一样，水一高一低就要发生流动，人也是这样。社会上有财富、权力、名誉、地位、享受等的一切，都可以产生很大的差异。其中，尤以财富和权力为主要。在这种情况之下，不平则鸣，继之以斗争、战争，改朝换代，血流成渠，白骨如山。如此循环往复，曾无穷已。不平之害甚矣！圣人想出各种方案，曰仁、曰义、曰小康、曰大同、曰天下为公、曰社会主义、共产主义……但是斗争、战争何曾稍息？这说的是社会，国内社会与国际社会。如果这种斗争发生在家庭内部和个人的心境之中，又将怎样呢？那就是家庭生活充满差异，甚至因争斗而发生为家暴，那你就麻烦大了。如果这种斗争发生在个人心境中，那就会心情郁闷，甚至焦躁不安，严重的会导致癫狂、闯祸，以至于自杀或杀人。所以我觉得，保持心态平和是健康长寿的不二法门，其俗称为"定力"或"淡定"；[①] 同时需要包容，即为他人设想其困难而谅解之。

陈： 心平气和是长寿的要诀？

高： 我认为是。我国先哲有言，比较形象化，"泰山崩于前而色不变，麋鹿兴于左而目不瞬"；佛家言"自觉之他""心如止水"；宋人诗云"禅心已作粘泥絮，不逐东风上下狂，"讲的都是一个道理。有的人钱多，名

---

① 这一大段话，是口述人在审稿时增加的。

声大，自有他的道理，你不要无缘无故地攀比、惦记。你如果想要做什么事，只要合情合理合法，你就去做，努力把它做好。你不要想着我做了就一定要获得什么，我觉得没有必要。因为要做这事的是你，评价这事的是社会、是历史。我出“文化大革命”冤狱后，有个朋友批评我：“当时何必说‘红线’问题呢？你不说它也在，结果你受了八年活罪。”但是我当时和后来都不那么想，我只想要实事求是，不然我的心态就会不平。我觉得无论是做事还是做人，都应如此。所以在狱中我虽然失去自由，但心态是平和的，丝毫没有悔意。因为我做了该做的事。如果我当时不为“红线”说话，我必将后悔一辈子，骂自己是懦夫。这种永恒的自责反而对自己健康不利。我有几个同事，娶了老婆，又想着另外的女人，老出麻烦，丢尽脸面，不寿而终。钱也是一样，为它到赌场去丢人，连命也丢在异国他乡[①]。我离休后，大事做不了做小事，小事做不了扫地、洗碗总是可以的。我就是保持这种追求自我心态平和、淡定的养老理念过日子。这种理念的来源有二：一、我自幼喜欢研究《易经》、孔孟之道、老庄思想，等等。我国传统哲学虽然各说不一，但都是很有可取之处。其中从容淡定，心气平和，处事不惊，道法自然是我最服膺的。二、是从自己生活实践中总结、体会。这更要紧。不实践是无法深入理解先哲之言和马克思主义理论意义的。例如当“大跃进”在农村出现了那么多荒唐事，民怨达到如此程度，作为党员在交心会上你还背着良心，不说心里话，我内心的平和就将难以保持。所以我一定要实事求是，说出“三过”。最后打成“三反分子”，我从不后悔。现在我离休了，什么待遇都有，什么都可以不干。但我觉得这样活着于心不平，结果干的事比我上班的时候都要多。我觉得这样才不白耗自己的人生，人生其实就是时间。

我的离休生活就这么几条。我自认为，离休后的生活更有意思——对我自己而言，因为它完全属于自觉自主的，不受制于人。如果说有所创造的话，那正是这种自由的结果。

陈：您是从来不抽烟，是吧？[②]

高：从来不抽烟。

陈：喝酒是从什么时候开始的？

高：喝酒是小时候练的。我们老家逢年过节都有孝敬祖宗的传统，把

---

① 这是指其子高山的同学在美国学成归国前去赌场，大输后偷盗，最后自杀的事。

② 此处采访人提问不合适，问题虽然重要，但却打断了受访人的口述。提问的时机不对，煞风景。

做好的食品放到祖宗的牌位（即神主）面前，每位前置酒杯、筷子、焚香、燃烛，敬神如在。那时我是孩子，父母摆好酒馔，行礼如仪后就走了，派我们兄弟二人左右陪着，为祖宗斟酒，三巡之后，礼毕，把香案、酒馔收回厨房。我与二哥觉得，祖宗有酒不喝，不如我们代劳。于是就陪祖宗喝酒，久而久之，就锻炼出酒兴来了。我跟二哥两个，他在那头，我在这头，中间牌位很多，他喝，我也喝。有一次我母亲发现酒壶分量轻了，知道我们在偷酒喝。她也不生气，只说了我们几句，还让我们帮祖宗斟酒，但是二哥后来不喝了。因为我父亲给人保媒成功，人家谢媒，请他去吃谢媒酒。他有事，就让二哥作代表。人家把他灌醉了，醉后特别难受，从此他滴酒不沾。我却跟他相反，喝醉了还喝。当然我很少喝醉，有自知之明，适可而止。这不只是人生的一种乐趣，我还发现，酒适量喝一点，有一个好处，可以把食物中一部分不溶于水，只溶于酒精的营养吸收了。经常喝酒的人为什么显得红光满面？就因为他对食物中的营养吸收得比较好。

陈：它还可以舒筋活血？

高：有这样的功能。同仁堂出了一种国公酒，老年人喝，确实有很大的好处。药酒专门对着某种生理需要来的，我喜欢喝这个药酒。像慈禧太后喝的梨花白，是非常好的药酒，用几味中药酿制而成。

陈：请您谈谈烹调和美食这方面？

高：小时候，母亲身体不好，家里她做饭，让我们帮她打下手。我们老家的灶间很大，我就从小看我母亲烧菜、做饭，学会了。我母亲的上辈人是非常大的地主，后来败落了，富不过三代。但是传下来的烹调手艺没有中断，使得我父亲不愿意到别人家里吃饭，愿意在家里吃。哪怕做再简单的蔬菜，她做得都很好吃。这就培养了我们这一代人，都精于此道。这样我从小就有这个兴趣。在“文化大革命”被关那几年，又得了专业厨师的口头培训，出狱后他又到我家来示范操作，使我更加明白制作美食的门道。再加上我好读书，曾经仔细读过岳母给我的一本苏州食谱和清代大美食家袁枚的《随园食单》。大诗人写的东西跟一般人写的食谱不同，比如他说猪肉是“广大教主”，即广大教化主，简称为“广大教主”。我岳母给的苏州食谱，也非常好，每一美食都附有短序，说明来历及相关趣闻，知识非常丰富。可是“文化大革命”抄家，给抄没了，非常可惜。在饮食问题上我们需要提高思想认识，懂得它的经济效益和社会文化价值。20 世纪，有一次钱学森到我们文化部来，跟文研院的人开座谈会，他就提出关于艺术的分类问题，他说现有的分类不够细，至少要加两门艺术，一是影视，一是工艺，即做机器有它的特殊的工艺。按钱学森这个想法，烹饪更是一门艺术。它不但诉诸人口味和嗅觉，还诉诸人的视觉以及器皿和用餐整个环境的美感。为什么有的酒店要以“闻香下马”四字为幌子？就是强调这门烹饪艺术对人的味觉和嗅觉的刺激。这样也可为庖丁、厨娘提高社会地位：是艺术家，可以出大师。我国古代商之名相伊尹是个名厨的养子。他就有一套由厨艺引发的治国理念，强调“本味。我估计他一定也是厨艺好手。”

陈：大厨师一定是一个艺术家？

高：一定是这样。新侨饭店厨师在狱中跟我讲了很多他们学的那些知识，我觉得都很有道理，其中还包括环境的布置，菜品的配合，行菜的程序。总之，这都是文化，涉及面极广，是门综合艺术。所以我对饮食问题很感兴趣，一有机会就露一手。电影学院有个教授，是个名导演，说，反正人要吃饭，与其吃得草率难受，不如把它吃得舒服好受，反正不吃是不可能的。因此他善于烹调——对了，是郑洞天，他有这么一个理论。他很实在，摄制组拍戏，如果要有一桌菜，他就自己操刀下锅。我觉得他这个理论可取。

陈：现在您一年亲自下厨大概有多少次？

高：比较少了。因为年岁大了。吴青跟我有分工，我管清洁卫生，她管吃喝，我就不管了。

陈：每年总会有一些时候，您会亲自下厨吧？

高：两种情况，一种情况，我高中、大学的老同学王子雄，原新华社驻伊拉克首席记者，他非常喜欢吃我的八宝饭，他说：你要不做八宝饭，我不来你家吃饭。有个老乡住在美国，来京指明要来吃我做的八宝饭，他来了，我得做一回。要提前一两天做准备，临时是来不及的。

陈：您的孙辈来，您会下厨给他们做吗？

高：有可能，我那个小孙女，这个高一鹭，高山的孩子，从小跟我长大，最喜欢吃我做的白扒冬瓜或扁豆这种蔬菜。为了教会她，我会亲手操作。

陈：您和吴老师是各有拿手菜，是吧？

高：各有几道拿手菜。因为这是艺术，也是生活乐趣。她擅长粤菜，我则是浙东传统菜。

谈情感、婚姻、家庭

陈：请您谈谈您的情感、婚姻、家庭？

高：说我是地主阶级出身、资产阶级知识分子，我都承认。但是我长于贫困，从小农作，自高小五年级下学期起到大学，读书全靠免费和公费，我不知道自己的阶级成分应如何表述。22岁后笃信马克思主义，历经严峻历史考验，始终未逾其宗旨。令人不解的是，我人生的主要苦难与侮辱，正因为恪守其宗旨。固然最后还我以公道，但代价无不以人生的忧患悲伤来换取。也许它的真理性正在于此。所以马克思所获《资本论》稿费还不值写它时抽掉的雪茄。

我第一本诗集的扉页上印着，我的诗是献给两个人的，一个是教我作诗的老师母亲袁仲和，一个是与我风雨同舟的伴侣吴青。诗是心声，这么说，是事实。与我同经此生最大苦难的，就是这两位坚强的女性。人们加给我的帽子中，有一顶是"地主阶级孝子贤孙"。我觉得这可以接受。原因有二：一、我的上辈人是属于这个阶级；二、我接受这个阶级关于孝敬祖宗父母的基本伦理道德。我从亲身实践中得知，父母对子女的爱是不计报偿的。父母对我如此，我对子女亦如此。诗《蓼莪》曰："哀哀父母，生我劬劳。"那是远古时代，今日又何尝不是！这是人性所致。阶级性是在人性基础之上产生的，它可以撕裂人性，但不可能消灭人性。如果有人要想消灭人性，他必将为人民共诛之。第二次世界大战轴心国几个元凶的下场，可谓殷鉴不远。我对父母可以说是尽孝的。新中国成立之初，父亲病笃。我正当着《中国人民的胜利》摄制组制片主任，要拍摄开国大典，日夜都在工作，无法抽身。只能由两个哥哥回家乡料理。他过世后，殡于城郊，棺材被盗，尸骨散在一片玉米地上。等亲友发现报讯到京，我们赶紧派人去收埋，玉米已经长大。种地农民说，发现时已就地入土，已很难辨认埋于何处。墓已不存，所以我在高山协助下，不惜重金购回祖居，以留下"先人庐墓"之一物，题门匾曰"天道重和"，"重"与"和"分别出自父母一字，父字"任重"，母字"仲和"，以寄永思。我觉得这样做并不涉及什么阶级，这是人性。你小时，父母把你养大，花去无数精力，价值无法计算。作为人子，更不要说作为仁者，就应该由衷地尽孝。这是第一。

第二是伴侣。你既选定了她，两人就要认认真真一起生活。我与吴青在学生运动中互相发现，深入了解后结为革命伴侣，也可说是生死之交。从小到大，我见过的人很多，在老家，给我做媒的也很多，我妈都不同意。她说，决不包办子女的婚姻。所以，我们的选择，彼此都是唯一的，因此也是自然而然的一起生活。

陈：几乎是一见钟情？

高：实际上就是。不过生活的过程往往由于各种干扰，呈现出曲折迂回。[①] 三年后我们组织家庭，生了三个小子。政治运动中虽然劫难重重，但错全不在我，家庭还是很美满的。我对于她，主要都表达于诗：婚前，我去西北出差，给她写了两首诗，“君住长城头，我去长城尾。何处是归程，雨迷泾与渭。”那天我正好在卡车上淋着雨，跟落汤鸡似的，细雨迷蒙之中，卡车登上黄土高原，只看见泾河和渭河在雨中向东流去。另一首：“夜风多箫瑟，明日上平凉。此去通大漠，思君路更长。”一过平凉，就是原来的西域了，路就更远了，我想你的时候，路也更长了。

婚后，她到西安电影制片厂去办演员训练班，那时候我在北京，作《寄西安》：“迢递关西路，回环枕畔心。春风不知趣，何事总推门？”她在潼关之西，我一个人在家，想到她，就怪春风吹门，错以为她回来了。

她 60 岁生日，我送诗四首为礼。第一首是：“少小艰难长亦难，廿年穷困卅年冤。”指她小时候遭父亲抛弃，生活艰难，长大了也不容易，入党入了 30 年，原因是填表时她弄不清楚“社会关系”是什么，把雇佣过她当家教的剥削者都作为社会关系，这些人不是资本家就是达官贵人。这就使组织上误以为她社会关系很复杂，也无法调查清楚，因此无法解决入党问题，拖了 30 年。后两句是：“荆丛一朵经霜菊，长使亲人带泪看。”荆棘丛中一朵历经风霜的菊花，只有亲人才知道她的苦衷和要求入党的意志，“文化大革命”后终于实现愿望。

第二首是哀其身世：“母老弟孤家计微，疏茎弱干雨风摧。”母亲很老，一个弟弟靠她抚养到赴苏留学，哥哥少年病逝，靠她安葬。她上高中就负担家庭，半工半读直到从北师大毕业。所以我称赞她：“居然未堕青云志，开满枝头是腊梅。”她和腊梅花一样能在寒冬中开放。

第三首，回忆我们相识：“生死关头我识君，机枪斜隐新华门。”指在学生运动中，我们包围蒋介石北平行辕大门，机枪就架在新华门里两边，一边一挺，枪口就对着学生，所以是生死关头。这是我们相识的场景，绝

---

① 此处有删节，内容是与妻子吴青相识和交往过程，前面已经叙述过。参见前文。

非花前月下，更非灯红酒绿。后两句讲我们今天的关系，相识时她 20 岁，作诗时她 60 岁，正好过去 40 年："悠悠一笔相思债，算到如今旧似新。"我们的相思债是算不清的，因为不知是谁欠谁的，算来算去，旧的跟新的一个样。

还有第四首，为了安慰她青春老去："银坛沥血消青鬓，化作春风桃李花。"她头发白了，从青年时期就开始培养电影演员，头发白了还在培养电影演员。她到 70 岁才停止工作，桃李遍天下。"白发满头君莫叹，迷人不落是婚纱。"我们 1951 年结婚，开个舞会而已；根本没有时下流行的婚纱照，我们两人都非常厌恶这种俗礼。可是这时，我却把她的白发看作是长年不落的婚纱，而且是迷人的永远不必卸妆的。吴青有个中学同学，满头白发，住在养老院里，读了这首诗，专为"白发满头君莫叹，迷人不落是婚纱。"两句打电话来表示赞赏。这是大俗为雅。

这四首诗，可以回答你的提问了。孩子问题，我想，说明问题的，就是我在监狱用五分钟时间作的那首诗。

陈："十梦九驮儿"？

高：是。作了好几年也没作出合意的怀念孩子的诗。一个犯人讲了自己的梦①，我只用 5 分钟就作成了几年都未作成的诗。这完全是内心感情的自然流露，非长久经营而能得的，这首诗最能够传达我对子女的情感。（父爱）都在其中了。至于对个别人，由于各人情况极不相同，还有些不同，关于高山的诗作得比较多，其他人作得比较少。因为高山的人生遭遇跌宕比较大。他去了监狱以后②，我独自一人在他家住，曾经作诗填词，有这么一首《清平乐》："高空云暗，叶落黄花地。昨夜风来前夜雨，万里清秋如洗。乱云飞向何方，长空原属太阳。打点新鲜诗赋，寻何旧日文章？"我勉励他，开辟新的人生道路，不必留恋往日繁华。

因为我只在那儿看房子，整天没事，还写了一首《清平乐》："伤心雁去，满地繁花逝！寂寞凭栏风色急，触目深秋形势。浓云贴地苍茫，长空撒满凄凉。寒雨几场过后，秋声自下沧江。"我告诉他，天地、自然和社会都是流动不居的，人也要有这种心态，对他自己问题也应作如是观。

《临江仙》也是为他题的："好汉不提当日勇，人生酷似登山。乱峰错杂路栏杆，大风吹帽去，何必用遮颜！"栏杆指上山的道路错综复杂，不怕有什么帽子，大风会把它吹走的，没有什么。所以下片是："但有真诚

---

① 指的是一个狱友说自己做梦，总是梦到孩子小时候的事，这启发了诗人的灵感。

② 口述人长子高山先生于1989年因"六四"事件入狱。

身是胆，虚名于我何干？不临绝顶不生还。离天当不远，白日可燃烟。”只要真诚，你就通身是胆，会当凌绝顶，你就离天不远了。这是我对他的鼓励和希望，这时他已经在监狱里了。

还有一首《踏沙行》也是写给他的：“来为苍生，去因殉道。此心未负先生教。个中滋味料曾谙。幽兰香处人难到。望里青山，天涯芳草。亲朋断字神魂绕。汨罗难淹楚《离骚》，年年端午龙舟闹！”我向他传达自己坐牢的经验，要他以屈原为榜样，把《离骚》留下来，汨罗江水再深也无法淹没，有人会记得的。

我有个文字交，是江苏靖江县（今靖江市）政协主席，跟我常有诗词来往。他也知道我儿子蹲监狱，有一天他寄来《清平乐》一首，我随手和了一首，写当时心境：“密云骤起，暮入蒸笼里。独倚楼头人不至，断续秋虫低语。中秋嘉客系谁？狂飙疾电焦雷！皓月不知何往？敲窗猛雨如擂。”中秋节嘉宾是狂飙、疾电、焦雷，这就是我替儿子看家的心情。

陈： 在您眼里，吴青老师是什么样的一个人？

高： 她是个大好人，富有同情心。沉默寡言，不能说说一句顶一万句，顶十句是可能的。她无多话，言必有理，心地单纯，性格温和，内心刚烈。她的苦难经历，给她炼成强大的抗压力，所以入党受挫三十年，我都劝她算了吧，只要按马克思主义办事就妥了，又何必强求？她不听，跟巴鸿一样，卅年入党。她这种坚持的毅力令人感动。“大跃进”时苦干、实干，使她得了甲状腺功能亢进，住院开刀，割去九成腺体。可悲的是，即使如此，极左的人说：“你这是个人奋斗！”反正不落好。所以她特难受，易得病。开刀结果，医生误伤了她一条声带的神经，使她美妙的发声器官成了单弦。这可是她教语言表演职业者的本钱所在，对她几乎是致命伤。她为了挽救受伤的声带，不知扎了多少针。还去了南京找名医，名医也束手无策。最可敬佩的就是这一点，她能坚持不断地斗争，为了实现目标，决不后退，绝不放弃。这一点是很不容易的。别人爱说什么说什么，我干我的。在“文化大革命”开始的时候，我们俩有过一次谈话，因为我下决心要说新影存在红线，我问她：“看这势头，我会打成反革命；我要打成反革命，你怎么办？咱俩怎么办？”“离婚吧！”她很干脆地说。我说“那好”；她接着又说了一句，“到时候再说吧！”就这么三句话。

陈： 我只听到两句，一句是离婚吧。

高： 第一句是我要打成反革命怎么办？她说离婚，这是一句。我说那好，底下她又说到时候再说吧！

陈： 不还是只有两句话？

高： 所以我到监狱后，老等她给我送离婚书来，我等着签字。结果左等也不来，右等也不来，一年都不来。过了五年，她探监来了！依然如故：“美目盼兮，巧笑倩兮”，不像要来离婚的。

陈：要是换一个人，真的跟您离婚，您也会谅解，是吧？

高：我懂。她想保护孩子，但她也犹豫，所以又说“到时候再说”。我这里说一个题外话，为了说明当时的问题。有一个狱友是中央乐团的，告诉我一个提琴手妻子要跟提琴手离婚，以图自保。两人办了离异手续。“文化大革命”后，女方见前夫啥事没有，又提出要复婚。提琴手被前妻反复地死磨硬泡，同意她复婚要求。兄弟姐妹全家人都坚决反对，提琴手遂罢复婚之议。我与吴青的组合经历了这样的考验，只留下那几句话而已。这也足以反映当时社会的政治生活气氛和不同的人情变故。

陈：大动荡当中，离婚可以理解；不离婚更加可佩。关于吴老师大概就是这些。下面请您说说您的三个孩子？

高：我觉得他们还可以。当然各个人的脾气秉性各异，虽为一母所生，发展各不相同。老大参加了我党十三大报告的起草工作；后来出了监狱，就一心一意办他的企业，商海沉浮。老二高风在初小三年级就被北京外语学校选去学英语。所以他在北大时，免修外语。老二北大毕业以后，到外交学院当研究生，我们希望他再读博士，他说读书时间太长，快变书呆子了，就到外交部条法司[①]工作。外交部又派他到英国诺丁汉大学去读国际法，得了硕士学位。后来到我国驻联合国代表团任法律顾问和条约法律参赞，三年后回外交部任条法司副司长和代司长。联合国气候框架秘书曾跟他说，最好你到这里来工作。他回外交部把这个情况一讲，外交部说可以，你要去的话，我们支持。因为那个秘书是个老太太，得了癌症，感觉自己身体不好，所以希望他去。他就这样走上了全球气候这个领域。随着环境污染对环球气候的影响日益加深，气候环保问题日益变得重要起来，人们愈来愈认识他管的这一摊子事意义重大。他学的专业是国际法，在联合国气候框架秘书处任法律局局长，管理全球环保和气候必须通过法律来制约。所以他到处去谈判。谈判对手都是各国外长和与气候、环境相关的人。因为他有这么多年管理这方面的经验，外语又好，外交部仍希望他能再干几年，事实上他已是晚退一年了。高风爱好艺术，外交部同事说他走错了门，应该去搞艺术。

---

① 条法司，即条约法规司，主管调研外交工作中的法律问题和国际法发展动向；承办国家对外缔结双边、多边条约和国际司法合作的有关事项，处理涉外案件，协调履行国际条约事宜。

老三在商业部政策法规司工作，后来去了研究所，又去了商业联合会，现在兼着肉类协会的工作，今年已到退休年龄。[①] 肉类协会的工作恐怕一时还脱不了手。高观[②] 热爱书法，坚持苦练，行草颇可观。他们各有所好，都是好心人，子女都受过良好教育，我对他们都是可以放心的。

陈： 吴老师和您都认为高观像您更多一点？

高： 因为高观来时，在我们意料之外。原来我们只希望生一个女儿，

高家“五汉子”。前排左起：高汉长子、孙子、高汉，后排：次子、三子

结果不是。再生一个，还不是。无意中又有了，她准备要去人流，吴青母亲说，也许这是个女儿呢？结果留下来了，还是一个男的。助产士弄错了，给我打电话，说你爱人生了个女儿，我跑去一看，还是儿子。电话说错了。当然，既来之则安之，我们也很好管他，他身体不好，专为他找了奶妈，人奶喂养，费了很大心思，又专门请了一个大娘看他。当时我们家里又有奶妈又有保姆，四个大人，三个孩子，两间房子。组织上为了照顾我，让我搬到有三大间房子、两个长走廊、一个小厨房的后海宿舍去住。孩子也进了幼儿园，我们日子才得改善。说高观比较像我，主要指性格：比较孤

① “今年”是指2015年，这一段话都是口述人2015年审稿时改写的。

② 高观是口述人第三子，即在商业协会工作的。

耿，说话直来直去，难得领导欢心。他善于学习，长于作文，是商业部著名的笔杆子。

陈：您家里人之间，关系都比较融洽？

高：这是我们家的家风。手足之间该如此。是我大哥决定我上北大，当时我也可以在上海上交大。也是他让我上杭高。他去世后，留下很多东西，我自觉要为他整理，也是受他所在单位委托，最后编辑成书出版。这是我纪念他的方式，花了两年时间，这就是那本由郑天翔作序的《京华待思录》。其中有些东西，是我跟他共同的设想，比如像上海城市应怎么开发，这是朱镕基开始当市长时，当时有很多意见，有的要北上，有的要南下，有的要西进，就没有一个人要东进的，人们似乎都看不起浦东。上海请了北京几个专家去论证，其中有陈干，他就把这些争论情况告诉我。我在家里花了两个月时间，研究了上海的发展史，结论是：唯一出路必须从开发浦东，寻找港口着眼。因为上海是海港，黄浦江浅而狭窄，上海是港口城市，是我国登上西太平洋大舞台的关口。当时正好有个美国人写了一本书，好像叫《未来，太平洋世纪》，我拿来一看，更坚定了我的判断。我就跟他讲了自己的想法，必须要瞄准浦东，把海港开辟经营好，为上海前途所系；要为我国登上太平洋大舞台开一大通道。我大哥完全同意我的观点。我们这一辈人就是如此，不但感情上，而且在事业上也彼此融洽，相互信赖。家风如此，影响所及，下辈人也如此。每年1月2号中午，是我们在京亲人餐叙的日子，年年如此。上起八九十岁的长者，下到刚出生才几个月的婴儿，老少咸集，其乐融融，摄影留念。在国外的，也赶在这时候打电话来，在视频上见面、通话。

谈当下中国电影

陈：您是新影和北影的前辈，您对当下中国电影怎么看？

高：我对新闻电影的看法，前几天我已经说过了，就是“文化大革命”后钱筱璋说要提高影片的质量，曾问计于我们几个人，我当时就说了，关键在于领导，在于审查片子者的水准。做片子的人当然重要，但是更重要的是审查片子者的水准。当时我出狱不久，无事可做，我这个观点一出，满座为之不欢。说完我走了。反正我管不着创作的事。我觉得，当年新闻电影是如此，现在电视（新闻纪录片）也是如此。

现在新闻电影剩下的事是，这些资料应该怎么把它们保护、收藏好，研究如何利用好。我觉得这是很要紧的事。现在它们是无价之宝。在新闻电影史上再看，当年他们不把主力调去支持电视，我觉得这是重大的错误决策。当时只派去一部分人，真正的主力没有去。要不然，我们电视发展还要快。这是一件憾事，这是少数负责人对新闻传播手段严重缺乏前瞻性，思想上存在本位主义，结果闲置了大量有经验有才华的人力资源，为国家和个人造成浪费。

关于电影的问题，我已无发言权了。因为现在我已长久不看片子了。过去的事，我经手时，主要问题是不发挥企业的自主经营，为部门所有制所束缚，与市场隔绝，企业行政化，难以发挥积极性。这实质上是个民主问题。改革开放以来邓小平经常讲到这个问题，要发挥企业的自主权，从政治上讲是民主，经济上讲就是企业自主权，应让它自己去营销，自己去掌握市场，自己做决策。领导管好监督审查就可以了，不要去捆企业手脚。现在还是好片子少，如果要靠外国大片来养，那是很不正常的，也是很不光彩的。我们要靠自己的好片、大片、小片来满足群众的文化娱乐需求，同时创造好的经济效益。比较而言，讲好中国故事，这一点更重要！

现在有些大片，弄得太没有意思。《无极》的片名，就令人不可思议。代表它的主题思想是什么？“无极”原出于《老子》，指宇宙原始无形无象之本体，即“道”，有无穷不可极限之意。到了宋朝，理学大师们各持其说，又加太极于无极。陆九渊评其是叠床架屋。就影片故事看，则有点唐末裴铏传奇《昆仑奴传》的影子。可是我们现在电影的根本任务要反映中国生活——历史的也好，现实的也好——中具体的、典型人物，挖掘、浓缩其中真理。如不以此为核心。《无极》中群牛狂奔，如以此表现“千牛卫”或“千牛备身”的将军职称，则实在是开历史的玩笑！“千牛”实指锋利无比的刀。报载有人看了五次，五次都非常感动，我不知道他为什么感动！

陈：这么说会不会是一种宣传？

高：你要这样说的话，那么他要对此片负责。花那么多钱，搞出这么一个东西来，难怪当时有媒体载文说：“《无极》等于无聊！”我在报上看到这篇评论，实在为此片深感遗憾！

陈：您觉得，第一不能依赖外国大片，第二是国产大片应该提高档次？

高：是的，我们是泱泱大国，有五千年文明史，应该有我们自己的大片。从历史和现实生活里提炼出真正可歌可泣的故事来。拍出好故事片的先例不是没有。同是这位导演陈凯歌先有《黄土地》，后有《霸王别姬》，不是都很好吗？

陈：中国电影集团公司已经成了企业，对此您有什么样的评价？

高：这是改革开放的成果。现在的问题是如何盘活存量资产，使其发挥更大效益，同时发挥创新机制，努力提高其产品的文化思想艺术含金量，这两个方面都提高了，经济和社会效益自然越来越好。

陈：现在电影有国营，也有民营，像华谊兄弟公司，您怎么看？

高：完全可以，而且早就应该。竞争，只有竞争才能推动事业前进，完全符合社会主义市场的发展规律。只要掌握好审查，民营怕什么？从严审查各主要环节，或者不通过，或者要修改，最后，市场准入权掌握在手，批评、奖励之权在手，怕什么？！

陈：中国电影经济，您觉得还有哪些问题呢？

高：我觉得现在历史包袱重，冗员多。中央说的小政府、大社会，是对的，作为一个企业来讲，也是一样。决策部门用不了多少人，但是要深知民意，眼观六路，耳听八方；严禁违法乱纪等腐化行为。有的人什么片子都挂个名，不是顾问，就是指导，他精力能够达到吗？我怀疑！汪洋之丧我为什么写两副挽联？就因为有感于在银幕上没有他的名字。

对人生的简短总结

陈： 请您对自己人生做一个简单总结和评价？

高： 我是个普通老百姓中的中共党员。我的人生实践告诉我："人生如戏。"对此我有严格的解释。古人云，人生如梦，梦醒时，还是要面对现实。人生其实如戏，永远自编、自导、自演；题材就是眼前的生活。虽说命运决定于性格，成败却系于能否根据环境战胜自我。成功永远属于不存幻想，不尚空谈，不自我封闭，敢于向失败学习的人。人生如此，民族亦复如此。因为人类历史的发展，从来都在出人意料的、谁也没有想到的自然环境和社会状况变化中衍进。谁也想不到苏联如此告终，我也想不到大张旗鼓、惊天动地的"文化大革命"如此收场，我更想不到自己会蹲共产党的监狱。于是悟出一个能与此相符合的人生态度：我开始欣赏石头，继承我父亲自拟的"品石山房"的堂号。为什么？石头有几大优点，永远沉默；永不变质；再一个，它里边蕴藏着的学问、智慧是无限的。所以，人应该向石头学习。石头就是地球，就是自然，也是形成宇宙结构的本体。太阳就是燃烧中的石头。这就是老子所说"道法自然"的本意。所以在我们父子重新买回老家祖居，整修完毕后，我作记一篇，题曰《品石得神》以申其义，勒石置之中庭。

陈： 您要像石头的话，我们的采访就麻烦了。

高： 那是不会的，叩石得声你大概是听说过的。崇尚石头，崇尚沉默，是我总结自己人生的所得。但石头不是朽木死灰，叩之有声，闻之有心，当解其意。您正是叩者，君不闻《红楼梦》原名《石头记》乎？可见以石头说事古已有之。所以您也没有麻烦，如果审查此稿者不给您麻烦。

陈： 您的人生过程，所有的选择，您都不后悔？

高： 从不后悔。有人曾经跟我讲过："当初你如果跟了戎子和，去了财政部，后来这些破事全没有！"这也未必，因为我后来的种种遭遇，是我国社会的发展、整个国家的历史问题。你不这样，也可能那样。所以我不后悔。这里有个现成的参照系，因为我没有跟邓拓去《人民日报》社，一年后他调我的同学、政研室同事王若水去了报社。"文化大革命"之初，他搞《横扫一切牛鬼蛇神》社论很积极，但后来去了干校。我出狱后，他出干校。我约他一同看电影，他形容憔悴，大不如前。终于被劝退，客死异邦。时代、历史的变故，对社会是全覆盖的，几人可以幸免！我说“人生如戏”，就是说，人生在历史舞台上，永远是自编自导自演的，你后悔什么？你怪谁去？谁也怪不着！人的性格既有先天的遗传基因，还有后天的自我造就。所以，无论遭遇什么，我基本上都能做到安之若素、波澜不惊。蹲监狱行动上看似极不自由,这才使我读了许多书,也想明白了许多事:上穷碧落下黄泉！实际上这就是极不自由中的大自由。我战胜了强加于我的监禁，成了“万元户”。(一笑！)这个修养其实是千金难买的，如果你做不到这一点，那就非死不可。

陈：访谈就到这里。谢谢高老师！

采访手记

采访高汉老师，原本不在我2009年的计划中，是同事张震钦研究员给我追加任务，让我在本年内完成对高汉老师的采访。此前张震钦老师专门拜访过高老师，并将其著作《三话》《天台山文化丛谈》借我参考，进而还带我去高老师家认门，并把我介绍给高老师，让我顺利地进行预访。因此，完成这一采访，首先要感谢张震钦研究员！

高老师原名陈汉皋，于1946年考入北京大学经济系，入大学后不久即积极参加共产党领导的地下学生活动，北京和平解放前夕（1948年下半年）进入解放区，改名高汉，很快就回来参加了对北京的接管工作。曾在北京市委政策研究室工作，是邓拓的部下，不久即加入北京电影制片厂新闻处（1953年中央新闻纪录电影制片厂成立后即转入新影），辗转过多个部门，新时期调回北京电影制片厂担任副厂长，主管财政与经济开发。

从本性上说，高老师其实是一个富有才华的诗人、文人和学者。自幼学习古体诗词，上学之后博览群书，离休之后恢复了书生生活。不仅出版了《高汉诗选》，且有《三话》《天台山文化丛谈》《帝王陵》等多种著作问世。

高老师性格耿介清高，在“文化大革命”期间曾获11项“罪名”被扭送进监狱长达7年之久。在采访开始之前，曾一度担心高老师会过于孤傲而不好接近，然在接触之后却发现他老人家爽朗豁达，更难得的是热情洋溢，对年轻人关爱有加，与之交谈常常如沐春风。高老师记忆清晰，思维敏捷，胸有城府却诚恳坦荡，少有遮拦，是非常好的采访对象，当然，这需要采访人事先做足功课，才能深入对话。

高老师身体健康，做事喜欢集中精力、速战速决，不愿拖拖拉拉。因而我们的采访进行得非常密集，也非常顺利。正式采访开始于2009年6月8日（周一）。第一周3次（周一、三、五下午），第二周4次（增加周二下午一次），每次采访平均时间为3个半小时左右。第三周2次，全部采访于6月24日（周三）下午结束。共得32盘录像带（每盘65分钟），录音36小时。中国电影资料馆在读（2007级）研究生王家祥担任摄影、录音工作。

编后记

编纂单人卷“高汉访谈录”，早有计划，却几经延宕反复，拖到2015年初才真正启动。为什么有反复？要做点说明。在“中国电影人口述历史”出版计划开始时，我们商定了单人卷的编纂条件：口述人要够资历，要有专业代表性，采访时间够长即内容够出一本书，还要没有出版过自传或回忆录。高老师符合前三条，但他有回忆录要出版——最后这条，就是我们犹豫再三的原因。最终还是决定启动这个出版计划，因为高老师的回忆录只出了一小本《逝水波光——童年、少年、青年时代的回忆》，与口述历史的体例完全不同。有此两个不同版本，可供口述历史与回忆录比较研究。

一

决定编纂出版这本书，是被高汉老师的个性和经历所吸引。

高汉老师的个性，是敢于坚持己见，而且择善固执。他勇于表达意见，例如新中国成立初期他和大哥陈干一起挑战建筑学权威梁思成先生。他敢于相信自己所见所思，1959年尖锐批评“大跃进”，成众矢之的，被批判60天。如此严酷遭遇，并未改变他的脾性，在“文化大革命”中，他写大字报说“新影存在红线”，坚持维护真相真知，落得11顶“帽子”（罪名）和长达7年多的牢狱之灾。晚年回顾平生，他也并不后悔。这个性，首先是源自独立思考，来自北大学术自由的熏陶；其次是忠心赤胆，来自对共产党和新中国的热爱；最后是宁折不弯，他说是浙江天台人脾性。

高老师的人生经历，正可谓性格决定命运。以高汉老师的热情意愿和才情能力，本应该为新中国电影事业做出更大贡献，但他从影37年，虽有过优异表现，平均成绩却算不上突出。非不为也，是无法施展。这就值得思考，我们的社会，为何不能让这位忠诚而又有才能的人发挥更大作用？高老师的性格棱角分明，敢想敢言，敢做敢当，在某些人眼里，或许是桀骜不驯，耿介孤高，他本人说是鲁莽尖锐，这样的人，其实简单纯真。这样的性格，如同一张文明试纸。高汉是精神硬汉。从过去到现在，总是有人不喜欢他的独立精神和思想棱角。实际上，勇于使用自己理性的人，正是我们社会进步和文化改良所亟须的。

不甘蹉跎岁月，不愿虚度年华，无法为社会理想奉献热情和才智，那就转而向内，追求自我实现。极端例证是，从功德林到半步桥，在漫长牢狱生活中，除了帮助狱警做些工作（他一再重申愿意这么做），剩余时间作诗自娱。其重大意义在于，身体自由被剥夺时，设法保持内心自由与活力。7 年多监禁，把学经济的高汉炼成了真正的诗人。那些古体诗词，不仅是他情感的写照，具有优美的文学价值；也是那一段生活的记忆档案，具有宝贵的历史学、社会学和心理学价值。

二

本书编纂，是按照“中国电影人口述历史”《编辑条例》进行。其中有一条，是在不影响可读性前提下，尽量保持采访现场口语痕迹。在编纂过程中，这一规则受到了极其严峻的挑战。原因是，像很多受访人一样，高汉老师不习惯自然口语痕迹，觉得口述字句不够优美，啰唆，有时甚至不太通顺；进一步的原因是，他是一个诗人，有“炼字”的习惯或曰嗜好，见不得口语的粗疏。结果是，在审稿时，他将每一页书稿都改得“体无完肤”，而且五彩斑斓——黑色的是毛笔、蓝色的是圆珠笔、红色的是钢笔——有些地方显然不止修改一次。包括：一是将所有口语都变成了书面语，一是将采访时出现的记忆错误和口误更正，一是将所有口语表达时的缺漏补充齐全（将编纂稿中补齐语句成分的括号全部取消），一是删除了一些不愿意公开发表的内容，一是增加了一些（政治正确的）思想性内容。改得兴起时（为了保持问答形式）甚至会波及采访人的提问语句。

在送审前、取稿时，我和高老师曾有过多次交流，重点是“口语如河水、文字如冰盖”，口语更生动，更真，更接近内心，希望尽量理解口述历史的“口述性”。高老师说懂，我肯定他懂，但改起来依然故我。这使编者陷入两难：若按修改稿誊录，是不忠实口述历史著作的编纂原则；若不采录口述人文字修订，是不尊重受访人。对此，只能协商，尽量说服高老师保存口语原样。最典型的例子是，他当年对其大哥陈干说：“敢不敢与梁思成干一仗？”修订时改成了：“你愿不愿意与梁教授商榷一下？”前者是当年原话，个性彰显，且富挑战权威的时代特色；我说服了高老师，保持原状。不过，在总体上，我对口述人的修订做了最大限度的妥协，尽量尊重老人家的“炼字式”修订，既尊重口述人的著作权，也照顾了一般读者的阅读习惯。如此妥协之下，高老师也尽量照顾口述历史工作的特点要求。按编纂条例，审稿修订处应该加以注释，但高老师的修订实在太多，若一一注明，肯定会让读者不耐其烦，无奈只得再次妥协，在此一并说明。

我要老实交代，这本书中采访人的话，编纂时也进行了精简改编。这样做的理由，是希望阅读效果更好。对此，我应做点解释，在采访过程中，为构建采访氛围，刺激口述人思路，形成通畅对话，采访人要做许多铺垫、解释、说明、插话，如同所有现场对话一样，采访人的语句也会零碎、跳跃和啰唆，这些啰唆的“垫话”是否必要保留？是口述历史编纂中的一个问题。我的选择，是尽量精简采访人的话，只让它保持明确和通顺。

例如，“问：对，我就说‘影话’其实也值得写，我们也值得期待。这是《三话》。下一个专题，我们要请您谈《天台山文化丛谈》的书、文章的缘起，包括您对天台老家的一个文化总体的思考，包括您几次回天台，说的是方言还是什么，都很感兴趣。但是那点我也见识了，您还能够说60年前100%的那个（方言）？”这一段话，“承前”部分没有必要，“启后”部分有点啰唆，所以，我改成了：“陈：请您谈《天台山文化丛谈》这本书，从方言说起？”

又如，“问：而且包括这些规划和当地天台文化的这个，您的参与，无论现在，比如眼界，他赞同不赞同，或者干吗的，但一定会有很深远的影响。因为这个人的眼界或视野不一样，境界就不一样，跟您在谈到这个问题，您经历了这么多的地方，还经历了这么多的文化修炼，不像（一般）天台人，就在那个小地方来谈那个小地方，然后找出一个（说法），好像是怎么着。”这段话啰里啰唆，读者或许不知所云。采访人是想说明，“跳出天台看天台文化”的重要性，在采访过程中或许是完全必要的，在编纂文本中是否必要？权衡之后，全部删除。

删除和精简采访人的话，肯定会破坏对话现场感，但却有利于读者将阅读的重点放在受访人的口述上。也就是说，采访人的话语，在采访现场是要与受访人对话；而在编纂文本中，则要担负另一职责，那就是引导读者阅读，宜简明扼要。这样做，对一般的读者而言，肯定没有问题。我很想知道，从事口述历史的行家，对这一做法怎样评说？愿意研究这一问题的同行，可以参照我的其他同事的编纂文本。在这套丛书中，有的书将采访人的啰唆也完整保留了——忠实于录音原始抄本，当然有理。哪一种方式更好？大约永远是一个问题。